異常殺人

科学捜査官が
追い詰めた
シリアルキラーたち

ポール・ホールズ
ロビン・ギャビー・フィッシャー
濱野大道 訳

Paul Holes
with Robin Gaby Fisher

Unmasked:
My Life Solving America's Cold Cases

新潮社

被害者とその家族に捧げる。
そして、正義の名のもとに大きな犠牲を払ってきた
法執行機関の専門家たちに捧げる。

異常殺人——科学捜査官が追い詰めたシリアルキラーたち

目次

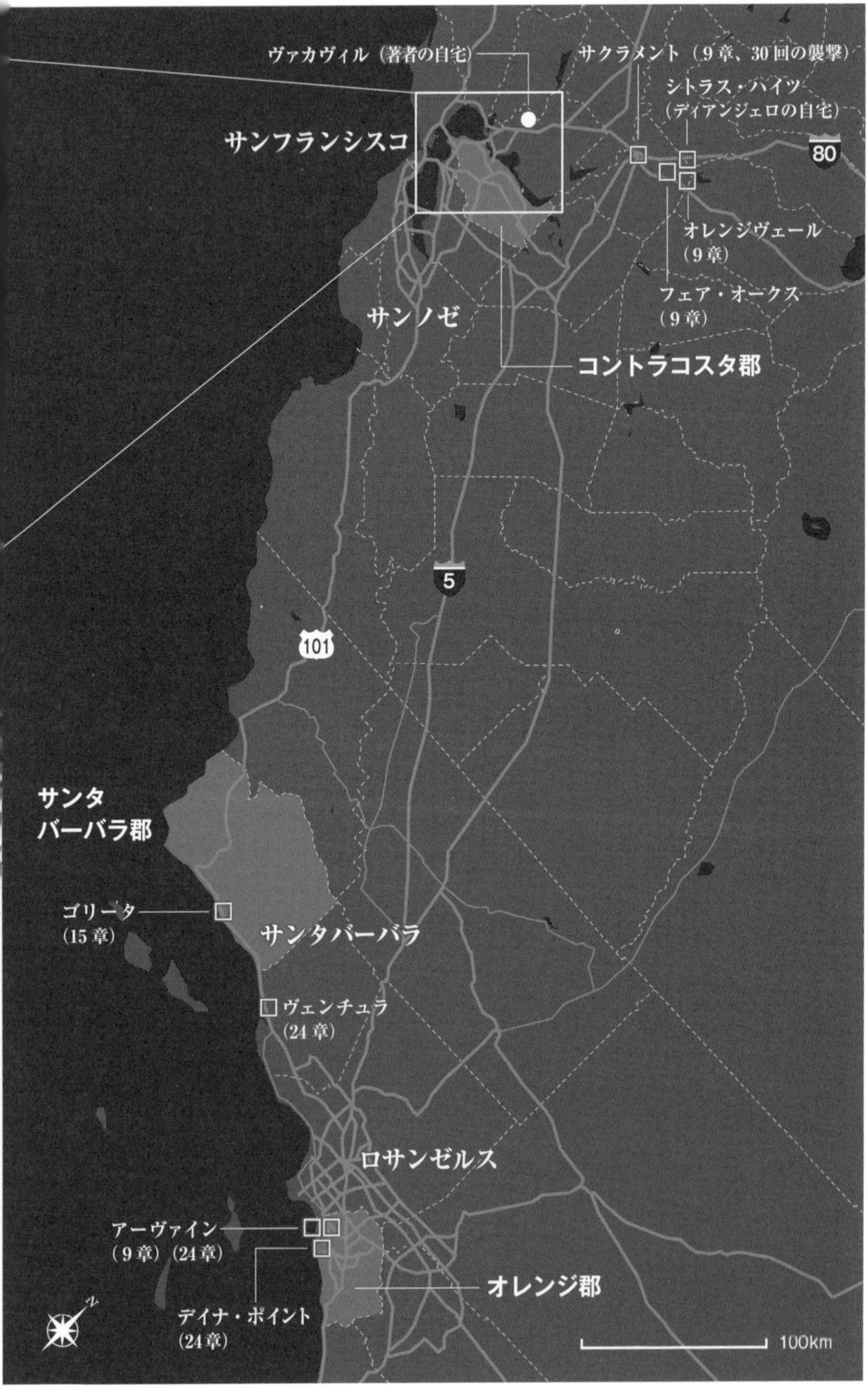
ヴァカヴィル（著者の自宅）
サクラメント（9章、30回の襲撃）
シトラス・ハイツ
（ディアンジェロの自宅）
サンフランシスコ
80
オレンジヴェール
（9章）
フェア・オークス
（9章）
サンノゼ
コントラコスタ郡
5
101
サンタ
バーバラ郡
ゴリータ
（15章）
サンタバーバラ
ヴェンチュラ
（24章）
ロサンゼルス
アーヴァイン
（9章）（24章）
オレンジ郡
デイナ・ポイント
（24章）
100km

イースト・ベイ　拡大図

本書に登場する主な事件と発生場所

○著者関連　△事件　□「黄金州の殺人鬼」関連の事件

ある統計では、現在アメリカ国内で約二〇〇〇人の連続殺人犯が活動中だと指摘されていた。その多くは孤立者でも社会ののけ者でもない。彼らは友好的な隣人として振る舞うことができ、実際にそのように生活している。

私の見立てによると、一九七〇年代から八〇年代にかけて、このコントラコスタ郡では少なくとも六人の連続殺人犯が活動していた。　（14章　連続殺人鬼たち、より）

本書では一部の登場人物の名前、身元特定につながる特徴を変更した。
同じく、本文内で描かれる出来事の日付、場所、
そのほかの詳細も一部を変更した。

異常殺人

科学捜査官が追い詰めたシリアルキラーたち

プロローグ

〈2019年12月〉

私はバーボンをもう一杯ストレートで注文する。これは、スイッチをオンにしてくれる飲み物だ。どうやってここに、この場所に、この地点にたどり着いたのかさえわからない。ある時点まで私は、友人たちと酒を飲みながら夕食を愉《たの》しみ、いま取り組んでいる未解決事件《コールドケース》――高校のバレンタインデーのダンスパーティー後に起きた、少女の強姦・絞殺事件――について話し合っていた。つぎの記憶では、みんなでウーバーのタクシーに乗り込んでいた。どこに向かって？　まったく覚えていない。最近、私のなかで何かが起きている。飲酒量があまりに多すぎる。

腐敗していく死体の悪夢から目覚めると、シーツが汗でびっしょりと濡れている。女性を見ると、そのしなやかな体の美しさに注目するのではなく、あたかも検視台の上にいるかのように体を一層ずつ頭のなかで解剖してしまう。誰かと親密な時間を過ごしているときでさえ、死んだ女性を思い浮かべ、体が固まってしまう。

仕事の恐ろしい部分からどうやって自分を切り離すことができるのか、とよく訊かれる。秘訣の一部は、生まれ持った区分け能力にある。自分の考えを頭の箱のなかに入れ、必要なときに必要なものだけにアクセスするのだ。残りは経験と捜査の積み重ねの産物であり、私は両方をごまんと持ち合わせている。そのような不気味さはもはや日常の一部となり、仕事のとりわけ陰惨な詳細からさえ自分を分離することができる。私は、頭のなかで血を〝科学〟のファイルに分類する。たとえそれが死体だとしても、何度も繰り返し見れば、何に対しても人は鈍感になることができるはずだ。大学時代に病理学の本をとおして日々何時間も死の場面について研究していた私は、若いころから死体を見つづけてきた。

しかし言うまでもなく現実の世界は、教科書の写真のように白黒はっきりしたものではない。ある意味、そこそこ分析的な頭脳を持って生まれてきたのは運がいいことだった。一方で、罪のない被害者のこととなると私はひどく感傷的になる。私にとって犯罪捜査とは、単純に犯人を追跡する挑戦、あるいは科学的なパズルのピースをつなぎ合わせるプロセスよりもはるかに複雑なものだ。善良な人々が苦しむという考えに私は、良くも悪くも強迫観念に近い感情を駆り立てられる。それでも、仕事をやり遂げるために感情を閉じ込めておくことができ、私はそれをいつも誇りに感じていた。

抑え込まれていた闇が漏れ出しているかのごとく感じるようになったのは、つい最近のことだ。ダムは決壊しつつある。私はどんどん壊れていく。かくして、こんな場所に行き着いたのだ。ロサンゼルスのハリウッド大通りにある〈ジャンボズ・クラウン・ルーム〉という名のバーに。そう、実在する店に。室内のすべてが真っ赤だ。赤い壁、赤い床、赤いバーカウンター、赤い照明。私は飲み物をもう一杯注文して一息に飲み、脳裏にこびりついた最新の事件のことを忘れようとする。

カーラ・ウォーカー殺人事件

カーラ・ウォーカーは、元気と勇気に満ちたティーンエイジャーだった。身長は一五〇センチで、キラキラした眼をしており、前途は洋々のはずだった。写真しか情報がなければ、彼女が一七歳ではなく、九歳だと私は考えたにちがいない。犯行現場の写真のなかのカーラは、人里離れた牧場の暗渠に横たわっている。頭は私のほうに傾き、眼は閉じられている。鼻はとても小さい。その顔は、人生最期の瞬間に彼女が耐えた残虐とは矛盾するものだった。眠る人形のように静謐な表情だ。身につけているのは、レース飾り付きの青い水玉模様のスイス風パーティードレス。その夜、両親におやすみのキスをし、高校のバレンタインデーのダンスに出かけたときと同じ服装だった。しかしドレスは引きちぎられ、剝き出しの胸の上に慎重に置かれていた。裸の下半身は露出されたままだった。

二本の青い髪留めはそのまま残っていたが、赤みがかったブロンドの可憐な髪は泥だらけで乱れている。ドレスに合わせて懸命に瞼に塗ったという淡い青のアイシャドウは滲んでいる。精液の染み、首のまわりの黒ずんだ紫色の痣、腕と脚の打撲傷が恐ろしい死を物語る。私は彼女の傷を見やり、何が起きたのか想像する。若いカーラは激しく殴打され、レイプされ、首を絞められた。有刺鉄線のフェンスによる引っかき傷がついた体は、辺鄙な場所にゴミのように捨てられ、四日近く放置された。

カーラ殺害事件は、一九七四年に起きたときから現在にいたるまで解決には一歩も近づいていない。しかし四五年たったいまでも、巻き添え被害は広がりつづけている。弟のジム・ウォーカーは、カーラが殺されたとき一二歳だった。現在は私よりも少し年上だ。最近になってこの未解決事件の捜査に取り組むようになった私は、テキサス州フォートワース郊外でジムと面会した。一〇代後半になって運転免許を取得したあとに彼はよく犯行現場に忍び込み、暗渠のなかで夜を過ごし、カーラを殺した犯人が現われるのを待ったという。

ジムを見ていると、なぜか胸が張り裂けそうになった。会話中に気づくと私は、込み上げる涙を必死でこらえようとしていた。これほどの年月が過ぎているにもかかわらず、彼の顔に浮かぶ苦痛は、姉を失ったのがあたかも昨日であるかのように鮮明だった。両親はもっとつらかったはずだ、とジムは振り返った。ふたりは沈黙のまま苦しみ、そして死んだ。母親はカーラの顔写真をいつもそばに置き、毎朝起きたときに写真に触れた。娘に「おはよう」と言う彼女なりの方法だった。それこそが、未解決事件という悲劇につきまとう問題だった。

あまりに多くの被害者がいる。あまりに多くの人生が打ち砕かれ、あまりに多くの家族が引き裂かれる。心が癒されたかどうかは主観的なものだとしても、傷はけっして消えることはない。痛みはいつも手の届くところにとどまったままだ。これ以上に残酷な人生の送り方などあるだろうか？

私はカーラの家族に、事件解決のためにできるかぎり手を尽くすことを約束した。彼らが得られる唯一の安らぎは、カーラを殺した犯人とその動機を知ることによってはじめてもたらされる。死体が遺棄された暗渠に行ったとき、私は天国のカーラに対しても、殺害犯を捕まえるためにたゆまぬ努力をすると約束した。そう、彼女に誓った。多くの人は私のことをどこまでも分析的な人間だと考え、私もそう振る舞おうとする。しかし犯罪現場にいるとき、私は非常にスピリチュアルな感覚に包まれる。犯罪者と犠牲者の心理に入り込むことは、私の犯罪解決プロセスにとって核となるものだ。しかしそれだけでなく、私は被害者と自身を融和しようとする。

カーラ事件の捜査でもそれは同じだった。

彼女の死体が遺棄された暗渠は寂しい場所だった。通学する高校や自宅から一五キロほど離れた、いかにもテキサスらしい田舎道の下にあるトンネルだ。

彼女の死体が横たわっていたまさにその場所に立つと、恐ろしい攻撃の一部始終を目撃しているかのような感覚に襲われた。犯人がカーラににじり寄り、興奮に眼を爛々《らんらん》とさせて彼女の下着を下ろし、ブラジャーを首のほうに引っぱり上げ、半狂乱でパーティードレスを剝ぎ取っているのが見える。カーラが眼を大きく見開き、心臓が早鐘を打ち、呼吸が浅くなっていくのが見える。アドレナリンが体内を駆け巡り、彼女は極限の恐怖に襲われる——闘うか、逃げるか、あるいはこのまま身動きできなくなるか。しかし小柄なカーラには、攻撃者に対抗する力などあるはずもない。男は顔を歪め、彼女の首に手をまわす。首を絞められたカーラは相手の手や腕をつかみ、その力を緩めようとする。死へと導くその固い握りを虚しく爪で引っかきながら、彼女は爪で自分の皮膚を抉り取ってしまう。これで自分の人生は終わりなのだとカーラは悟ることになる。みずからの命を救うためにできることはもう何もない、と。そして、体の機能が停止していく。

外頸静脈が潰れはじめるが、心臓は頸動脈をとおして脳に血液を送りつづけ、頭蓋内圧が著しく上昇する。研究によると、この状況になると被害者は六秒から一〇秒以内に意識を失うとされている。しかし加害者側は、被害者が死ぬまでにもっと長い時間——数分——が必要だったと証言してきた。

カーラが息を引き取るのが感じられるかのようだ。私はひざまずき、彼女の頭があったはずの場所に触れる。「きみのためにここに来たよ」と私は言う。「事件を解決できるかどうかはわからないけれど、全力を尽くすと約束する」

私には、その約束を守ることができるという自信があった。

「気をつけてくれ」

ジャンボズ・クラウン・ルームが騒がしくなっていく。音楽が鳴り響き、大胆なビキニ姿の女性たちがステージに上がる。数人はバーカウンターのまわりに設置されたポールを使ってくるくると体を回転させる。ほかのダンサーたちはなまめかしいポーズで床を這い、男女の客がステージ上に投げたドル紙幣をすくい上げる。客に悪意などないことはわかっていても、それが無礼でまちがったことのように感じられる。私はダンサーを直視することができない。彼女たちはいったいどんな生活を送っているのだろう？　みずからを危険にさらしているのではないか？　こんな場所にいるべきじゃない。

おれはいったい何をしているんだ？

店を出ることを同行者たちに身振りで示してジャケットを羽織ると、ひとりのダンサーの姿が眼に留まる。私の長女よりも若い二〇歳くらいのそのダンサーは、腰をくねらせてステージ上を歩きながら近づいてくる。私は頭のなかで、彼女の損傷した体が泥だらけの排水溝に横たわっている姿を想像する。そして身震いし、一〇〇ドル札を一枚取り出して丸めて差し出す。女性が身をかがめてそれを受け取ると、「お願いだから」と私は言う。「気をつけてくれ」。すると官能的な表情がさっと消え、少女の顔に変わる。

バーカウンターから立ち上がり、おぼつかない足取りでハリウッド大通りに出て、タクシーを拾う。後部座席に乗り込むと、運転手が「お客さん、どちらまで？」と尋ねてくる。

地獄だ、と私は涙を拭いながら思う。**このままじゃ地獄行きだ**。

1　旅路の果て

〈2018年3月〉

空気や水のように不可欠なもの

　元妻のローリーはよくこう言った。仕事が私の愛人であり、私はほかの誰よりも愛人を優先した、と。最後の荷物を箱に詰めながら自分のオフィスに立っていると、何年もまえのそんな張りつめた会話が頭のなかに蘇ってきた。**ポール、あなたは道を見失った……わたしたちはあなたが必要なの……ここにいるときでさえ、心はほかの場所にあるのね**。ローリーの言い分の多くは正しかった。当時もいまも私は、家族が望むような形で家族のそばにいたわけではなかった。それは私が望む形でもなかった。私の仕事はたんなる職業などではなかった。それは天職であり、みずからの存在意義であり、私にとっては空気や水のように不可欠なものだった。

　三〇年近くにわたって私は、ほかの何よりも担当事件を優先してきた。臨場すべき犯行現場がつねにあり、追跡すべき略奪者がつねにいた。未解決事件にのめり込んでいるときがなにより幸せだった。ほかの誰も解き明かせないことを解き明かそうとする挑戦は、私にとって抗しがたいほど魅惑的なものだった。そして私はいま、大人になってからの人生のすべてを捧げてきたキャリアの終わりを迎えようとしていた。時《とき》は瞬く間に過ぎた。

　オフィスを見まわし、空《から》の棚、何も置かれていないデスクを眺めながら、息を深く吸い込んだ。そのとき何を感じていたのだろう？　不安？　退職もそれほど悪いものではないと判断したとき、私は現実を甘く見ていたのだろうか？　ギターのレッスンを受けたり、マウンテンバイクで岩がちの山道をトレイルしたりする時間がついにできると喜んでいたのだろうか？　何かほかに大切なことを見つけられる、とでも？

　私のオフィスは、カリフォルニア州サンフランシスコ近郊イースト・ベイの工業都市マーティネズの官庁街にあった。刑事司法部ビルの三階まで階段を上がったとき、ちょうど太陽が地平線から顔を出した。同僚たちが着くまえに荷物をまとめるために、あえて早い時間にオフィスに来ていた。私は静かに感傷に浸るのを好むタイプで、「終わり」や「過去」についてはとくに敏感だった。つい先日も、はじめて買った家まで車で行ったことがあった。最初の妻とともにその新築の家を購入したのは、一九九二年のことだった。そこは、私が家の管理方法を学んだ場所だった。裏庭にウッドデッキを造り、苗木を植えた。その木がいまや屋根の上まで伸びていた。車の座席に坐《すわ》っていると、頭のなかで当時に舞い戻り、居間で長女レネーと遊んでいるところを思い出すことができた。娘は生まれたばかりでお坐りができず、枕を背中に置いて体を起こしてあげると、まだ歯の生えていない口を大きく開けてにこにこと笑い、愉しそうにバブバブと言った。いまレネーは、自身の小さな娘を育てている。

　もともと私は涙もろいほうではなかったが、かつて住んでいた家から車を走らせたその日のように、最近はなんの前触れもなく涙が流れ出てくるようになった。それもまた、同僚がやってくるまえに荷物をまとめて街を離れようとしていた理由だった。五〇歳にして、私は感傷的な老人になろうとしているのだろうか？　私の父親も歳を重ねるにつれて穏やかになり、子どもを厳しく育てた冷静沈着な職業軍人から、孫と変顔をしてふざけて遊ぶおじいちゃんに変わっていった。職場での最後の日は毅然と振る舞おうと心には決めていたが、この場所は私の人生そのものだった。カリフォルニア州の年金制度によって仕事を続けることが経済的に意味のない状況になっていなければ、仕事を辞める選択をしていたかどうかはわからない。私は二二歳のときからほぼ毎日、コントラコスタ郡政府というドームの下で暮らし、そして働いてきた。私の人生の物語のなかでもとりわけ重要な章は、この場所で展開してきた。すべての昇進。一度目の結婚生活における浮き沈み。最初のふたりの子どもの誕生。ふたり目の妻シェリーとの出会い。息子と娘の誕生。何十件もの殺人事件が起き、解決した。未解決の事件も多くあったが、けっして闇に葬り去られることはなく、それらの情報はいまポータブル・ハードディスクとともに私と家に向かおうとしていた。

私のオフィス——地方検事の下で殺人事件捜査を監督する役職者に慣例的に割り当てられてきた部屋——は明日、後任者に引き継がれる。科学捜査、性的殺人、連続殺人犯に関する本の私のコレクションが増殖していった本棚はいまや空になり、後任者たちがその棚を埋めていくことになる。画面上にたびたび映し出される陰惨な犯罪現場の写真が廊下から見えないよう、絶妙な角度に私が調整したコンピューターのモニターのまえに新たな後任者が坐る。サクラメント川の三角州を見渡す窓には、長年のあいだに溜まった汚れがこびりついていたが、後任者たちにはそれを拭き取る時間があるだろうか？　水面の揺らめきは催眠術のようだった。しかし私はいつも仕事に没頭しすぎており、川のことなどほとんど気に留めたことはなかった。

コントラコスタ郡で起きる凶悪犯罪

私の管轄区域は、サンフランシスコのベイエリア数百平方キロの範囲に広がっていた。一〇〇万人以上の人口を抱え、その数に見合う犯罪が起きた。管轄内にあるうち四つの都市が、連邦捜査局（ＦＢＩ）が発表したカリフォルニア州でもっとも危険な一〇〇カ所リストに含まれていた。私は何百件もの殺人事件を捜査してきたが、最後の数年はほぼ未解決事件ファイルの調査だけに取り組んでいた。すべての惨事には、巻き添え被害がつきものだった。残された者たちは、殺人事件のあとの苦悶に満ちた余波のなかで元通りの生活を取り戻さなければいけなかった。多くの人々の生活をぶち壊した殺人犯が、自由を手にしてのうのうと生活する――。そのような考え以上に、私を仕事へと駆り立てるものはない。

世界のこの一隅では悪人に事欠くことはなく、どういうわけか現代史においてとくに世間を騒がせた犯罪のいくつかがコントラコスタ郡で起きてきた。二〇〇三年、レイシー・ピーターソンとそのお腹のなかにいた息子コナーの遺体が、管轄区内の海岸に一日ちがいで打ち上げられた。レイシーの夫が彼女の死体をサンフランシスコ湾の凍てつく海に投げ捨ててから、四カ月後のことだった。私は遺体安置所で母子と対面したが、あらゆる悪と対峙してきたこれまでの経験をもってしても、けっして忘れることのできない瞬間だった。

レイシーが殺されたとき、出産予定日まで一カ月を切っていた。妊娠八カ月半の妻を殺し、彼女と胎児の息子がコンクリートブロックにつながれたまま冷たい海底に沈められていることを知りながら生活する、それはいったいどんな怪物だろう？

その六年後には、ジェイシー・デュガードが見つかるという前代未聞の出来事があった。一九九一年、一一歳のときにスクールバス乗り場で誘拐されたことが大きなニュースになったあの少女が、自宅から二五〇キロ以上離れた場所で生きていたのだ。彼女が暮らしていたのは、監禁犯である性犯罪者フィリップ・ガリドーと妻の家の裏庭にひっそりと設置された掘っ立て小屋とテントのなかだった。その家は、われわれの管轄区内にあった。発見当時のジェイシーは二九歳で、ガリドーの子どもふたりを出産していた。一八年ものあいだ、彼女は私たちの目と鼻のさきにいた。ジェイシーとふたりの幼い子どもたちが救出された直後、相棒の刑事と私はその現場に行った。「どうしてこれを見逃していたんだ？」と彼は言い、彼女が一八年にわたって生活することを強いられていた残酷で不潔な環境を見やった。私はただ首を振った。何も言葉が出てこなかった。

長年のあいだに私は、いくつもの奇妙な事件を追ってきた。担当事件ではなくても、科学捜査の専門知識か捜査官としての根気強さのどちらかをとおして貢献できると思えば、いつも何かと理由をつけて首を突っ込んだ。まえの担当者が見落としたことを私なら見つけられるかもしれない、そういつも考えていた。それは傲慢などではなく、たんにノーという答えを受け容れられない性格のせいだった。

いまの妻も前妻も、自分自身とその能力を過信しすぎだと私をからかった。彼女たちの言い分も半分は正しいと思う。必要とあらばそれなりに堂々と振る舞えるものの、私はもともと内向的な性格で、人づき合いがひどく苦手だ。カクテルパーティーで隣人と顔を合わせると、胃が引きちぎれそうになる。レストランで複数の人と食事をするときにも、話の輪に入ることができず、壁の花と化すのは日常茶飯事だ。だとすれば、大人数のまえで話すことは？　最初のころは、身のすくむような緊張に襲われた。担当してきた有名事件について人前で話す経験をたくさん積んできたせいで少しはましになったものの、それでもステージに上がる直前にはいまもバーボンのショットが欠かせない。

事件に取り組み、捜査ファイルに顔を埋めているときがむかしからいちばん落ち着く時間だった。自分が何が得意なのかは理解していたし、ほかの人たちを途方に暮れさせる難事件でも私なら努力次第で解決できると知っていた。殺人事件の捜査では、何が正しいかわかるまでほかの人の直感をいっさい信用しなかった。「ちょっと考えておくよ」と私はきまって懐疑的に応えた。私の本能はこの種の仕事にはぴったりのものであり、いつも本能にしたがって行動した。ほかの誰かの思いつきや推理をすぐに受け容れることなどできなかった。それが自己中心的だと受け取られることがあるのは自覚しており、私はつねに人気者だったわけではなかった。とくに新人時代は人受けが良くなかった。その当時、経験豊かな同僚の科学捜査官たちは、私が一線を越えていると思ったときはためらうことなく警告してきた。「それはきみの仕事じゃない」といつも注意されたものの、私は肩をすくめて受け流し、頭から捜査の海に飛び込んだのだった。

数多《あまた》の事件の情報がいま、タバコの箱ほどの大きさのハードディスク上のファイルのなかに落とし込まれていた。法執行機関での長年の輝かしいキャリアの最後の残滓《ざんし》は、四〇×三〇×二五センチの段ボールのなかに収まっていた。考えてみれば、それもおかしな話だ。ハードディスクとともに、二五年前に仕事を始めたときに両親が誕生日にくれた連続殺人鬼に関する本を箱に投げ入れた。いつも食事をデスクで食べていたので、ボウル、フォーク、スプーンがあった。そして、長い一日の終わりにデスクで一杯やるときに重宝した、実験装置メーカーのロゴ入りの日に焼けた革のコースターも箱に入れた。

「どうして家を出ていったの？」

ガムテープをちぎって段ボールを閉じようとしたとき、ふと何かが眼に留まった。朝の陽光が写真立てのガラスに反射すると、横にあるキャビネットの上に置かれたいくつかの家族写真に私は眼を向けた。ほとんど忘れるところだった。それらの幸せな思い出は、事務的な書類仕事や殺人事件ファイルの奥へといつしか埋もれていった。私のお気に入りは、いちばん下の息子のベンがまだよちよち歩きの幼児だった一〇年前に撮られた写真だ。観閲式と呼ばれる儀式を終えて立ち去る私たちふたりを背後から撮影したものだった。私は郡保安官事務所の制服を着ていた――スモーキー・ベア風の帽子、緑のジャケット、カーキ色のズボン。ストライプのポロシャツとハーフパンツ姿の息子は、小さな両腕を振って私の横をいっしょに歩いている。

2007年、制服姿の私といっしょに歩く息子ベン

　私は立ち止まり、時《とき》がたって色あせたその写真をじっくりと見やった。いちど目の結婚のあいだに生まれた長男ネイサンは二三歳になり、私は最近になってやっと彼のことを知ろうとしはじめたばか

りだった。週にいちどのネイサンとの電話は、テレビゲームについての話題で始まり、同じ話題で終わった。その会話をとおして私は、自分の子どもとでさえ人間関係を育むことがいかにむずかしいのかを学んだ。人生で大切な出来事があったときにそばにいなかった父親に、息子が腹を割って話してくれると期待などできるはずがなかった。

ネイサンはいちど、父親が家に住んでいたことも覚えていないと言った。私が家を出たとき、彼はまだ幼かった。いちど目の結婚のときにできたふたりの子どもたちと同じように、再婚相手とのあいだに生まれたベンと妹のジュリエットに対しても、ほんとうの意味で心を通わせることができていないのではないかと私は不安に駆られた。子どもたちが自転車に乗る練習をしたときも、悪夢から眼を覚ましたときも家にいなかったことを、私は真に後悔したことがあっただろうか？　仕事の最終日になってやっと、ほかのなによりも自分のキャリアを優先したことの影響に気がつきはじめていた。最初の結婚のときに生まれたネイサンとレネーよりも、再婚相手のシェリーとのあいだに授かった子どもについて私はより深く理解していた。それは、私自身も年齢を重ねて成長したことによって得られる知識だった。しかし多くの点において、私はまったく変わっていなかった。

再婚相手のシェリーは、二〇年前の最初の妻ローリーと同じ不満を募らせていた。ローリーと同様にシェリーも、私の無口を思いやりの欠如だと解釈したが、それは事実とはまるでかけ離れたことだった。それでも彼女は、私が何を考えているかわからないと言った。家にいるときでさえ、私は「そこにはいない」とシェリーは言う。いつも「自分の頭のなかにいる」と。どうして私は夜に少しばかりの時間を割き、子どもたちといっしょにボードゲームをして遊ぶことができないのだろう？　試してみたこともあったが、椅子に坐ってわずか数分で私はもう身をよじらせていた。何度か小さな駒を動かし、サイコロを振るうちに、思考は事件のひとつへと移っていく。それを隠すことさえできず、考えとともに唇が動いてしまう。先日の晩も「また思考が飛んでる」とシェリーは指摘した。夕食のときに彼女と子どもたちが何か話をしているあいだ、私はそれを聞くふりをしていた。「ぜんぜん話を聞いてない」と彼女は言った。「唇をずっと動かして、おかしな老人みたい」

下のふたりの子どもたちと絆を深めるための私なりの唯一の方法は、上のふたりの子どもたちに対するものと同じだった――外に連れ出し、キャッチボールをする。ハリー・チェイピンのあの名曲「キャッツ・イン・ザ・クレイドル」の歌詞と同じだった。父親は自分の仕事に没頭するあまり、息子と多くの時間を過ごすことができない。息子は成長し、父親はやがて退職する。老齢の父親が息子に電話して会いたいと伝えると、息子は「父さん、ぼくもそうしたいんだけど、時間があればね……」と応える。すると父親は「息子は自分のような大人になった、あの子はおれみたいになったんだ」と悟る。この曲を聴くたびに私は息苦しくなる。これほど自分の体験と重なる歌詞があるだろうか。最近、上の娘レネーとハイキングに出かけたとき、前妻ローリーとの結婚について質問された。「どうしてわたしたちを置いて家を出ていったの?」と彼女は問うた。「どこから結婚生活がおかしくなったの?」。きみの母親のことはずっと愛していた、と私は娘に請け合った。ただ結婚するにはお互い若すぎて、結局うまくいかなかった。おまえやネイサンとは関係のないことだ、と私は伝えた。私がふたりをどれほど愛しているか、知ってほしかった。「でも」とレネーは言った。「パパはいつも家にいなかった」

フレームに入ったベンと私の写真を箱の横に押し込み、最後にオフィスを見まわした。幕切れとともに込み上げるあらゆる感情を抑えつつ、明かりを消し、後ろ手でドアを閉めた。**これが私の人生のすべてだった**。段ボールを腋《わき》に抱え、胸を詰まらせながら廊下を進んで階段を下り、官庁街のワード・ストリートに出た。その場所はいま過去の一部になった。キャリアをスタートさせた保安官事務所。犯罪現場で夜通し捜査をしたり、真夜中過ぎまで事件ファイルを読み込んだりしたあと、よく床で寝ていた犯罪資料図書室。何度となく証言台に立った裁判所。昼休みにウェイトトレーニングをした拘置所。最後の数年間を過ごした地方検事局。法執行機関での私のキャリアはここマーティネズで始まり、マーティネズで終わった。地元の英雄で野球選手のジョー・ディマジオの出生地であるこの街は、お世辞にも洗練されているとは言えず、自宅のある田舎町ヴァカヴィルとは正反対の場所だった。それでも、ここが私のホームだった。

明日、私は一連の事務手続きを行ない、民間人として何ができて何ができないのかについてFBIから指示を受ける。**「極秘情報」を漏らしてはいけない。情報提供者を保護しなくてはいけない。**郡から提供されていた拳銃と自動車を返却すると、私は正式に法執行機関から退職することになる。その後は、人生のつぎの章について考える時間ができるはずだ。しかしこの章を閉じるまえに、私にはするべきことがまだひとつ残っていた。

2　「黄金州の殺人鬼」はまだ生きている

目的地へ

私の仕事人生が詰まった段ボールを助手席に置き、蛇行する道を進んでようやく官庁街マーティネズをあとにしたのは正午近くのことだった。大学卒業後の一九九〇年の春、郡との最初の就職面接にやってきたときと同じように、燦々と輝く昼間の陽光はスモッグの紗幕に覆われていた。三〇年前のそのときに私は、二キロ近く続くトラス橋を渡り、サクラメント川デルタ地域の煌めく川のうねりを越え、もくもくと煙を吐き出す煙突と石油精製所が建ち並ぶ工業地帯を抜けてダウンタウンへと車を走らせながら、地獄に落ちていくような感覚に包まれたのを覚えている。その景色は、当時からあまり変わっていなかった。

シェル社の石油精製所のあいだを抜けると、ベニシア橋を渡り、州間高速道路《インターステート》八〇号線に向かって北に進んだ。運の良い日であれば、昼過ぎには通りの交通量が少なくなるが、カリフォルニアの混雑した高速道路に運の良い日が訪れることはそうそうない。目的地までは、高速道路を長く走りつづける必要があった。延々とラジオから聞こえてくるのは、ポルノ女優ストーミー・ダニエルズの騒動やアメリカ人の肥満傾向についてのニュースだった。

私はラジオのトーク番組があまり好きではなく、くわえて〝政治に無関心《エイポリティカル》〟の分類に当てはまるタイプの人間であり、車内ではｉＰｏｄのプレイリストの曲をかけるのが定番だった。音楽は私にとって癒しだった。聴くジャンルは気分次第で変わった。家での喧嘩や職場での揉め事のあとにイライラしているときには、よくヘビーメタルの曲をかけた。先週、未解決殺人事件の目撃者の自宅を訪れてぶちギレられたあとには、メタリカを流した。私は、人との対立に向き合うのがあまり得意ではない。軍人の家庭に生まれ、おまけに敬虔なカトリック教徒の両親に育てられると、次第に感情を内に閉じ込めるようになるものだ（それが人間関係の維持に悪影響を与えることを大人になってから学んだ）。だから、ふだんはジムでストレスを発散させた。あるいは、あの怒れる目撃者の家から帰るときには、ヘッドバンガー・ミュージックを大音量でかけ、ドラム代わりにハンドルを指で叩いて感情を爆発させた。しかしふだんは、七〇年代のバラードをかけてリラックスすることが多かった。ビリー・ジョエル、ジム・クロウチ、ニール・ダイアモンドといった具合だ。

　状況をコントロールできないと感じるのは好きではなかったが、そのときは私の人生全体が未知のほうへと進行方向を変えようとしていた。ヴァカヴィルの自宅はすでに売りに出しており、売れたらすぐに家族とともに遠く離れたコロラド州に引っ越し、山岳地帯での生活を愉しむつもりだった。そのとき、退職後にどんな仕事をするのかはまだ定まっていなかった。ポール・ホールズ調査会社という会社を興し、自分でビジネスを始めることも視野に入れていた。また、いくつかの有名事件を担当したせいでメディアに出ることも多かったため、犯罪捜査番組やニュース・バラエティー番組の監修をしてほしいとテレビ局プロデューサーから打診を受けてもいた。しかし確実なことは何もなく、不確実さは私を不安にさせた。子どものころからパニック発作に悩まされてきた私にとって、音楽は不安を抑え込む手助けをしてくれるものだった。

車が高速をのろのろと進むあいだ、ハンマーのように左足を床に打ちつけ、いちばんお気に入りのエルトン・ジョンの「タイニー・ダンサー」を聴いて緊張をほぐそうとした。**可愛らしい瞳、不敵な笑み……砂浜で踊る彼女を見たはずだ。いま彼女はぼくのもの……ぼくの手のなかで踊る小さなダンサー**。音量を上げていっしょに口ずさんだが、それはひとりきりで落ち着かないときによくやることだった。四、五回繰り返し曲をかけたところで渋滞が解消され、不安も和らいでいった。

仮面を被った異常者

静かな瞬間にはきまって起きるように、私の思考は角を曲がり、避けては通れぬ「黄金州の殺人鬼」のほうに向かっていった。この州のあちこちで強姦と殺人を繰り返し、いまだ捕まっていない仮面を被った異常者だ。未解決事件の解決に情熱を注いできた私は、この事件に取り憑かれていた。捜査にかかわった職員はまさに数百人に及び、その誰もが途方に暮れることになった。発生から四〇年のあいだに、カリフォルニア史のほかのどの事件よりも多くの労力が解決のために投じられたにもかかわらず、この一件はいまだ未解決事件ファイルに残ったままだった。

一九九四年のある日、好奇心旺盛な新米科学捜査官だった私は、研究所の図書室の書類整理棚に放置されていたこの事件の捜査資料を偶然見つけた。その日以来、私は何度となくファイルを見直してきた。解き明かすことのできなかった事件はほかにもあり、どれについても深刻に受け止めていたものの、この事件はなによりも心に重くのしかかっていた。最大の理由は、犯人がこの業界でとりわけ優秀な頭脳を持つ犯罪捜査のプロたちを出し抜いてきたからだ。くわえて、その男がまだ生きていると私は信じていた。

一九七〇年代から八〇年代にかけての一〇年間、男は綿密に計画された襲撃によって州全土を心理的恐怖で震撼させた。彼は真夜中に住民の家に押し入り、恐れおののく被害者を縛り上げ、男性と女性の両方を残虐に襲い、ときに幼い子どものまえでそのような犯行に及び、やがて相手を殺すようになった。犯人が好んだのは撲殺だった。男は根っからのサディストだった。「少しでも騒いだら、ガキどもの体を切り刻むぞ。耳を片方もってきてやる」と男は被害者の夫婦に言い、それから妻のほうをべつの部屋に連れていき、繰り返しレイプした。一九八六年に突如として襲撃を終えるまでに、犯人は少なくとも十数人を殺し、五〇人以上の女性を凌辱した。

犯人はすでに死んだと考える向きもあったが、私はちがった。彼がいまもどこかの街の郊外の中流階級地区でひっそりと暮らしているはずだ、と私は想像した。連続殺人犯が近くに住んでいるなどとは誰も想像しないような場所だ。犯人は運のいいろくでなしなのか、キツネのように狡猾なのか、はたまたその両方かもしれない。連続殺人犯は犯行を止めることができなくなる、という神話を信じる人も多い。が、止めることはできるし、実際に止まった例もある。長い休止期間に入る者もいれば、完全に足を洗う者もいる。理由はふたつ。逮捕されそうになったか、もしくは殺しの習慣をほかの何かに置き換えることができたか。べつの趣味、結婚、子どもの誕生……。あるいは、ただ歳を取りすぎたせいで殺しをあきらめる者もいる。なんとも信じがたい話だ。

私の脳裏をいつもかすめていたのはこんな考えだった。多くの人々の人生をぶち壊したこの事件の犯人は、どこかでのうのうと暮らしているのではないか。車を運転し、ホームセンターに買い物に行き、家族で夕食を愉しんでいるのではないか。そして、自分を捕まえることのできない私たち警察を嘲笑《あざわら》っているのではないか。

のちに私の腹心の友となるジャーナリストのミシェル・マクナマラが二〇一三年に発表した雑誌記

事のなかで「黄金州の殺人鬼《ゴールデン・ステイト・キラー》」（Golden State Killer、ＧＳＫ）と名づけるまで、この男は「オリジナル・ナイト・ストーカー」（Original Night Stalker、ＯＮＳ《オンズ》）として知られ、それ以前は「イースト・エリア強姦魔」（East Area Rapist、ＥＡＲ《イヤー》）と呼ばれていた。強盗、深夜の凶悪な性的暴行、そして殺人へと犯行が進むにつれ、犯人の肩書も進化していった。

彼は自身のあだ名をみずから受け容れ、それを使って警察を愚弄した。ＥＡＲ時代に犯人を名乗る男がサクラメント郡保安官事務所にかけてきた電話の古い録音記録を耳にしたときのことを、私はいまでも覚えている。

「こちら、イースト・エリア強姦魔だ。おまえら、どうしてそんなにアホなんだ？」と彼は言う。「今夜もヤルぞ。気をつけろ」

その声は威嚇的で、高飛車で、挑発的で、居丈高だった。

私は何度も何度も再生した。

「この録音は聞いたかい？」と私はケン・クラークに尋ねた。サクラメント郡保安官事務所の殺人課刑事で、この事件の捜査に多くの時間を割いてきた人物だった。

「ああ、もちろん」と彼は言った。

「実際に犯人のものだと思う？」

「おそらくね」

「はらわたが煮えくり返る気持ちだ」

「まさに」とクラークは言った。「それが向こうの狙いさ」

一九七七年にその電話がかかってきてから二年後、追いつ追われつの彼のゲームは殺人へとエスカレートしていった。

仕事中も、クリスマスにも

この未解決事件について捜査してきた二十年余にわたって私は、被害者の母親、父親、息子、娘、兄弟、姉妹の苦しみを目の当たりにしてきた。犯人の加虐的な所業の犯行現場の写真をまじまじと見てきた。何時間もかけ、被害者の女性や男性たちの物語に耳を傾けた。彼らはみな、神のご加護、あるいは自身の満身の勇気によって無慈悲な攻撃からなんとか生き延びたものの、受けた行為に何十年たっても悩まされつづけている人々だった。

つい最近、私の携帯電話が鳴った。電話の向こうの女性は、いまにもくずおれそうな声音《こわね》だった。「絶対、あの男が戻ってきてまた襲われる。だからメキシコに引っ越します」と彼女は言った。深夜に犯人が女性の家に押し入り、家族を恐怖に陥れてから三〇年がたっていた。私が執拗なまでに事件の究明へとのめり込むようになったのは、そのような人たちがいたからだった。そして彼らのほうは、私が犯人を捕まえることを期待していた。「あなたならやってくれると思っていますよ」という言葉を私は何度となく耳にしてきた。

電話をくれた女性を失望させたくなかった。被害者みんなを失望させたくなかった。ほかの仕事の合間を縫ってこの事件に取り組んだのちに私は、退職前の最後の数年のあいだは黄金州の殺人鬼（GSK）の捜査を最優先事項に据えて過ごしてきた。何千もの警察資料や目撃証言を精査し、まだ生きている事件関係者がいれば可能なかぎり話を聞いた。その執念は週末になっても消えず、庭の芝を刈り、子どもたちと遊んでいるあいだも事件のことばかり考えていた。クリスマスに家族がプレゼントを開けているときでさえ、私の頭のなかにいたのはGSKだった。そして長い夜、コンピューターのデータベースを調べて手がかりを探し、犯行の地理的プロファイルを描いて拠点を突き止めようとするあいだ、終わりのない映画のように事件が頭のなかでずっと再生されていた。眠りに就いたあとも、いつも被害者たちが夢に出てきた。

たとえば、最年少の被害者のひとりであるメアリーがいた。一九七九年に犯人が突如として人生に入り込んできたとき、彼女は中学二年生になろうとしていた。一三歳の誕生日を迎えたばかりで、裏庭にはまだおもちゃの家が置かれ、ケンケンパをして遊ぶのが大好きだった。その夏、犯人は午前四時にウォルナット・クリークの彼女の家にガラスの引き戸から侵入し、メアリーの部屋に忍び込んだ。すぐ隣の部屋では父親と妹が寝ていた。メアリーが眼を覚ましたとき、体にまたがった男がナイフを咽喉《のど》に突きつけていた。「気持ちいいといいんだがな」と犯人は威嚇するように小声で言った。彼女にはその言葉の意味がわからなかった。ユニコーンの絵が描かれた可愛らしいポスターが貼られたピンク壁のその寝室で、男は上掛けを引きはがし、メアリーを荒々しくレイプした。犯人が去ったあと、メアリーは一時間近く待ってから足の紐を解いた。このことを話したら家族を殺すと脅されていたため、犯人が完全にいなくなったと確認できるまで待ったのだ。手首を縛られたままの状態でメアリーは、隣の部屋へと走っていって父親を起こした。それから何十年もたったいまでも彼女の頭のなかでは、「紐を外せ！」と妹に向かって叫ぶ父親の声がこだましていた。事件後すぐ、メアリーは友人の姉に「わたしはまだ処女なの？」と尋ねたという。

事件から三年後、彼女は父親がベッドで死んでいるのを発見した。父は悲嘆のあまり死んだのだとメアリーは確信していた。実際、そうなのかもしれない。私にはふたりの娘がいる。自分の子どもを守ることができなかった悲しみと自責の念に耐えて生きられるか、私にはわからない。この事件によってメアリーは純潔と心の安寧を奪われた。以来、彼女は肩越しにうしろを振り返り、犯人がまだどこかから見ているのではないかと警戒しながら生活を送ってきた。

その怪物は、あまりに多くの人からあまりに多くのものを奪い取った。当然、彼は報いを受けなければいけない。退職後、私がたどり着いた地点から誰もあとを引き継いでくれないのではないかと不安になった。捜査ファイルはまたしても書類整理棚に放り込まれ、私がそれを見つけたときと同じように忘れ去られてしまうのではないか、と。そうなれば、事件解決のために私を頼りにしていた人々はけっして許してはくれないだろう。人生を台無しにされた彼らはどうなってしまうのか？　知るということから得られる一片の安らぎを、彼らはどのようにして手に入れられるというのだろう？

特別捜査班に訪れたチャンス

ここ数年のあいだ、事件解決まであと一歩のところまで来たと実感したにもかかわらず、ＤＮＡ鑑定によってそれがまちがいだと証明され、ひどく落胆したことが幾度となくあった。最後に同じ轍を踏んだのはつい数週間前のことで、内臓がえぐられるような気分になった。最近になって私は、遺伝子系図を使ったＤＮＡセグメント三角測量と呼ばれる手法を見つけた。それは、われわれ法執行機関が用意したＧＳＫのＤＮＡプロファイルを、民間の有料の家系図作成サイトによる家系調査と組み合わせることによって、生物学的関係を特定するという方法だった。私がこの方法に着目するようになったのは、幼いころに親に捨てられた女性の身元を特定することに成功したという話を聞いたときだった。警察はその少女が何者なのか、どこで生まれたのかも把握できず、本人は幼すぎて役立つような情報は何も覚えていなかった。何年ものあいだ警察は伝統的な捜査方法をとおして彼女の身元を特定しようとしたが、失敗つづきだった。その後、べつの案件について電話会議をしていたときに私は、

DNAセグメント三角測量によって女性の身元がようやく判明したと耳にした。かくして、同じ方法で黄金州の殺人鬼にたどり着くことはできないかと思案しはじめたのだった。

数カ月にわたって私は、捜査官、犯罪分析官、少女の身元特定に尽力した優秀な系譜学者からなる少人数の特別捜査班とともに捜査を進めた。まず、DNAプロファイルの比較や家系図の分析をとおして、GSKにつながりそうな手がかりをいくつか見つけた。それから消去法によって、犯人と同じくらいの年齢で、かつ事件当時カリフォルニア州在住だった男性たちの小さな集団へとリストをそぎ落としていった。そして、生き残った被害者たちが証言した犯人の身体的特徴と照らし合わせて対象者をさらに絞り込んだ。

そして、いちばん有力と思われるひとりの容疑者に照準を合わせ、退職前の数週間をその人物の調査に費やした。それはコロラド州に住む建設作業員で、個人的および地理的なプロファイルが黄金州の殺人鬼と酷似していた。「ついに犯人が見つかったと思う」と私はFBIの相棒であるスティーヴ・クレイマーに言った。「この容疑者のクソったれのおじがレイプ魔だった。血は争えないってやつだ」。ついぞ犯人を見つけたと私は信じ、深々とお辞儀をして捜査と自分のキャリアを締めくくる心づもりだった。ところが、クレイマーが電話を寄こしてこう告げた。建設作業員の妹のDNAを鑑定した結果、彼女がGSKの妹ではないことが判明したため、男は容疑者リストから除外された――。私は電話を切り、机に突っ伏した。ショックだった。この瞬間、私は悟った。黄金州の殺人鬼を捕まえる最後の大きなチャンスは、もう失われてしまった。

じつのところ、もうひとり有力候補がいた。この男は、これまで四〇年間のいかなる捜査のなかでもいちどもレーダー上に現われたことのない人物だった。コロラド州の男と同じように、再従兄弟《はとこ》姉妹と三従兄弟《みいとこ》姉妹のDNAプロファイルを使った家系図の三角測量をとおしてさかのぼることによって、その新たな容疑者が浮上した。民間の家系図作成サイトに登録していた遠い親戚たちは、悪名高き連続殺人犯を追跡するために自分のプロファイルが使われていることなど知るはずもなかった。

前回の失敗から数日後に予備調査をしたところ、この新たな容疑者がいくつかの基準に合致していることがわかった。身長は一八〇センチとぴったりだった。年齢は七二歳で、想定した犯人の年齢よりは少し年上だったが、候補から外すほど離れているわけではなかった。居住地はサクラメント郊外で、犯人の家があると私が予測したおおよその地域内にあった。ジョセフ・ディアンジェロという名のその男は、なんとも興味深いことに元警察官だった。だとしても、私はそれほど期待していなかった。より強力な状況証拠によって導き出された容疑者がこれまで何人もいたものの、DNA鑑定によってことごとくリストから排除されてきた。この男だけが彼らと異なることなどありえるだろうか？GSKに関する私の知識にもとづけば、コロラド州の容疑者のほうがはるかに犯人像に合致していた。

ディアンジェロの自宅

午後二時半ごろ、州間高速八〇号線を降りてアンテロープ・ロードへと車を走らせた。その通りは、シトラス・ハイツのショッピング・センター、チェーン店のレストラン、そして近隣の地域を結ぶ大動脈だった。容疑者の自宅がバックミラーに映ったときには、出発から一時間ほどたっていた。高速の出口を通過したあとも車の走行スピードは変わらず、あたかも自動操縦で走っているかのようだった。

ジョセフ・ディアンジェロについては、もっとくわしく調べる必要があった。しかし仕事の最終日だったため、最後の数時間を利用して男の家に立ち寄るべきだと自分に言い聞かせた。これまでのすべての事件と同じように私は、容疑者の自宅や職場の周辺をたしかめ、相手が何者なのか大枠を理解しようとした。

シトラス・ハイツは、サクラメント郡の端の約三五平方キロの土地に広がる暮らしやすい町だ。清潔で治安も良く、公園や野球場があり、好況な不動産市場にも対応できる充分な数の小売店やフードチェーン店があり、土曜日の夜の広場での無料の映画上映といった小さな町ならではの伝統も残っていた。ディアンジェロは七〇年代に売りに出された分譲地に家を所有していた。周辺にはいくつもの住宅分譲地があり、地名の多くには「エステート（邸宅）」という実際のイメージとは異なる紛らわしい単語が使われていた。一帯には、クッキー型でくり抜かれたかのごとく似かよった家々が押し込まれるように建ち並んでいた。隣家とは木製のフェンスで仕切られているものの、分離感はほとんどないに等しかった。

アンテロープ・ロードを曲がり、袋小路、アスファルトの歩道、遊ぶ子どもに注意をうながす黄色い標識が連なる入り組んだ通りを抜けると、キャニオン・オーク・ドライブが見えてきた。八三一六番地までカウントダウンし、特徴のない褐色の平屋のランチハウスと反対側の縁石に車を停めた。

ガレージのシャッターは閉まっていた。ドライブウェイには、ボルボのセダンとトレーラーに載った釣り用ボートが置かれている。私は庭に眼を引かれた。住民たちがたっぷりの誇りとともに手入れする小ぎれいなその一帯の庭のなかでも、ディアンジェロの前庭は際立っていた。敷地の端まで世話が行き届いており、一本一本の草がすべて均等に広がっていた。三つの大きな石がランダムに配置されていたが、おそらく装飾目的で意図的に置かれたものなのだろう。裏庭の様子を見るために車を少しバックさせ、それからまた前進させ、シフトレバーをパーキングに入れ、エンジンを切った。ブラインドは閉まっていたが、男が家にいるのはわかっていた。長年、容疑者の家のまえで張り込みを続けると、その種のことはだいたいわかるようになる。自分の勘を信頼できるようになるのだ。

玄関まで歩いていきたいという圧倒的な衝動に駆られた。**このまま歩いていって自己紹介したほうがいい**。思考が頭のなかを駆け巡り、不安がふたたび込み上げてきた。座席に坐ったまま私は、起こりえるシナリオについて熟考した。

ひとつ目のシナリオでは、私は玄関まで行ってノックする。ディアンジェロが扉を開ける。

私は自己紹介する。「こんにちは、私はポール・ホールズ。コントラコスタ郡のコールドケース捜査官です。ある一連の未解決の事件について捜査しておりまして……」

男は興味を示すが、不審には思っていないようだ。法執行機関で働いた経験がある者同士ということもあってすぐに打ち解け、ディアンジェロは私を家に招き入れる。

「コーヒーはいかがかな?」と彼は訊く。

「けっこうです。コーヒーは飲まないんですよ」

「じゃあ、ビールは?」

ビールを二、三口飲み、ディアンジェロの現役時代からの変化など警察の仕事について世間話をしたあと私は、彼の名前が捜査中に出てきたことを説明する。ディアンジェロは困惑こそあらわにするものの、とくだん心配しているようには見えない。

「今日はあなたにとってラッキーな日ですよ」と私は言う。「あなたの遠い親戚のひとりが、家系図作成サイトにＤＮＡをアップロードした。その親戚が、私が捜している人間と関係があるようなんですよ。つまり、私の担当する事件の犯人とあなたも遠縁である可能性が高いというわけです」

彼はうなずく。「なるほど。それで、わたしに何か手助けできることが?」

「ええ、ＤＮＡサンプルをいただければ済む問題なんです」。べつの警官に対して、凶悪な連続略奪者ではないという証明を求めるのは少し後ろめたい感じもする。その一方でサンプルがあれば容疑者リストから正式に外され、彼にこれ以上の迷惑をかけることはなくなる。

「ああ、わかったよ」と彼は言う。「もちろん、かまわない」

この不条理な状況に、私たちはついくすくす笑ってしまう。サンプルを手にすると私は、迷惑をかけて申しわけないと告げて辞去する。

それが、この事件における私の最後の行動になるだろう。

しかし、べつの可能性もある。ディアンジェロが黄金州の殺人鬼であるという可能性だ。そのシナリオでは、私はすでに愚かなまちがいを犯してしまったことになる。家のまえに公用車を停め、私は車内に数分とどまっていた。

現役の警察官や元警官なら、その車が覆面パトカーだと気づくはずだ。もし彼が犯人だとすれば、どんなことをしでかす人物か私は知っている。追い詰められたと感じたら、予想外の行動に出るかもしれない。相手は私がここにいると知っている。彼は狡猾な連続略奪者であり、すべてを把握している。被害者がどのテレビ番組を見るのか、職場や学校はどこなのか、夫がいつ出張に行くのか、両親が何曜日の夜に出かけるのか、家族が何時に寝るのか――。

このシナリオでは、家のまえに停まった車がブラインド越しにすでに見られていることはまちがいない。私が家に向かって歩いていくあいだに男は、それが何年にもわたってこの事件についてマスコミのインタビュー取材を受けてきた人物であることに気づく。玄関に着くころには、彼はもう銃を用意している。扉を開け、私が口を開くまえに発砲してくるかもしれない。あるいは私を招き入れてから逃げられないようにし、いったん席を外し、背後から忍び寄って頭を思い切り殴ってくるかもしれない。

おそらく、誰もそれに気づかないだろう。私がここにいることは誰も知らない。無線で連絡もしていないし、家にも電話していない。ただオフィスを出て、ここにたどり着いたのだ。

彼は私を殺すだろう

私は深呼吸し、頭のなかを整理する。この男に近づこうとするなんて、おれはいったい何を考えているんだ？　もし彼がＧＳＫであり、警察に狙われていると気づいたら、捜査そのものに危険が及ぶ。もう逃げられないと感じたら、彼は私を殺すだろう。

早く立ち去らなくてはと私は自分に言い聞かせ、車のギアを入れる。**時期尚早だ。このままだとすべて台無しになる。このディアンジェロという男に関する情報がまだ少なすぎる。**

車を発進させ、速度を上げるよう自分を急かす。しかし、一ブロックも進んでいないうちにみずからの決断を疑いはじめる。**もしかすると自分で台無しにしようとしているのかもしれない。ＤＮＡサンプルを手に入れるべきだった。チームのために、少なくとももうひとつの系譜学データを得ることができたはずだ。それに、ディアンジェロが犯人だったら？　私はすぐそこにいた。なぜ玄関まで行かなかったのだろう？**

ヴァカヴィルへの帰り道は、永遠のように長く感じられた。後悔の念でいっぱいだった。この手をすり抜けつづけてきた事件の捜査において、私にとって最後の容疑者が犯人かどうかを確認することができなかったのだ。

もし黄金州の殺人鬼事件がいつか解決されるとしても、私がその一端を担うことはない。

私は敗北感にさいなまれていた。事件の生存者たちは、正義がもたらされる最後のチャンスとして私に期待を寄せていたのに、彼らを失望させてしまった。私のキャリアは、不名誉な注釈とともに終わることになる。

この事件以外のことについては順調だったキャリアに、拍子抜けするような結末が訪れたかのように感じられた。

3　はじまり

〈1968～1989年〉

人に心を開けない

多くの人は私のことを一匹狼と呼ぶだろう。〝犯罪を解決する男〟以外の私の姿を知る人は少ない。自分をさらけ出すのが嫌いなわけでも、私という人間が何者なのかを見せたくないわけでもない。ただ、人になかなか心を開くことができないのだ。内の世界に引きこもらないようにする方法がわからない。それは、子どものころに身につけた習性だった――人に近づきすぎるな、心を許しすぎるな。なぜなら、そうするたびに私は引き離され、また最初からやり直さなくてはいけなかったからだ。

父はアメリカ空軍に所属しており、同じ場所に長くとどまることはなかった。私が一九六八年にフロリダ州タンパのマクディル空軍基地で生まれてから、一九八六年にカリフォルニア州フェアフィールドのヴァンデン高校を卒業するまで、私たち家族は少なくとも十数回は引っ越しを繰り返した。子ども時代の記憶の断片には、深く知る機会のなかった教師や友人たちに別れを告げる場面がたびたび出てくる。中学一年生のとき、父親がふたたびテキサス州サンアントニオからカリフォルニア州トラヴィス空軍基地に転勤になり、はじめてできた親友を失うという苦しみを経験したあと、私は殻のなかにこもって自分を守るようになった。

その年、トラヴィス基地の新しい環境に慣れるのに苦労し、空いた時間のほとんどを家で過ごしていた私は、『クインシー』というテレビシリーズに出会った（訳注：邦題は「Dr.刑事クインシー」）。このドラマのなかでは、主演のジャック・クラグマン演じる気むずかしいロサンゼルス郡検視官が、殺人事件の捜査に首を突っ込んではトラブルに巻き込まれながらも、最後にはいつも見事に事件を解決してみせた。ドラマをはじめて見たときのことを、私はいまでも覚えている。ある日のこと、宿題を終え、居間の床に坐り、わが家にやってきたはじめてのカラーテレビ――RCA社製のコンソール型テレビ――のチャンネルをまわした。画面に浮かび上がってきたのは、白衣を着た厳めしい顔つきの男が幼い少女の死体の横に立つ映像だった。

その少女は殺害され、ゴミ収集箱に遺棄されていた。私は眼を丸くして画面に釘づけになった。クインシーは遺体安置所から研究所、殺人現場へと移動し、主任捜査官と衝突しつつ、刑事たちが見落とした証拠を見つけた。一時間のあいだにクインシーというこの男はたったひとりでパズルのピースをつなぎ合わせ、犯人を捕まえ、死んだ少女の妹の命を救った。その後、毎週水曜日の夜は宿題を早く終わらせるようにした。理科が得意だった私は、こう考えるようになった。**これなら、ぼくにでもできる。医学部に行って、ほんもののクインシーになろう**。

しかし次第に孤独感が強まると、私は学校に溶け込もうと努力しはじめ、まわりが望む姿に自分を変えていった。素早く相手を評価し、自分の態度を調整する術《すべ》を持ち合わせていた私は、あらゆるグループと仲良くすることができた。人気者の女子、秀才、体育会系、オタク、ドラッグ常習者など誰とでもつるむことができたものの、どのつき合いにも深さや意味はなかった。ただまわりにうまく合わせているだけだった。それは生き抜くためのメカニズムだったが、同時に私はほんとうの自分を見失いつつあった。そのせいで気もそぞろになって不安に駆られ、最初のパニック発作へとつながった。私は一五歳で、基地内の将校クラブのプールにいた。ふたりの女の子がこちらのほうに歩いてくると、突如として体のなかに熱が広がっていった。息もできなくなった。あっというまの出来事だった。顔は紅潮し、冷や汗が噴き出した。世界がぼやけた。女の子たちはそのまま通り過ぎ、私はコンクリートの上に倒れ込んだ。耳のなかで鳴り響く心臓の鼓動を聞きながら、体を丸めた。長い数分ののちに症状は治まったが、疲れ果て、恐怖に駆られていた。いったい私に何が起きたのだろう？

はじめ、この出来事について誰にも打ち明けることができなかった。母を心配させたくなかったし、父を失望させたくなかった。やがて耐えられなくなって両親に告白すると、臨床心理士のところに連れていかれ、深呼吸訓練によってストレスを取りのぞくよう指導を受けた。全般性不安障害（GAD）はいまでこそ有名になったものの、八〇年代にそう診断されることはめったになかった。

のちに私は、自分の家系に精神疾患を発症する者が多いことを知った。母は長期間にわたって拒食症に苦しみ、弟は強迫神経症に悩まされている。私の場合、とりわけ苦労しているのは社会不安障害だ。人づき合いにおいて心地よく感じたことはいちどもない。人とのつき合いはきまって恥や拒絶という深い恐怖を引き起こすため、おそらく私の脳はそれを脅威だとみなしているのだろう。人生をとおしてこの症状はずっと続いてきたが、いまでは発作を誘発しそうな場面――見知らぬ人と世間話をするときがとくに危険――を予測し、発作が起きるまえに自分を落ち着かせることができるようになった。言い換えれば、つねに心の準備をする時間が必要になるということだ。

自分自身のこの症状について把握できるようになるまでには、多くの時間と労力が必要だった。そうやって私はなんとかいまも対処している。これまでに学んだことを子ども時代に知っていたら、数多くのつらい経験を避けることができていたかもしれない。むかしの私はつぎに恐ろしいパニック発作がいつ起きるかいつも不安を抱いていたため、のんきな子どもなどではいられなかった。

キム、そしてローリー

私は自分だけで恐怖に立ち向かおうとしたが、年月が過ぎるにつれて制御不能に近づいていった。高校生だった一九八三年、チアリーダーのキムとつき合いはじめた。彼女は二歳年上で、私にとって最初の真剣な男女交際だった。キムに夢中だった。フットボール選手の彼氏が欲しいと言われ、私は学校のチームに加入した。それまで水泳を続けてきたので、フットボールのことなど何も知らなかったけれど、キムといっしょにいるために言われたとおりにした。むかしの対処法にしたがって、彼女が望むたくましい男に自分を作り替え、相手の期待に応えようとした。

キムと私は正反対だった。私は敬虔なカトリックの家庭で育ち、内気な性格で、女子とつき合った経験もなかった。キムは自由奔放で社交的だった。彼女の両親は子育てについて寛大で、ルールはほとんどなく、娘をおおいに信頼していた。キムが「車でイチャイチャしてくる」と言っても、彼女の母親は平然としていた。どちらもまだティーンエイジャーで、私はのぼせ上がっていた。しかしそのときの私は、女の子のために別人を演じている内向的な人間であり、拒絶されそうな自身の一部を隠していた。この見せかけを守ることには困難と苦痛がともない、パニック発作は悪化していった。症状はきまって突然現われ、深呼吸による対応が間に合わなかった。自分が弱みだと考えるものを隠そうとすると不安がさらに増し、発作が起きやすくなった。まさに悪循環だった。

多くの初恋がそうであるように、ふたりの関係は自然と終焉に向かっていった。別れたあとに私は嬉々としてフットボール・チームを辞め、キムはべつのフットボール選手とつき合いはじめた。その直後に私は友人に誘われ、「スノッブ・ヒル」と揶揄される基地内の高級住宅街にある家で開かれたスーパーボウル観戦パーティーに行った。その会を主催していたのは、学校で見かけたことのある女の子だった。名前がローリーということ以外はほとんど何も知らなかったが、丸い顔立ちで、艶のある茶色の髪を背中まで伸ばした美しい女の子だった。第一九回スーパーボウルは大注目の大会だった。「クォーターバックの闘い」と称されたこの試合では、マイアミ・ドルフィンズのダン・マリーノが、ホームチームのサンフランシスコ・フォーティナイナーズのジョー・モンタナと対決した。一九八五年の同じ日、元カリフォルニア州知事ロナルド・レーガンが、二期目のアメリカ合衆国大統領に就任した。試合前、レーガン大統領はホワイトハウスから衛星中継でコイントスを行なった。フットボールを直前に辞めた私にとっても心躍る大一番だった。

フォーティナイナーズがドルフィンズに勝利したあとも、何人かの参加者が残ってパーティーを続けた。ローリーは自分のことを話しはじめた。何年もたったいま、話の内容こそ覚えていないものの、彼女がどのように話をしたのかはまだ覚えている。まわりを愉しませようと生き生きと語るその姿は、同じ世界史の授業で会うときのシャイな女の子とはまるっきりちがった。話の途中でローリーはジャンプしようとした……が、ジャンプできなかった。数センチだけ飛び上がったかと思うと、すぐに床にくずおれて笑い出したのだ。物事を深刻にとらえすぎないところがとくに好きだった。その瞬間、彼女の眼の煌めきを見やった私は恋に落ちた。

ローリーといっしょにいると落ち着いた。とくに惹かれたのは、彼女の気取らない性格だった。それまで人生で出会ったほかの誰ともちがった。私とも一八〇度ちがった。デートから帰ってくると、車のなかでふたりで何時間も話し込んだ。彼女は自身の宗教的な信念について語り、そのなかには婚前交渉を慎むという考えが含まれていたが、私にはまったく問題のないことだった。私は不安症とパニック発作について正直に話した。ローリーがそれを実際にはじめて眼にしたのは、遊園地に出かけたときだった。観覧車の小さなゴンドラに乗り込み、扉がパチンと閉まる音が聞こえると、体に湧き上がってくるあの激しい痛みを感じた。いつも、それがはじまりだった。すぐに電流が体じゅうに広がっていった。観覧車のゴンドラが回転して大きく揺れ、ローリーと私の体がぶつかった。壁が迫ってくるような感覚に襲われ、心臓が激しく脈打った。肺が破裂しそうだった。私はうずくまり、喘いだ。どれくらい続いたのかはわからない。わずか数秒のことだったとしても、これでもうふたりの関係は終わりだと確信した。しかしつぎの瞬間、ローリーは私の背中に手を置き、何が起きているとしても心配無用だと言った。

ローリーは、私が知るどの女の子ともちがった。人気者のグループには属しておらず、属することを望んでもいなかった。男子にモテたいなどとはつゆほども思っていなかった。彼女は年齢よりも大人びており、自然と年上の人々のまわりにいることが多かった。早熟という言葉が適切かもしれない。高校のパーティーに出席するよりも、わが家の台所で私の母親と話をすることを好んだ。両親や祖父母世代の人々と気が合う特殊な傾向があり、相手もローリーの温かさと思いやりにすぐさま心を惹かれた。私は彼女のそういうところが好きだった。そんなローリーのそばにいると、安らかな気持ちになれた。

高校三年から四年にかけて私たちは交際したものの、卒業プロムのあとにローリーのほうから別れを切り出された。それは青天の霹靂ではなかった。彼女は現実的な性格だった。私たちは大学に進学しようとしており、ローリーは新しい独立がもたらすあらゆるものを探求、経験する自由を求めていた。もちろん、私は悲嘆に暮れた。その年の秋、ふたりはどちらもカリフォルニア大学デイヴィス校に進学する予定だった。彼女と毎日会うのに、恋人として交際はできないというのは想像を絶することだった。私たちは友だちのままでいることを決め、たまにいっしょにジョギングをした。ときどき、彼女の化学の宿題を手伝うこともあった。私が望んだのは、ローリーが考えを変え、私なしでは生きていけないと気づくことだった。しかし、べつの男子学生に恋をしていると聞かされたときはひどく落ち込んだものだ。それでも、彼女のそばにとどまった。赤の他人になるよりは、友人関係を保つほうがましだと私は考えた。ところが、べつの男との話はやがて立ち消えとなり、気づくとローリーと私はまた引き寄せられていった。そして大学二年生になると、高校のころのような恋愛関係にふたたび戻ったのだった。

振り返れば、私たちの関係にはいわゆる〝ときめき〟こそなかったものの、いっしょにいると心地よかった。ローリーは、それまでの私の人生には欠けていた安定感を与えてくれた。家族がお互いを気にかけるように、彼女は私のことを気にかけてくれた。ローリーのいない人生など想像できなかった。カリフォルニア大学デイヴィス校での三年生の終わり、私は彼女にプロポーズした。マクドナルドでハンバーガーのパテをひっくり返すアルバイトで貯めたお金で、マーキスカットの小さなダイヤモンド・リングを購入した。息苦しいほどの緊張に襲われながら「結婚してくれますか？」と私は言った。

彼女はいっときためらい、それから微笑んで言った。「はい」

科学捜査官との出会い

大学四年生になり、私は幸せな日々を送っていた。新たな人生を始める計画も着々と進めていた。勉学は終わり、つぎの章に進もうと急いでいた。それは私にとって、結婚生活を送りながら働き、実家から独立して生活し、ついに自分たちだけで自由に生きていくことを意味するものだった。

卒業と結婚式が刻々と近づき、仕事探しに奔走した。私の専攻は生物化学で、一九九〇年当時、バイオテクノロジーは前途有望な一大分野だった。その年の五月、カリフォルニア大学デイヴィス校で就職フェアが開かれると、製薬会社の販売員の仕事について学ぶために参加してみた。バイオ企業の担当者に話を聞こうと列に並びながら、私はあたりを見まわした。そのとき、眼の端で何かが光った。台所の床に倒れ、血の海のなかに頭を横たえた男が、近くのブースのテレビ画面からこちらをじっと見つめていた。ほかの参加者は誰もがその気味の悪い場面から顔を背けたが、私は眼を離すことができず、魔法にかけられたかのように凝視していた。

「いったい、あれはなんなんだ?」と口のなかで言い、慌てて列を離れてそのブースに向かった。テーブルのうしろにいた人物はヴィクター・リーヴと名乗り、司法省の研修・調査機関であるカリフォルニア州法科学研究所の所長だと自己紹介した。リーヴは生え際が後退しつつある中年男性で、大きな飛行士風の眼鏡をかけ、しわくちゃの日焼けしたスーツを着、それに似合わないネクタイをしていた。二〇年以上にわたって科学捜査官《クリミナリスト》として活躍してきた彼は、当時の私は知らなかったものの、その業界では知る人ぞ知る有名人だった。それどころか私は、科学捜査官が何をする仕事なのかすら知らなかった。リーヴは科学捜査官について、科学的な専門知識を活かして犯罪解決を手伝う法科学者のようなものだと説明した。

「それこそ、自分がやりたいことです」と私は彼に言った。

将来どんなキャリアの道に進むかについて興奮を覚えたのははじめてのことだった。『クインシー』のことは長いあいだ忘れていたものの、子どものころにドラマシリーズに夢中だったときの情熱が一気に蘇ってきた。私は眼を輝かせながら、すでに捜査官になったかのような気持ちで会場をあとにした。翌朝、大学の就職センターに行き、希望する職種がありそうな雇い主の求人票のバインダーに眼を通した。そのひとつに、コントラコスタ郡保安官事務所の毒物検査官の求人があった。科学捜査官のポジションではなかったものの、科学捜査研究所で働く仕事であることはまちがいなく、悪くないスタートに思えた。そこで、試しに応募してみることにした。もし受かれば、少なくとも科学捜査研究所の入口にはたどり着くことになる。応募したあとにマーティネズの庁舎に呼ばれ、口頭試験を受けた。うまくいったような気がした。一週間後に届いた手紙には、五〇人ほどの応募者のなかで私の成績が四番目だったと書かれていた。こうして私は、自分の才能を活かせそうな何かをついに見つけ、それをたしかめるチャンスを手にしたのだった。

ところがそれから数週間、待てど暮らせど保安官事務所から連絡は来なかった。合格するはずだと頑なに信じていたものの、日を追うごとに希望は薄れていった。私はかわりに結婚式に集中した。式は予定どおり、八月末の蒸し暑い土曜日に行なわれた。その時点までに私は、宗教に対するローリーの保守的な考え方に改宗していた。よりを戻してからは、ふたりで定期的に教会の礼拝に出席した。結婚式は、基地内にある馴染みのプロテスタント教会で行なわれた。純白のウェディングドレス姿のローリーは美しかった。私はタキシードに身を包んでいた。父親と腕を組んでバージンロードを進む花嫁を見守りながら、彼女が私の妻になることを誇らしく感じた。人生でこれ以上の幸せを感じた記憶はなかった。私たちは伝統的な誓いの言葉を選んだ。「私、ポールはローリーを妻とし……」。指輪を彼女の指にはめようとすると、手が震えた。キスは清廉で甘美だった。振り返って母親を見ると、頬を伝う嬉し涙を拭っていた。

かかってきた電話

私はその瞬間の大切さをひしひしと感じていた。私は結婚することを望み、実際に結婚した。それは人生における大きな節目だった。結婚式のあと、ローリーの実家の裏庭に立てた巨大な白いテントの下で披露宴が行なわれた。優雅ではあったが、シンプルな午後のパーティーだった。シャンパンで乾杯はしたものの、派手なダンスやファーストバイトはなかった。私とローリーはこの上なく幸せで愛し合っており、結婚初夜を迎えることに少し神経質になっていた。地元のホリデイ・インでその夜を過ごしたあと、州北部の海岸沿いにあるメンドシーノまで車で新婚旅行に行った。旅行の記録を残すために、私は新しいカメラを手に入れたばかりだった。夕焼け、ヤシの木、日焼けした笑顔で浜辺で手をつなぐふたりの写真を撮った。ところが家に戻ったあと、カメラにフィルムが入っていないことに気づいたのだった。

ローリーの両親の支援を受け、私たちはヴァカヴィルのアパートメントに新居を構えた。私はまだマクドナルドでアルバイトをしており、当然ながら家族を養うための充分な収入はなかった。それでも、まだ若いふたりの人生においてはじつに刺激的な時期だった。私たちはふたりだけの場所で、ふたりだけで生活していた。明るい未来が眼のまえに広がっていた。ローリーはインテリア・デザイナーの事務所での仕事に就いた。

私はより賃金のいい地元の倉庫での仕事を見つけ、幹線道路沿いにあるナッツ・ツリーというレストランで年にいちど行なわれる恒例のカボチャ市のために案山子《かかし》を立てた。それから一カ月半後、倉庫で働いているあいだに事務所に私宛ての電話がかかってきた。「誰からですか?」と私は尋ねた。

「よくわからん」と店長は答えた。「女の人で、コントラコスタ郡がなんとかって言ってたが」。私は彼の手から受話器をひっつかみ、「ポールです」と言った。

電話の向こうにいたのは、科学捜査研究所の責任者だった。「まだここでの仕事に興味はありますか？」と彼女は尋ねた。

「もちろんです！」

女性が質問を終えるまえに、私はイエスと答えていた。追加面接の日程を決めたあと、チャンスを与えてくれたことに感謝した。電話を切ると、私はエプロンを剝ぎ取って「仕事を辞めます！」と叫び、戸口まで踊るように進んでいった。

4　薬物研究所の研究員

〈1990年〉

ほんものの科学捜査研究所

「研究所を見学していきますか？」とキャシー・ホームズはどこか照れくさそうに口にした。彼女は郡の麻薬アルコール部門の責任者を務める科学捜査官だった。私よりも二〇歳ほど年上で、一九七〇年代なかばから科学捜査官として働いてきたという。追加面接が行なわれたその日、ホームズは私に自身の世界を紹介しようとしていた。それは、『クインシー』をテレビで見ていた子どものころに頭に思い描いた世界だった。

エスコバー・ストリートの彼女のオフィスを出て角を曲がると、何十年も壁のペンキが塗り替えられていないような寂れた建物が並ぶ一画に入っていった。官庁街マーティネズはかつて小売業の中心地として繁栄していたが、現在はツキに見放された工業都市に成り代わった。レンガ造りの建物に近づくと、正面の壁に色あせた文字で「マルテラッチの黄金州ブランド乳製品」と書いてあるのが見えた。ホームズは日よけの下で立ち止まった。看板は出ておらず、「726」という番地だけが表示されていた。「ここです」と彼女は申しわけなさそうに言った。

「ここが研究所ですか?」

室内もたいして見るところはないんだけど、とホームズは言って扉を開けた。事実、惨めとも思える内観だった。細長いオフィスの室内には灰色の金属デスクが並び、からし色のパーティションでそれぞれが仕切られていた。すべて、倉庫から引っぱり出されてきたかのような安物に見えた。実際の科学捜査研究所は建物のいちばん奥、トイレ脇の窓のない狭苦しいエリアにあった。一九九〇年の秋、始まったばかりの湾岸戦争のニュースがラジオから聞こえてきた。その後すぐに私は、ベテラン職員のひとりがラジオをつけっぱなしにしておかないと気が済まない性格なのだと知った。

カストロ・ストリートのその研究所は、テレビドラマのなかでクインシーの忠実な研究員サム・フジヤマが犯罪現場の証拠を分析する部屋とは似ても似つかない場所だった。しかし、そんなことはどうでもよかった。私はすでに魅了されていた。ここに毎日出勤し、麻薬や飲酒運転に関連する事案について血液や尿を検査する自分の姿を想像した。すべてが魅惑的で刺激的だった。顕微鏡、分光光度計、誰かの運命を左右する試験管の中身……。

私は冷静を装っていたが、ほんものの科学捜査研究所にいるという事実は、それまでの人生のなかで一、二を争うほどの心躍る瞬間だった。「また連絡します」とホームズは言い、手を差し出した。

それから拷問のような二四時間が過ぎ、郡の科学捜査課のジョン・マードック課長から電話がかかってきた。「ぜひ、われわれの仲間になってほしい」と彼は言った。こうして私は、郡の新たな麻薬分析官として採用されることになった。その晩のうちに私は家を飛び出し、カーキ色のズボンと紺色のブレザーを買った。

私の人生は計画どおりに展開していた。結婚し、立派な仕事に就いた。初日から、私は出勤するのが愉しくてたまらなかった。大きな目的意識と誇りを与えてくれる仕事だった。まわりの職員たちはみな聡明で、学ぶべきことがたくさんあった。私は熱心な学生だった。上司にも従順で、指示されるまえにホームズが何を期待しているのかつねに予想しようとした。私がホームズに贔屓《ひいき》されていると嫌味を言う同僚もいて、そんなことはないときまって反論したが、内心は気にしていなかった。もしそれが真実なら、同じ状況が続くことを望んでいた。

研究所での検査自体は型通りのものだったが、薬物分析や中毒の研究に私は没頭した。高校でも大学でもドラッグを使った経験がなかったので、興奮剤、鎮静剤、幻覚剤の効果について学ぶことに興味をそそられた。

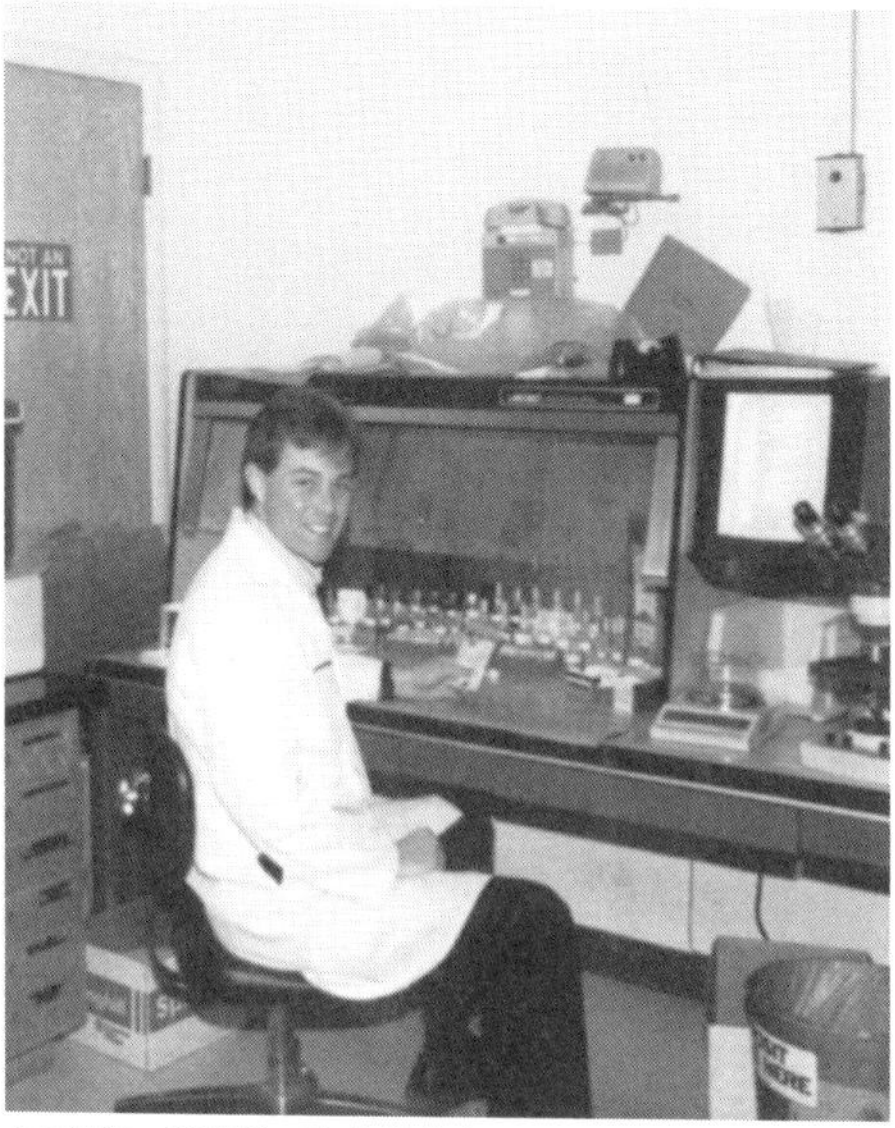

1991年、研究所で毒物検査官として働きはじめた私。キャリアのスタートに喜びを感じていた

仕事の一部に、麻薬関連の裁判で証言をするという業務が含まれていた。働きはじめて半年後、少年事件の鑑定人として法廷に呼ばれた。証言台に立つのははじめてのことで、準備は万端だった。単純なマリファナ所持事件で複雑なところは何もなく、法廷で証言するための訓練も事前に受けていた。裁判所へと足を踏み入れたとき、すべては順調に進むという自信があった。しかし、私の不安症にはべつの考えがあったようだ。

法廷の外にあるベンチに坐って呼ばれるのを待っていると、馴染みのある鋭い痛みが内臓に広がっていった。心臓が騒ぎ立ち、手が震えた。**最悪だ、このタイミングだけはやめてくれ**。法廷で証言することが、自身の仕事の大切な一部になるとわかっていた。個人的な状況でならまだしも、証言台でパニック発作が起きてしまったら、私のキャリアは本格的に始まるまえに台無しになってしまう。なんとか自分を落ち着かせようと、高校時代に臨床心理士が教えてくれた深呼吸法を思い出した。「眼のまえの瞬間に集中してください」と彼女は言った。「過去に起きたことでも、将来に起こることでもなく。現在にとどまって、呼吸するのです」

「ポール・ホールズ！」と執行官が呼ばわり、私を法廷に招き入れた。深く息を吸い、ゆっくりと吐き出した。**現在にとどまって、呼吸する**。室内に入って証言台に立ったあとも、まわりの様子ではなく自分の呼吸に集中しつづけた。「証拠を受け取ったときの状況を説明してください」と検察官がこちらに近づきながら言った。証拠保全管理の書類に署名した、と私は答えた。少量の緑色の葉状の物質が入った小袋がテープで封印されているのをチェックし、手が加えられていないことを確認した。それから証拠を計量し、大麻の有無を調べるために標準的なデュケノワ＝レヴィン試験を行なった。はい、証拠はオレガノではなく、大麻だと定量的に評価することができます、と私は言った。

つぎに、被告人側の弁護士が質問する番になった。「あなたは専門家として法廷で証言したことがこれまで何度ありますか？」と彼は尋ねた。そのときの私は二二歳で、見かけは一二歳だった。弁護士はそれを見逃さなかった。「いちどもありません」と私は正直に答えた。私は若かったが、仕事について豊富な知識を身につけており、それが以前にはなかった自信を与えてくれた。裁判官はこちらの適性を認め、私を専門家として認定した。こうして、私は最初の試験に合格したのだった。

研究所で働きはじめて一年ほどたつと、向上心がうずうずと湧き上がってきた。それは、私の人生のあらゆる側面に共通するテーマのようだ。私の心はけっして落ち着くことがなく、つぎの何かをつねに追い求めているのだ。「あなたはいつも何かほかのものを探してる。より上のことをね」とローリーは繰り返し言った。そのとおりだったが、真の理由はちがった。絶え間ない刺激と上昇志向がなければ、不安が入り込んできてしまった。むかしもいまも私は、つねに厳戒態勢で挑戦を求め、最後の挑戦に満足できず、ひとつの挑戦はつぎの挑戦へと形を変えていった。それが私という人間だった。この姿勢が心の安寧を与えてくれるのかどうかはわからない。いや、おそらく与えてはくれないだろう。それでも、さらなる何かを手にしようとする強い欲求が、あらゆる行動へと私を突き動かす。当時の私が研究所の職員としての日々の単調な仕事にすぐさま飽き、つぎの輝かしい目標を探しはじめるというのは、もはや避けがたい流れだった。

新しい目標を見つけるのに長く時間はかからなかった。私はよくカストロ・ストリートの自分の職場からこっそり抜け出し、五ブロックさきのエスコバー・ストリートにある科学捜査官のための研究所に歩いていった。犯罪現場に出向いて証拠をくまなく探し、研究所に戻って分析するのが科学捜査官たちの役目だった。犯罪がどのように起きたのかを解明するという挑戦、それはどんなものだろうと私は思案した。科学捜査官たちの物語は、まさに推理小説そのものだった。暇さえあれば私は彼らのフロアにもぐり込み、厚かましくも話を盗み聞きした。科学捜査官たちは担当中の殺人事件について意見を述べ合い、捜査に赴いた現場について互いに説明した。

ある日の午後にまたあちこち見てまわっていると、わかりやすい場所に隠された宝物を見つけた。犯罪資料図書室だ。長距離トレーラーが牽引するコンテナくらいの大きさの空間で、エスコバー研究所のちょうど真んなかにあった。摩耗したパネルで壁が覆われ、床から天井まで伸びる金属製の棚には、法医学や犯罪捜査関連のあらゆる分野を網羅する数十年分の書籍や学術誌が置かれていた。犯罪現場の捜査、最新の遺伝子技術、連続略奪者にまつわる数々のタイトルが眼に飛び込んできた。多くの本は、何年も棚から取り出されていないように見えた。私にとっては、金脈を掘り当てたようなものだった。

ちらちらする蛍光灯の下で棚から本を引っぱり出し、ぱらぱらとめくり、あとで読むページの角を折っていった。ほどなくして、『ラクストン事件の法医学的見地』と題された青い布装の本に行き当たった。図版が豊富なその本は、イギリスで起きた前代未聞の事件を詳述するものだった。この事件の犯人であるバック・ラクストンという高名な医師は、妻と子守りの女性を殺害し、身元がわからないように死体をバラバラに切断し、家から一五〇キロ以上離れた場所に部位を遺棄した。

私を魅了したのは惨《むご》たらしい犯罪譚ではなく、捜査官、病理学者、法医学者が一丸となり、斬新な手法を駆使して事件を解決していく過程のほうだった。パズル（と遺体）のピースをつなぎ合わせ、被害者を特定するために要した血のにじむ努力にかんがみ、この事件は「ジグソーパズル殺人事件」と呼ばれるようになった。ラクストン医師は裁判で有罪となり、のちに絞首刑に処された。これらの本は、私にとってまったく新しい世界の扉を開いてくれるものだった。より広い世界の可能性について知ってしまったいま、麻薬やアルコールの血中濃度の分析だけでこれからも我慢するなど考えられなかった。

新人職員の試用期間が過ぎると、私は毎日のように図書室までぶらぶらと歩いていった。できるかぎりすべてを吸収したかった。科学系学術誌であれ、事件現場の処理に関する本であれ、どんな本にも飛び込んでみた。本を閉じても、記事を読みおえても、興味がそこで尽きるわけではなかった。夕食のあいだも、ベッドに入っても、ずっと図書室で読んだことを考えていた。あらゆる内容が頭のなかをぐるぐるまわり、やがて細部まですべてが脳内に吸収された。その図書室にいるときがいちばん幸せだった。ドラッグでハイになるというのはこういう感覚にちがいないと私は想像した。挑戦的な何かに脳がどっぷり浸っているとき、私はほぼ高揚状態にあった。

それから三年間、捜査技術、犯罪心理学、連続略奪者の思考について、さらには未解決事件についてできるかぎりのことを学んだ。二五歳の誕生日に両親は二冊の本を贈ってくれた。『犯罪と人間性』(*Crime & Human Nature*〔未訳〕)とロバート・レスラー、アン・バージェス、ジョン・ダグラスによる『快楽殺人の心理――FBI心理分析官のノートより』(*Sexual Homicide : Patterns and Motives*、邦訳は狩野秀之訳、講談社、一九九五年)だ。『快楽殺人の心理』を読みおえるころまでに私は、自分が将来的に何をしたいのかに気づいていた。

私は犯罪プロファイラーになりたかった。

そして、ローリーは子どもを欲しがった。

5 人生の階段

すべてが正しい方向へ

一九九三年秋、妻のローリーも私も自分たちの夢を叶えようとしていた。その年の九月、娘のレネーが誕生した。まん丸の顔でリンゴのように赤い頬をした、母親そっくりの美しい赤ん坊だった。それまでローリーは自動車販売店で働いていたが、家で子育てに専念するために仕事を辞めた。それから数カ月後、科学捜査官のポジションの募集が始まった。この職種に空席が出たのは一〇年ぶりのことだった。

私はまだ二六歳で、資格も不足していた。しかしこの熱意と知識欲をもってすれば、すぐに仕事を覚えられるはずだとわかっていた。新たな退職者が出るまでさらに一〇年も待ってなどいられるわけもなく、ほかの五〇人のライバルとともに私は応募した。まず、専門家の一団との口頭試験に合格する必要があった。素早く答えを考え出すことができなければ、その時点でアウトとなる。

あなたは緊急を要する殺人事件の担当に割り当てられ、三日以内に結果を報告する必要があります。検査には六時間から八時間かかると予想されます。事件について二時間調査したあと、法廷に呼ばれて証言します。その日の残りは法廷で過ごします。夜九時、あなたは殺人現場の捜査に呼ばれます。その夜の大半を現場で過ごします。翌朝、すぐさま事件の科学的な捜査に取りかかるよう刑事から要求されます。与えられた時間内で仕事を完了させるためには、これらの任務にあなたならどのようにアプローチしますか？


私はなんとか平常心を保ち、口頭試験に合格した。図書室に通い、夜遅くまで自分の部屋で本を読んで過ごした多くの時間は無駄ではなかった。なんと、経験は不足していたにもかかわらず仕事を得ることができたのだ。かくして私は、科学捜査専門の保安官代理になろうとしていた。いわゆる犯罪現場捜査官（CSI）の一員だ。これほど嬉しいことはなかった。ローリーは、生まれたばかりの赤ん坊といっしょに家で幸せに過ごしていた。すべてが正しい方向に向かっている、そう感じられた。

それから五カ月、私は警察学校で訓練を受けた。民間人の生活から警察学校の厳しい軍隊式環境への移行は、純然たるカルチャーショックだった。まさに座学付きの新兵訓練《ブートキャンプ》であり、体からすべての体力が奪われる日々だった。毎朝、アイロンがけした制服、ピカピカの靴、磨いた真鍮バッジを身につけ、夜明け前に学校に行って隊列を組まなければいけなかった。そのすべてを、生後半年の娘がいる家で生活しながらやる必要があった。それは、まだほかの家族が寝ているうちに起きて家を出ることを意味した。日々は、過酷な肉体的かつ学問的な挑戦で埋め尽くされていた。訓練教官が号令を吠え立てるなか、私たちは塀を飛び越え、銃の撃ち方を覚え、法律について勉強した。

バグウェルという名の私の主任訓練教官は、昆虫のような出目と暗色の豊かな口ひげがトレードマークの男で、訓練生をしごくことから喜びを得ているようだった。訓練の序盤、べつの教官がアルコールによる酩酊について講義を行なった。授業中に教官の女性は、人種によってアルコールへの反応が異なることを説明した。特定の人種のほうがアルコールに対してより速く劇的に反応する傾向があると彼女は論じたが、科学的な裏付けを示すことはなかった。すると訓練生のひとりが、それは否定的な固定観念にもとづく発言だと批判した。教室に緊張が走った。研究所で働いていた数年のあいだにアルコール障害についての訓練を数多く受けてきた私は、何か役に立てるのではないかと考えた。そこで黒板まで歩いていき、アルコール代謝の図を描いた。体内でアルコール脱水素酵素がエタノールを分解する速度は人によって異なる、と私は指摘した。問題となるのは、代謝物質のアセトアルデヒドが毒性レベルまで蓄積され、顔の紅潮や不快な二日酔いなどの副作用を引き起こすことだと説明をくわえた。教官とクラスメイトの両方が、説明してくれてありがとうと言ってくれた。席に戻る途中、クラスの誰かが「スポック！」と大きな声で言った。『スタートレック』に出てくる生真面目な科学主任の名前だった。警察学校にいるあいだ、私はこのニックネームで呼ばれることになった。

長い不在と亀裂

学校での長く過酷な一日の訓練が終わると、私は家に帰った。くたくたに疲れ切っていたが、夜のあいだに翌日の拷問とテストの準備をしなければいけなかった。当然ながら私の置かれた状況は、幼い娘を育てる暮らしと両立できるものではなく、家庭での責任はローリーが一手に引き受けることになった。レネーは気むずかしい赤ん坊だった。寝るまえにはかならず泣きわめき、毎日のように夜泣きした。車に乗っているときだけは落ち着くらしく、私は夕食後によくレネーを車に乗せて近所を走り、チャイルドシートに坐ったまま寝るのを待った。しかし、抱きかかえて家のなかに連れ戻すときに、いつもまた眼を覚ましてしまった。そこからはローリーが世話を引き継いだ。私は早朝の服装検査に向けて、靴磨きと制服のアイロンがけをする必要があった。ローリーは子育てに疲れ切っており、私はできるかぎりの手助けをしようとしたが、それはけっして充分なものではなかった。

その五カ月のあいだ、私の生活はすべて警察学校を中心にまわっていった。精神的にも肉体的にも厳しいものだった。そして精神的かつ肉体的な私の長い不在は、すでに亀裂が入っていた結婚生活にさらなる緊張をもたらした。ある日のこと、パティオでローリーと私が何かについて口論になったのを覚えている。私が家をずっと空けているせいで、彼女は大きなストレスを溜め込んでいた。みずからの不満を吐露することに没頭するあまり私たちは、レネーが床を這って進んでいくのを見過ごしてしまった。娘はそのままパティオの端まで行き、段差の下に落ちた。レネーは泣きはじめ、ローリーは狼狽した。娘が泣き叫ぶと、「あなたのせいよ」と彼女は言った。私はどう対応すればいいのかわからず、振り返って室内に戻った。

生まれてこの方、私はそうやってストレスに対処してきた。会話が面倒な方向に向かうと、ただ立ち去った。まわりの人々はそれを無関心だと受け取ったが、そうではなかった。それは恐怖に駆られた行動だった。とりわけ邪悪な殺人鬼について日がな一日研究して過ごしてもまったく平気だったが、むしろ私が恐れていたのは感情的な葛藤だった。拒絶されるのが怖かった。葛藤に正面から向き合うことによって、愛する人々が離れていくのが怖かった。

代わりに私はその感情を自分のなかの奥深くに押し込め、無視すれば問題は雲散霧消するはずだと期待した。当時の私は、それが愛する人たちをさらに遠ざけ、周囲に築かれつつあった壁の内側で自分をさらに孤立させているだけだとは気づいていなかった。

6 EAR――イースト・エリア強姦魔

報告書の「261／459」

一九九四年一〇月、私の人生にふたたび変化が訪れた。警察学校を卒業して正式にCSIとなり、犯罪現場に実際に出向いて証拠を分析することになった。ローリーとの関係は悪化しつつあり、同僚たちみんなが帰宅したあとも私は図書室に残り、ときに夜遅くまで連続殺人犯や殺人事件に関する本を読みあさった。

どこかの時点で読むものが尽きてしまうのは必定だった。ある日、新しいもの――見落としていた本、見逃していた報告書――はないかと棚を探っていると、何かが眼に飛び込んできた。部屋の隅に押し込まれるように、書類整理棚が置かれていた。四、五段の引き出しが縦に並ぶ、オフィスでよく目にする淡い灰色の棚だった。なぜ、これまで存在に気づかなかったのだろう？　上に積もった埃から判断するに、しばらくのあいだ引き出しは開けられていないようだった。

いちばん上の引き出しを勢いよく開けてみると、予想どおりのものが出てきた。乱雑な旧式の事務書類、古い手書きの講義ノート、大むかしの科学捜査会議の出席者の発言を録音したカセットテープ……。いちばん下の引き出しは、ほかよりも見るからに重そうだった。その重さを感じながら、引きずるように開けてみた。まえに引っぱり出されたときに鳴るマニラフォルダーのパタパタという音が、トランプのシャッフルのように聞こえた。それぞれのフォルダーには、赤いマーカーで「ＥＡＲ」と書かれたラベルが貼られていた。

最初のファイルを取り出した。いちばん上には警察の報告書のコピーが置かれ、左上の隅に「２６１／４５９」という数字が記されていた。カリフォルニア州刑法で強姦と強盗について規定する条だ。事件は一六年前、サンフランシスコの衛星都市コンコードの住宅地で起きた。一九七八年一〇月七日付けのタイプされた報告書はこう始まる。「パニック状態の女性からの通報を受けて上記の住所に出動。レイプされ、夫とともに紐で体を縛られたとのこと。本官が到着したとき、妻は全裸で玄関のまえに立っていた。両手を後ろ手に縛られた彼女は、夫がまだ寝室で縛られたままだと言った」。若い夫婦が一歳の娘を寝かしつけてからベッドに入ったあと深夜一二時過ぎ、襲撃は起きた。まず、足元に何かを感じた夫が眼を覚ました。眼を開けると、目出し帽をかぶった男がベッドの脇に立っていた。左手に懐中電灯、右手に拳銃を持っている。「金と食べ物が欲しい、それだけだ」と男は唸るように言った。そのタイミングで眼を覚ました妻に、男はさらにこう続けた。「言うことを聞かないと殺すぞ。うつ伏せになれ」

報告書を読み進めていくうちに、侵入者の狙いが金銭だけではないことに私はすぐに気がついた。目的は、相手を脅して支配することにあったようだ。男は両腕を背中側にまわすよう夫婦に指示し、靴紐で手首と足首をきつく縛った。つぎに女性の首にナイフを突きつけ、「すべて言うとおりにしないとぶっ殺す」と脅した。その声は「歯を食いしばってささやくような声」だったと夫は振り返った。それから三〇分、見知らぬ男が家のなかを歩きまわるあいだ、ふたりはなす術もなくそこに横たわっていた。つぎに何が起きるのだろうと思いをめぐらしながら、夫婦が感じた戦慄はどれほどのものだったのだろう？　**赤ん坊は？　赤ん坊が見つかったら？　あの子を傷つけるだろうか？　わたしたちを殺すつもりなのか？**　ふたりが駆られた恐怖が、警察の報告書の各ページからひしひしと伝わってきた。私はもはや、紙面から眼を逸らすことができなかった。

「首を斬り落とすぞ！」

やがて侵入者は、台所から皿を持って寝室に戻ってきた。その皿をふたりの背中に置くと、「少しでも音を立てたら、頭をぶち抜くぞ」と彼は言った。**こいつはサディストだ。心理的な恐怖を与えて愉しんでいる**。私はすでに、頭のなかで犯人の心理的プロファイルを築きはじめていた。

さらに数分間にわたって侵入者が室内をうろつくあいだ、引き出しの開閉音や食器棚の扉が乱暴に閉まる音に夫婦は耐えつづけた。突然、男がまた音もなく戻ってきた。犯人がベッド脇にいるという唯一の手がかりは、過呼吸とも思えるほど激しく速い呼吸だった。男は女性の足の紐を切り、「立て！　おれのほうを見たら、首を斬り落とすぞ！」と命じた。すべて言われたとおりにしなければ、女性だけではなく、夫と幼い娘も殺すと彼は脅した。私も赤ん坊の娘を持つ身として、彼女がどれほどのパニックに陥っていたのかは想像に難くなかった。自衛本能は誰にでも備わっているとしても、自分の子どもを守るという本能はさらに強いものにちがいない。女性は言われたとおりにした。男は彼女の体を押して居間のほうに歩かせた。部屋につくと彼は女性に目隠しし、暖炉のまえのカーペットに腹ばいになるよう命令した。つぎにテレビをつけて音を消し、画面に小さな毛布をかけた。女性の乾いた口、胸を引き裂くような心臓の音について私は思いをめぐらした。のちに彼女は、犯人の体から「シナモンのような」においがしたと証言した。

ナイフがコーヒーテーブルにゴツンと落ちる音が聞こえ、それから男が台所にどたどたと戻る足音が聞こえた。皿が音を立てた。ガチャ、ガチャ、ガチャ。彼女はすべての音を聞き逃すまいと耳をそばだてた。男は寝室に向かった。おそらく、夫の背中にさらに皿を載せようとしているのだろう。しかしふと気づくと、男はまた彼女の隣にいた。「気持ちよくなかったら、家の全員を殺してやる。おまえの赤ん坊の耳を斬り落として、プレゼントしてやるよ」。その声は威嚇的で邪悪だった。凍りついたように横たわっていた女性は、何かが切り裂かれるような音を聞いた。着ているナイトガウンが少しずつ剝ぎ取られていくのを感じた。男は彼女の体の上で自慰行為をした。性的暴行が始まる直前、女性は唖然とした。男が彼女を名前で呼んだのだ。「ずっとまえからあんたを見てきた」という言葉を聞いた女性は思案した。**いったいどこで？　わたしはこの男を知っているのだろうか？**　それから一時間にわたって凌辱が続いた。事が終わると男は、部屋の隅にうずくまって泣いた。

添付された事件概要のなかに、「イースト・エリア強姦魔」という走り書きがあった。ＥＡＲだ。

衝撃以外のなにものでもなかった。私はそのファイルを閉じ、つぎのファイルを開いた。

一〇月七日の襲撃の六日後の夜中、車で五分ほど離れた場所でべつの家族が襲われた。寝室で眠っていた二九歳の女性と三〇歳のボーイフレンドは、部屋の扉がさっと開く音に眼を覚ました。戸口に立つ男が、ふたりの眼に懐中電灯を向けていた。眼がくらむような光によって、深い眠りから起こされる場面を思い浮かべてほしい。警察学校では訓練の一環として、懐中電灯を使って攻撃者を混乱させる方法を学ぶという実習があった。**相手の顔を支配することができることが重要だ。眼に光を当てれば、三、四秒にわたって視界が遮られ、そのあいだに主導権を握ることができる**。こんな考えがふと頭をよぎった——この男は、法執行機関の戦術を使って被害者を支配した。

厚かましく、自信に満ちた攻撃者だった。カップルを動揺させるやいなや、男は命令を吠えはじめた。「少しでも動いたら、頭を吹っ飛ばすぞ」と彼は歯を食いしばりながら言った。それから体をまわして背中に両手を置くようにボーイフレンドに命じ、女性のほうに一握りの靴紐を投げ、その手を縛るよう指示した。ボーイフレンドの体を縛らせるというのは、臆病さによるものなのだろうか？それとも、彼女に恐怖を植えつけるもうひとつの方法なのだろうか？

ボーイフレンドの手が縛られると、男は女性にうつ伏せになるよう命じ、彼女の手首と足首を縛った。つぎにボーイフレンドの頭に銃を突きつけると同時に、女性の七歳の娘が寝室に入ってきた。目出し帽を見るなり、幼い女の子は悲鳴を上げた。犯人は少女をバスルームに押し込み、「そこで静かにしてろ」と言った。娘が逃げ出すことを防ぐために男は扉のまえに家具を積み上げ、それから寝室に戻って室内を物色した。

しばらくのあいだ静かになると、カップルは侵入者が立ち去ったと考えた。そんな幸運は訪れなかった。男は音もなくベッドのボーイフレンドの横に戻り、頭に毛布をかけ、背中に皿を置いた。「もし動いたら、このナイフを背中に突き刺してやる」と彼は警告した。そして前回の犯行と同じように、女性をベッドから居間へと駆り立てた。ボーイフレンドから音が聞こえる距離の場所で、犯人はタオルで女性に目隠しし、「これを扱《しご》け」と命じ、それから何度も犯した。そして、彼はいなくなった。

昼間は研究所で、ローリーと赤ん坊が眠る夜は枕元のランプの明かりの下で数多くの連続略奪者について学んできた私には、このＥＡＲなる男が特殊な犯罪者であることがわかった。彼を興奮させたのは、性行為でも肉体的な苦痛を与えることでもなかった。精神的恐怖と支配が、男の感情的欲求と心理的欲求を満たしていたのだ。

ふたつの事件がどこまでも似通っていることに驚かされた。犯人は夜中、懐中電灯の光を当てて被害者たちを起こした。それから手足を縛り、殺すと脅し、幼い子どもの近くで女性をレイプした。犯行中、卑猥な言葉をささやいた。男性の背中に皿を積み重ねるのは、彼にとっての警報装置だった。「皿がガチャガチャ音を立てるのが聞こえたら、女の耳を斬り落としてプレゼントしてやるよ」。男は恐ろしいほど大胆不敵だった。ふたりを同時に攻撃することには大きな危険がともない、そのうちひとりが男性の場合はなおさらリスクは高くなる。女性を辱めるような卑怯者は、この種の危険な橋をきまって避けようとするものだが、この犯人はあえてそれを求めているように思えた。

私はふたたび引き出しを探り、三つ目のファイルを取り出した。もはや自分を止めることができなかった。

捜査線上から消えた犯人

ＥＡＲは一九七八年秋から一九七九年夏にかけてコントラコスタ郡で八回の襲撃を決行した。そこで、報告はぱたりと終わった。

私はファイルを書類整理棚に戻し、図書室の明かりを消した。家までの道中、取り憑かれたように男について考えていた。事件のことが頭から離れなかった。ページを繰る手が止まらない推理小説を読みはじめ、つぎの章で何が起きるのか待ちきれないような感覚だった。これまでにも連続殺人犯や未解決事件に関して多くの本や資料を読んできたが、この事件こそが自分が担当すべきものに思えた。

「今日、図書室ですごいものを見つけたんだ」とその夜、夕食の支度をするローリーに言った。「七〇年代にある連続レイプ魔がいてね……」

「やめて！」と彼女は声を荒らげた。「そんな話は聞きたくない」

自分が発見したことについて話すのをずっと愉しみにしていたが、彼女はそれを拒んだ。私の心は沈んだ。

　数週間後、私はオークランド発ロサンゼルス行きの飛行機に乗った。新米ＣＳＩとして、カリフォルニア州科学捜査官協会の人材育成委員会の会議に出席する予定だった。資料を読んでいると、隣の席に誰かが坐った。「ジョン・マードック！」と私は言った。マードックは、コントラコスタ郡の科学捜査課の元課長だった。この分野で長年活躍する有名捜査官であり、全国で高い評価を受ける人物だ。私が保安官事務所に採用されたときの課のトップで、合格の電話をかけてきたのも彼だった。前年にプレザント・ヒルのディアブロ・ヴァレー・カレッジで犯罪現場捜査に関するマードックの講座を受けたことはあったものの、私は彼についてよく知らなかった。はじめは気後れし、すらすら言葉が出てこなかったものの、だんだん会話が弾むようになった。しばらく雑談を続けたあと、一時間のフライトの中間あたりで図書室で見つけたファイルについて切り出した。

「ＥＡＲって何者ですか？」と私は訊いた。

　マードックはすぐさまこちらに向きなおった。

「イースト・エリア強姦魔！　わたしも最初の特別捜査班の一員だったんだ」

「事件は解決したんですか？」と私は訊いた。

「かなり大がかりな捜査が行なわれたが、男はそのまま消えてしまった」と彼は言った。

　マードックはつづけて、事件の証拠収集と分析において自身が担った役割について教えてくれた。それから彼は爆弾を落とした。ＥＡＲの犯罪騒ぎはこの郡にかぎったものではなかった、とマードックは言った。「事件はサクラメントで始まったんだ」

　その瞬間、これが図書室の書類整理棚から得た情報よりもはるかに大きな事件であることに、私ははたと気がついた。

「事件は解決していないんですね」と私は尋ねた。

ちょうどロサンゼルスに向けて飛行機が降下を始めたとき、マードックは首を振って言った。「未解決だ。犯人はまだ捕まってない。この事件を解明できたら、それはすごいことだよ」

ＥＡＲは一九七九年に姿を消した。複数の管轄から集まった一六人の捜査官からなる特別捜査班が懸命の活動を続けたものの、犯人を特定することはできなかった。これまで誰もこの事件を解決できなかったという事実は、私にとって抗しがたい挑戦を意味するものだった。思い上がりと言われればそのとおりなのかもしれない。しかし新たなキャリアをスタートさせたばかりだった私は、何十年ものあいだ海千山千の捜査官たちの手さえすり抜けてきた事件を解明することができ﹅な﹅い﹅かもしれない、などとは考えもしなかった。私なら解決できるとわかっていた。

7 犯罪現場捜査官――CSI

DNA鑑定の登場

　私はEARのファイルを棚にしまい、自分の仕事に集中せざるをえなくなった。科学捜査専門の保安官代理への昇進は、研究所の室内だけで一日じゅう過ごすのではなく、犯罪現場に実際に出向くことを意味した。私が就いたのは、典型的なCSIの職務ではなかった。つまり、証拠を集め、写真を撮り、主任捜査官たちに説明することだけが任務の仕事ではなかった。私の役職は、科学的な要素が含まれる複合的なものだった。法医学者の眼で証拠を見やり、血清検査室での検査のために最適な方法でそれを評価・収集する必要があった。

　一九九〇年代なかばの当時はちょうど犯罪捜査にDNA鑑定が登場しはじめたころで、私も特別な訓練を受けた。国じゅうの都市と同じように、すぐに私たちの管轄でもコカインが蔓延するようになった。ギャング関連の殺人事件が急増し、いたるところにドラッグ密造施設があった。突然、私は現場に出ずっぱりになった。仕事量が半端なく、いつも車で移動しているような状態だった。昼夜を問わず新しい犯罪の報告が舞い込んできたが、人々が眠っている時間帯はとくに頻度が高かった。新入りだったため、出動要請の電話を受けるのはきまって私だった。実際問題として、妻や子どもと過ごす時間はほとんどなかった。苦しい時期だった。

違法ドラッグ禍は、郡の貧しい都市部から裕福な郊外へと社会のあらゆる一隅まで広がっていった。その波は子どもたちから明るい未来を奪い、両親から愛する子どもを奪い、家族から幸せな家庭を奪った。私は毎日のようにその被害を目の当たりにした。しかし当時の私が見落としていたのは、自分の不在がみずからの家庭に与えていた被害のほうだった。

はじめて主任CSIを担当することになったのは、官庁街マーティネズに隣接するプレザント・ヒルの犯罪現場だった。数年前に亡くなった年配の同僚から譲り受けた作業用ジャンプスーツに急いで着替え、拳銃をホルスターに収め、金属製クリップボードを引っつかみ、パートナーとともに研究所から出動した。うだるような暑さの一九九五年八月の朝。プレザント・ヒルの郡図書館の裏で男性の死体が発見された事件だった。建物の裏手に車を走らせると、自転車の下に横たわる死体が見えた。図書館の管理人は、被害者はこの地域のホームレスではないかと話した。検視官を待つあいだ、私は死体をつぶさに見てみた。服装はゆったりとして男性的だったが、靴下がピンク色だった。「ピンク色の靴下ですね」と私は隣に立つ刑事に言った。検視官が到着すると、私は死体をひっくり返した。顔は女性的で、ニット帽に押し込まれた髪は長かった。「男じゃない」

被害者は、男性の服を着た若い女性だった。その服装は、男を遠ざけるための彼女なりのトリックだった。彼女はかつて有望な運動選手として活躍し、プロのミュージシャンになることを夢見ていた。しかしおそらく高校時代のどこかで道を誤り、さらに交際する相手をまちがえ、最後には覚醒剤中毒に陥り、二〇代なかばから路上生活を送るようになった。家族はその女性を愛し、いつの日かドラッグを断ち、家に戻ってくることを望んでいた。代わりに彼女は、自分の自転車で容赦なく撲殺されるという最期を迎えた。捜査は一年ほど続いたが、結局、秘密を抱えたまま生きていくことに耐えられなくなった犯人が警察に自首した。男は図書館の裏でホームレスの女性と出くわし、セックスを求めたが拒否され、そのまま相手を殴り殺したのだった。

私はその若い女性のジュリーという名前を忘れないよう心に誓った。図書館から車で戻るあいだ、松葉が刺さった潰れた顔の像が頭からなかなか離れなかった。彼女の将来は一瞬にして奪われた。私はそれを他人事ととらえることはできなかった。

研究所に戻るなり、ユニフォームを着替える間《ま》もなく私はまた出動した。「オリンダでふたりが殺される大きな事件が起きた」と上司は言った。レストランのオーナーとその娘が自宅で射殺されたという。「また現場に戻ってくれ」

高級住宅街での親子殺害

当時見習いだった私が扱うには大きすぎる事件だったため、助手として同行することになった。オリンダはプレザント・ヒルから車でわずか一〇分ほどのところにあったが、まったくの別世界だった。瀟洒《しょうしゃ》な住宅と一流の学校が建ち並ぶ郊外のオアシスであるオリンダは、カリフォルニア州でとくに住環境のいい街のひとつと評されていた。家々は広大な敷地の奥に建ち、通りからは隠れて見えないことも多かった。午後なかば、パートナーの捜査官とともに現場に到着した。ランチハウス様式のその家もまた、半円状のドライブウェイのなかに伸びる背の高い木々の奥に隠れていた。人目を避けて犯罪を実行するには最適の条件だと考えながら、私は、玄関のまえに停まる緑色のフォルクスワーゲンのオープンカーの横を歩いていった。車から降りてきた被害者たちを急襲するには、犯人にとって理想的な場所だった。

室内はごちゃごちゃと散らかっていた。玄関の奥の廊下に古い新聞と雑誌が積み上げられ、その脇にうつ伏せに横たわる女性の死体があった。五〇代前半と思しき女性で、服は着たままで、隣の部屋の照明器具からもぎ取られた電気コードで腕を後ろ手に縛られていた。一メートルほど離れた場所には、より高齢の女性が同じくうつ伏せに横たわっており、血まみれの頬に衣料品ブランド〈オールド・ネイビー〉の買い物袋が貼りついていた。彼女もまた手首を縛られていたが、どこかの時点で紐を解こうとしていたのか、指は結び目を包み込むように伸びていた。家の周辺の風景と犯罪の内容のギャップが激しいこともあり、現場は異様な雰囲気に包まれていた。アメリカンドリームを手にした人々が集うオリンダのような場所では、殺人など起きるはずがないと考えられていた。実際に起きたとき、その状況はいつも奇妙なほど風変りなものに思えた。地域社会はいまだ、人気者の高校生チアリーダーが同年代のライバルに刺殺されるという一〇年前の事件から立ち直ろうとしている最中だった。そしてこんどは、裕福で立派な家庭の母親と娘が殺された。この事件がふたたび街を震撼させることはまちがいなかった。

それまで私が担当した殺人事件の多くは、郡の西端で縄張り争いをするギャング構成員に関連するものであり、メディアから注目されることはめったになかった。しかし今回の事件は「そんなことが起きるはずのない」街で起き、地元の人気レストラン経営者とその娘が巻き込まれていた。かくして、多くのマイクとカメラが現場にやってきた。共同体と被害者のステータスが高かったため、それはマスコミにとっては絶好のネタとなり、私にとっては最初の有名事件となった。

これまで低所得地域で起きた犯罪現場に何度も出向いてきたが、報道車両をいちどたりとも見たことはなかった。銃による暴力の被害を受けた貧しい黒人少年が通りの真んなかで血を流して絶命し、その近くで母親が悲しみに暮れて慟哭しても、彼らの物語を伝えようとする記者はひとりもやってこない。しかしここでは、私が家から犯罪現場用車両へと歩いて移動するたびにカメラのレンズが向けられ、記者から質問が飛んできた。マスコミが何を、なぜ取り上げるのか、厳しい現実をはじめて知ったのはそのときだった。

ギャングの銃撃法

オリンダの母と娘は働き者で、快適な生活を送ってきた。前日の夜、レストランを出たあとのどこかの時点でふたりは襲われた。今日の朝、仕事場に来ないことに気づいたべつの家族が死体を発見した。**いったい誰が彼女たちを傷つけようなどと思うのだろう？** 廊下のタイルの上に倒れ伏す息絶えた体を見ながら、私は不思議に思った。ふたりはとても小さく無害に見えた。母親はいかにも七〇代らしい服装だった。スカート、ブラウス、ストッキング、フラットシューズ。娘のほうはジーンズ、縞模様のセーター、白いコンバースのスニーカーという恰好だった。殺される数時間前まで、ふたりは常連客に本格的なメキシコ料理を振る舞っていた。深夜一二時ごろに店をあとにし、その後に自宅内で誰かに手足を縛られ、後頭部を数発撃たれた。その母娘が私の家族であっても、あるいはあなたの家族であってもおかしくはなかった。

遺体を調べながら、それぞれが殺害されたときと同じ場所に私も自分の身を置いてみた。どの現場でもする習慣だった。私には彼女たちの姿が見えた。犯人が家じゅうの部屋を歩きまわり、引き出しを引っ掻きまわし、戸棚を開け、金目のものを探すあいだ、ふたりは廊下に坐っていたにちがいない。彼女たちは互いを見やるが、手足が縛られているので助け合うことはできない。いったいどれほどのあいだ彼女たちは縛られ、怯えながらここに坐っていたのだろう？ 最後に無理やり腹ばいにさせたときに犯人は、何が起ころうとしているのかふたりに告げたのだろうか？　彼女たちが感じたであろう恐怖について想像すると、背筋が凍りつく思いがした。どちらがさきに殺されたのかなどわからない。娘の耳に届いていたかもしれない母親の最期の哀願の言葉が、私にも聞こえてくる。**どうか殺さないでください。なんでも持っていっていいから。お願いだから娘を傷つけないで。**母親が殺されることに気づいたときの娘の涙が見える。あるいは、娘はすでに撃たれていたのだろうか？　なんとか結び目を解こうともがく母親の必死さが伝わってくる。しかしそのとき――**ポン、ポン、ポン。**彼女がこの地上で最期に考えたのは、「娘が死んだ」ということだった。

両方の女性が複数回にわたって後頭部から撃たれ、弾丸は顔を貫通していた。ギャングによる典型的な銃撃方法とすべての要素が合致していた。私はふたりの頭をそっと持ち上げ、床から弾丸を抜き出し、それから死体のまわりに散らばる薬莢を集めた。検視官が到着すると、死体を遺体袋に入れて家から搬出した。遺体を検視官のワゴン車に押し込んだとき、テレビカメラのライトが眩しくて視界が奪われそうになった。

遺体が運び出されると、さらなる証拠探しが再開された。被害者親子が溜め込み屋だったのか、それとも犯人に荒らされたせいなのか、室内はひどく散らかっており、捜索は難航した。夜遅くまで現場を捜しまわったにもかかわらず、さらに数日かかりそうな量の仕事が残っていた。その日はとりあえず退散し、翌朝に戻ってくることにした。すでに私は、三日三晩ほぼ睡眠なしで働いていた。**高速道路で居眠りするわけにはいかない。**いったん帰宅し、数時間でまた戻ってくるには自宅は遠すぎた。そこで私は、その晩は研究所に泊まることにした。

オフィスの裏に車を停めたのは、もう真夜中のことだった。湾から流れ込む霧の波に街の明かりが反射し、幽霊のような光輪が空に広がっていた。車を出て建物に歩いていくあいだ、狂気に満ちた鳥の鳴き声のような音が聞こえてきた。急いで上を見ると、遠くで明るく燃える製油所の炎を背景に浮かび上がるフクロウの輪郭がぎりぎり見えた。ネイティブ・アメリカンのなかには、フクロウを死の象徴と考える部族もある。**身の毛がよだつ殺人現場から戻ってきたばかりの男にとっても、これは不吉すぎる**。そう考えながら私は歩を速めた。

官庁街は入り江に面しているため、八月でも夜は肌寒くなる。建物のなかはさらに寒かった。寝る場所を探すために犯罪資料図書室に行くと、会議テーブルと壁のあいだの細長い隙間を見つけた。薄いカーペットは古く汚れ、床は氷のように感じられた。私は横になり、保安官事務所の厚手のジャケットを体にかけた。室内は真っ暗で、何かが軋《きし》む音がした。

そこに寝そべっていると、保守管理の職員たちが噂していた物語を思い出した。ある日のこと、職員のひとりが何かの修理のために建物の地下にもぐり込み、そのまま戻ってこなかったという都市伝説だ。地下には骸骨があるらしいと職員たちは噂した。私は眼を閉じて眠ろうとしたが、思考はプレザント・ヒルとオリンダのあいだを行き来していた。ありとあらゆる考えが頭のなかで渦巻き、延々とまわりつづけた。**これまでにわかっていることは? 明日やるべきことは?**

やがて眠りに就いた。夜が明けて眼が覚めると、硬い床にずっと置かれていた両腕の感覚が麻痺していた。家には戻らないとローリーに電話で知らせてさえいなかった。いったん事件にのめり込むと、私は目前のことしか考えられなくなってしまう。捜査に集中するあまり、家族のことなど考えていなかった。この日は、そんな多くの夜の最初の一日だった。

8　アバナシー殺害事件

犠牲者の物語

家に戻ることができた日は、ローリーと子どもたちと夕食を食べたあと、たいてい物置部屋兼書斎に閉じこもって事件について調べた。殺人事件の科学的な調査に長《た》けていると自負する一方で私は、あることに気づきはじめていた。私の心をつかんで離さないのは犠牲者の物語であり、そのせいで事件になおさら取り憑かれるようになっていた。

一九九七年二月の寒い夜、自宅のコンピューターのまえに坐って事件ファイルを探ろうとしていた矢先、一八七（刑法で殺人を規定する条）関連の事件のために研究所に呼び戻された。サンパブロ湾沿いの長閑《のどか》なハーキュリーズの家で、父親と一二歳の息子が射殺されたという。その晩、待機中《オンコール》の科学捜査官だった私は、急いで荷物をまとめ、研究所に戻る支度をした。なんの変哲もないこの出動要請が、私の最初の本格的な殺人事件捜査になるとは、そのときは知る由もなかった。

ローリーは居間の床に坐ってお気に入りのテレビドラマを見ていた。おそらく、『メルローズ・プレイス』だったと思う。彼女は子どもたちの写真を床に広げて並べ、アルバムを作っていた。結婚七年目となり、四歳の娘レネーと一歳の息子ネイサンのふたりの子どもがいた。不幸せではなかったが、何かが欠けていた。おそらくふたりとも、もうひとり子どもが生まれれば夫婦関係が修復すると考えていたのだと思う。

喧嘩ばかりだったわけではなかったものの、互いの心がどんどん離れていった。ローリーの世界は子どもたちと教会で占められていた。私は仕事に没頭し、それ以外のことに割く時間はほとんど残っていなかった。彼女は友人たちとの活動に私を参加させようとしたが、彼らとはなんの共通点もなく、向こうも私とは共通点がなかった。何度か挑戦はしてみた。しかし教会の集まりに行くと私は、子どもたちの活動や地元のスポーツについての世間話にすぐに飽きてしまった。まわりの人々とつながりを持つことができなかったのも、考えてみれば仕方のない話だ。腐敗した死体の鼻を衝く汚臭、あるいは殺人事件の解決において大きな役割を果たす血液や脳組織のパターンのことなど、誰が聞きたいだろう?

しばらくまえから私は、ローリーを怒らせないように家で仕事の話をするのをやめた。「あなたにとっては死んだ人たちが科学になる」と彼女は両の手で耳を塞ぎながら言った。「わたしにとって彼らは人間なの。ひとりの人間がほかの人間にどんなひどいことをするのか、そんな話は聞きたくない。ゾッとするわ」。それを合図に、私は自分の書斎に逃げ込んだ。ローリーはその部屋を私の「洞窟」と呼んだ。

他者の悲劇に実際には私が大きな影響を受けていること、それをローリーに理解してもらえないのが悔しくてたまらなかった。仕事について自分の感情を押し殺してきたのは、職務上そう求められていたからだった。日々目の当たりにするさまざま出来事に対処できる人間だと示す必要があった。そうするために私は科学に集中し、脳の安全な場所に感情を閉じ込めた。死んだ乳児を見やり、無感情でいられるのはロボットだけだ。私はたしかに自分の感情を表現するのが苦手だったものの、ロボットなどではなかった。犠牲者が出るたび、胸が張り裂ける思いに駆られた。しかし私は泣き崩れるのではなく、彼らに正義をもたらすための行動に集中しようとした。

ローリーと私がちぐはぐな組み合わせかもしれないと気づくまえから、私の両親はこの結婚に問題が生じることを予想していた。そこで父は、個人の性格類型を判定するマイヤーズ＝ブリッグス・タイプ指標診断を受けるよう勧めてくれた。自身もこの診断を受けた経験のある父は、私たち夫婦がみずからの内面を見つめなおし、互いのちがいを認識・理解するためのツールとして役立つ方法だと請け合った。ローリーと私は父の提案にしたがった。テストの質問に答えてみると、ふたりの性格が両極端のカテゴリーに属していることがわかった。

ローリーは、他者の感情に理解を示して人の心に寄り添うことのできる共感的な人物だと分類された。私は「内向的な思考型」といういめずらしいカテゴリーに入った。感情は豊かだが、やさしい気持ちを表現するのが苦手で、冷淡な印象を与えやすい「事実偏重」タイプだ。このような性格診断を信じるとすれば――私は懐疑的だが――他者との接し方や世界のとらえ方という点においてローリーと私はまさに正反対だった。

人は生まれながらにして善良な生き物だと彼女は信じていたが、私はそれを甘い考えだと感じた。ほとんどの人が善意にもとづいて行動するのはたしかだとしても、どこまでも邪悪な心を持つ少数の人間がいると私は主張した。仕事で実際に眼にしてきたことを踏まえれば、そう主張するほかなかった。私たちの人生観は根本的に対立しており、妥協の余地はないように思われた。

その差がかつてないほど明らかになったのは、三カ月前にローリーの教会でクリスマス演劇会に参加したときだった。会場は『ベツレヘムの夜』を観にきた観客でごった返し、その多くは私の知らない人々だった。幕が上がる直前に照明が落ちると、レネーがネイサンを連れてどこかに遊びにいった。

ローリーは歯牙にもかけない様子だったが、私は慌てふためいた。

「どうしたの？」と彼女はささやいた。私が子どもたちを捜して観客席を見まわしていることに、明らかに苛立っていた。

「子どもたちが勝手にどこかに行ってしまったじゃないか。どこにもいない」と私は言った。

「ポール、ここにいるのはみんなキリスト教徒よ」と彼女は声を潜めて言った。

私はいきり立って反論した。「キリスト教徒だって悪いことをする」

そのころまでに私は、人類の暗い側面について多くを経験していた。犯罪現場や検視室では、ある人間がべつの人間に何をしうるのかを目の当たりにしてきた。連続略奪者について研究し、宗教信仰者がほかの誰とも変わらず残虐行為に及ぶことがあると知っていた。事実、わずか数年前にもBTK絞殺魔という名で知られる連続殺人犯が、ふだんは善良な市民の役割を演じつつ、裏ではカンザス州の住民たちを恐怖に陥れていた。

犠牲者を拷問していないとき、彼は地域社会の中心的存在としてボーイスカウトのリーダーや教会評議会の会長を務めていた。教会の信徒たちは、犯人のことを善きキリスト教徒だと評した。逮捕される数日前、彼は教会の夕食会にパスタソースとサラダを届けた。だからこそ私は、精神病質者《サイコパス》がありふれた風景のなかに潜み、家族や仕事のみならず宗教さえ隠れ蓑として使っていることを知っていた。子どもたちの姿が見えなくなったとき、私が心配していたのはその種の人々のことだった。警戒せずにいるには、多くのことを知りすぎていた。

私が大急ぎで「行ってくる」と告げたとき、ローリーは床に並ぶ家族写真からほとんど顔を上げようとしなかった。研究所に戻って犯罪現場用車両に乗り換え、州道四号線を西へと走り、私がつぎに取り憑かれる事件の現場となるハーキュリーズに向かった。その家が建つのは、ある地方紙が「犯罪捜査というよりも、ストリート・パーティーのために道路を封鎖することが日常的な地域」と説明する場所だった。最後にハーキュリーズで殺人事件があったのは二年以上前のことで、二重殺人が起きたのははじめてだった。ダナム・コートにあるその住所に着いたのは午後一〇時だったが、現場用スポットライトで室内は明るく照らされていた。パトランプを点滅させた二台のパトカーが家の外に停まっていた。私は通りにワゴンを停め、黄色い立ち入り禁止テープを越えて現場に向かった。ハーキュリーズ署のビル・ゴスウィック巡査部長が、それまでに得た情報を簡単に説明してくれた。

被害者の名前はニール・アバナシーと息子のブレンダン。ニールの妻でブレンダンの母親であるスーザンが、職場から帰宅した午後六時数分前にふたりが死んでいるのを発見した。遺体はまだ室内に残されていた。

犯罪現場の検証は、証拠になりそうなものを一つひとつ丹念に探し出す骨の折れる仕事だ。一本の髪の毛や一滴の血液が、事件の解決と未解決の分かれ目となることもある。作業はたいてい不気味なものだったが、つねに警戒心を保っていられるのが私の誇りだった。現場の惨たらしさは私になんの影響も与えなかった。切断された死体、飛び散った脳みそ、うじ虫など、死んだあとの人間に訪れる多種多様な恐ろしい光景をいくつも見てきたが、私はいつもうまく対処することができた。しかし故意に子どもを殺すというのは別物であり、これが私にとってははじめての経験だった。

多くの殺人現場がそうであるように、この現場もまた、ごくふつうの幸せな日常生活が突如として途切れた様子をありありと描き出していた。コーヒーテーブルの上のグラス。台所の椅子にかけられた黒いジャケット。キッチンテーブルに無造作に置かれた鍵の束。その隣には、食べかけのサラダのボウルとマクドナルドのケチャップのパックがふたつ。室内に入ると、スー・トッド刑事が出迎えてくれた。ブロンドの髪で鋭敏な青い眼をしたチェーンスモーカーのトッドは、優秀な刑事ではあるものの、殺人事件の捜査に関してはまだ初心者だった。実際のところ、今回がはじめて主任として担当する殺人事件だった。「誰がこんな卑劣なことをするの？」とでも言いたげに、彼女は怒ったような表情を浮かべていた。それからタバコの煙を深く吸い込み、居間のほうを顎で示した。そこに、被害者たちが手足を投げ出して床に倒れていた。

私の脳は犯罪現場モードに切り替わった――客観視、そして分析。たとえ演技だとしても、弱さを見せてはいけない。父親は凝固した血の海にうつ伏せに横たわり、その後頭部にはぽっかりと穴が開いていた。手首は黄色いオーディオ用ケーブルで後ろ手にきつく縛られ、そのケーブルのもう一端が足首に巻かれていた。皮膚に深い擦り傷があるのは、殺されるまえに彼が懸命に紐を解こうとしていたことを示唆していた。一方の少年のほうは、あたかも眠っているかのように両腕を頭のほうに伸ばし、父親の脚の上に倒れていた。父親と同じ種類のケーブルで手は縛られていたが、結び方が緩かった。機会さえあれば、簡単に腕を引き抜くことができたにちがいない。犯人はなぜこれほど緩く縛ったのだろう？　なんらかの感情的つながりを暗示しているのか？　面識があることを意味しているのか？　あるいは、子どもを殺すことに犯人が良心の呵責を感じ、少年には慈悲をかけたのだろうか？

私はさっそく仕事に取りかかり、指紋や足跡を採取し、カーペットから血痕や脳組織を切り取り、粘着シートを使って痕跡証拠を集め、壁から飛散物をこすり取り、すべての部屋の写真を撮った。夜が更けるにつれ、憂鬱の波に襲われた。奇妙なことに、その家で何時間も過ごしていると、ニールとブレンダンと知り合いになったような気持ちに包まれた。スポーツの試合会場でニールの肩にブレンダンが頭をもたせかける写真。ふたりが共有するテレビゲーム。いかにも少年らしいブレンダンの散らかった寝室。ニールのひげ剃り用具。洗濯後に畳んで重ねられたばかりの清潔な服のにおい。ブレンダンのコンピューターの横には飲みかけのマクドナルドのドリンクが置かれていたが、それを飲み切る機会は奪われてしまった。私は冷静を装って室内の捜査を進めたものの、新たな発見があるたびに感情移入してしまい、距離感を保つのがむずかしくなっていった。いつものように科学的に死体を見るのではなく、ひとりの少年とその父親を見ていた。自分の息子ネイサンが代わりにその床に倒れている像が頭から離れなかった。

子どもを利用した残虐犯

夜明けとともに検視官がやってくると、死体をひっくり返した。そのときはじめて、ブレンダンが父親の体に紐でつながれていることに気がついた。犯人は父親を利用して息子をその場に引き留め、ブレンダンが逃げるのを防ごうとしたのだ。私は息を吞んだ。それは、まさにホラー映画を地で行くような奇々怪々とした事実だった。少年は即死だった。一発の弾丸が彼の後頭部から顔面へと貫通し、さらに右腕に食い込んでいた。驚くべきことに、その表情は影響を受けていなかった。口がわずかに開き、歯の矯正器具が見えた。歯の矯正とこのような邪《よこしま》な犯行のあいだには、大きな矛盾があるような気がしてならなかった。子どもは死ぬべきではないし、とくにこんな死に方は許されない。私は首を振り、悲しみを振り払おうとした。

ブレンダンの脳組織と血液の染みが、父親の体の下のカーペットから見つかった。それは、少年がさきに殺されたことを教えてくれる重要な証拠だった。ニールはすぐには死ななかった。彼の鼻と口からの呼気性の流血は、撃たれたあとも呼吸を続けていた証《あかし》だった。息子が殺されるのを目撃しただけでなく、致命的な弾丸が脳にとどまったあともニールは生きていた。それがどのくらいの時間だったのかは誰にもわからない。いったいどんな神が、これほどの残虐を許すのだろう？　この一連の流れは、犯人が尋常ならざるほど冷酷であり、殺すまえにニールに大きな精神的苦痛を与えようとしたことを指し示していた。明らかに、犯人は見事にそれをやり遂げた。

銃の乱射はきまって、ギャングによる暴力の特徴となるものだった。ギャング構成員はたびたび相手を〝ドーム〟する。ドームとは、撃ち手が被害者の上に立ち、弾丸が空《から》になるまで頭に発砲しつづけることを意味する。いわば意図的な過剰殺傷であり、立ち去るときに相手が確実に死んでいる状況を作るために行なわれる。オリンダのレストラン経営者とその娘は、強盗のあいだにギャングによってドームされた。一方のアバナシー家の襲撃は、オリンダの事件とは異なるように思われた。犯人（たち）は、父子を殺すというただひとつの目的のためにこの家にやってきた。あたかも処刑であるかのように、ふたりの被害者は頭を一発ずつ撃ち抜かれた。でも、その理由は？

スーザン・アバナシー

一見したところ、アバナシー家の人々はどこにでもいる隣人のように見えた。カリフォルニア州の標準的な分譲住宅に住み、実用的な車に乗っていた。妻スーザンは石油会社シェブロンに勤める化学者で、夫ニールは自動車修理工場を経営していた。彼はおもに在宅で働き、家で子どもの世話をしていた。ブレンダンは早熟で聡明な一二歳の少年で、日々何時間もテレビゲームに明け暮れ、同級生よりも両親の友人といっしょに過ごすことを好んだ。スーザン・アバナシーはニールとの夫婦生活について、いっしょに庭のラッパスイセンを摘んだり、ラベンダーの花を浮かべた湯船に「肌がしわしわになるまで」浸かったりして、歳を取ってもロマンティックな時間を過ごしていたと説明した。

誰もがそうであるように、彼らは彼らなりの問題を抱えていた。スーザンは、夫に怠け癖があると感じることがあった。ニールは、鬱病の症状に苦しんでいた。友人たちは、結婚生活の主導権を握っているのはスーザンのほうで、ニールは過度なほど従順だったと証言した。彼はあらゆる手を尽くし、対立を避けようとしたという。

スーザン・アバナシーの証言によると、殺人事件のあった朝はいつもと変わらず始まった。朝六時に目覚まし時計が鳴ると、ニールとブレンダンがまだ眠るなか、スーザンは出勤の支度をした。そして夫に別れのキスをして七時一〇分に家を出発し、べつの同僚と車を相乗りして職場に向かった。

午後二時三〇分、ニールはブレンダンをレントゲン検査のために歯科医院まで車で送っていった。三時ごろ、ふたりはふたたび車で家に向かった。二時間後、スーザンはブリーフケースに荷物を詰め、同僚の男性を車に乗せて帰宅の途に就いた。五時三〇分に同僚を自宅に送り届け、それからガソリンスタンドに立ち寄った。ダナム・コートの自宅のドライブウェイに彼女が車を停めたのは五時四七分のことだった。飼い犬がスーザンを玄関で出迎えた。室内に入って数歩歩いたところですぐに彼女は、ニールとブレンダンが居間の床に突っ伏しているのを発見した。

はじめ、ニールの顔の下に広がる赤い染みはジュースだとスーザンは考えた。もしかしたら夫が病気になって倒れ、息子がひざまずいて助けようとしているのではないか？　しかし何歩か近づくと、それがジュースではなく血だと気がついた。眼のまえでふたりの家族が死んでいた。スーザンは台所の電話から９１１に通報しようとしたが、回線が切られていた。彼女はすぐに隣家へと走って助けを求めた。スーザンがやってきたとき、隣人は台所でパスタを作っていた。「夫と息子が居間の床で死んでいるみたいなの」とスーザンは言った。「911に通報して！」

隣人の妻が刑事たちに語った証言によると、騒ぎのあいだ彼女は二階で仕事着から着替えている最中で、階下に降りたときにやっと隣家で問題が起きたことに気づいたという。その時点までに、夫とスーザンがふたたび家に戻ってきていた。スーザンは落ち着いた様子でキッチンテーブルの椅子に坐っていたが、夫は取り乱していた。「隣でふたりが殺された！」と彼は叫んだ。

しばらくのあいだ彼女は、夫が発した言葉の意味を理解できなかった。やがて理解すると、彼女はスーザンのほうに手を伸ばした。しかしスーザンは無反応で、冷淡にさえ見えた。友だちが夕食に来ることになっているから電話をしなきゃとスーザンは言い、平然と留守番電話にメッセージを残した。のちにこのメッセージの録音を聞いたスー・トッド刑事は、スーザン・アバナシーの口調を「元気溌剌だった」と表現した。「クレイグ、スーザンよ。申しわけないけど、今夜の夕食会はキャンセルさせて。ニールとブレンダンが死んだの。これから病院へ行くところ。じゃあ、またね。夕食の件、ほんとうにごめんなさい」。

サイレンが鳴り響き、点滅する赤いパトランプの光にダナム・コートが照らされると、袋小路の家で何か不吉なことが起きたのだと近隣住民たちは知ることになった。死体が遺体安置所に搬送されたあとも、私たちチームは夜を徹して家を捜索して証拠を探した。証拠は一つひとつ個別に紙袋に入れられ、ラベルが貼られ、封がされ、さらに袋とタグで区別する一覧表が作られた。それらの証拠は最後に研究所に運ばれ、項目別に分析されることになる。ニールとブレンダンを殺したのが誰にせよ、犯人は痕跡を残さないよう細心の注意を払っていた。私が見つけたまともな証拠は手袋痕だけで、それもほぼ価値はなかった。

アバナシー家の室内は荒らされ、引き出しが開け放たれ、書類が床にばらまかれていたが、強盗が物色したようには思えなかった。強盗目的だったオリンダの事件（前章参照）では、犯人たちはまさに家を叩き壊す勢いで金目の物を探した。アバナシー家では物が散乱しているにもかかわらず、貴重な品は持ち去られていなかった。高価な宝石や電化製品は目立つところに置かれたままだった。その現場は、私には演出されたもののように見えた。おそらく、ブレンダンとニールを殺すことが犯人の動機だったにちがいない。

スーザン・アバナシーは、ハーキュリーズ警察署のふたりの刑事につき添われ、正午過ぎに家に戻ってきた。到着するまえに私は、彼女の心をこれ以上傷つけないよう、死体のあった血まみれのカーペットの上に段ボールを敷いた。

事件現場の捜査において私は子どもを失った母親たちを見てきたが、それはいつも胸を引き裂くような光景だった。数カ月前、ひとりの母親が犯罪現場の規制線までやってきたのを目撃したことがあった。犯罪組織の暴力によって死んだ息子が、眼のまえの通りに倒れていた。悲嘆に暮れてむせび泣く母親は、立っているのもやっとの状態だった。

スーザン・アバナシーの振る舞いは、同じ状況下でそれまで私が見てきたあらゆるものと異なっていた。**彼女は奇妙なほど冷静に見えた。**

殺人事件のあとに遺族が悲しむ素振りを見せないとき、それは捜査官にとって警告をうながす兆候になる。しかし私としては、凶悪犯罪によって愛する者を亡くしたトラウマに苦しむ人々の行動について、こうあるべきだと決めつけるのは好きではない。この仕事を長く続けてきた経験から、人々がトラウマに対して予測不能な反応を示すことはわかっていた。

怪しい周辺人物たち

アバナシー事件における私の役割は、事件現場の検証とともに終わるはずだった。しかし刑事の真似事を気に入った私は、なんとか捜査にかかわりつづけようとした。ハーキュリーズは小さな警察署でリソースも限られていた。そこで私は、できることはなんでもするとスー・トッドに申し出た。彼女は昼間のあいだに刑事の仕事を進めて関係者に聞き込み捜査をし、一家の物語を紡ぎ合わせていった。一方の私は、ガレージセールで集めたパソコン部品で自作したコンピューターを使い、友人や関係者の情報について調査した（私にはオタク気質があり、自前のパソコンを作ることなどお手の物だった）。

夜、パソコン画面の明かりのまえで私は、スー・トッドから教えてもらった名前を調べた。とくに、一家の友人たちの発言に注目した。怪しいところが山ほどあった。友人たちの輪に属していたのは、シャーマン、呪文、霊などを信じる個性豊かな人々だった。多くはスーザンとニールの大学時代の仲間で、残りは〈創造的アナクロニズム協会〉（SCA）をとおして知り合った人々だった。

SCAとは中世の生活を再現するための集団で、メンバーたちは古い衣装をまとい、棒や剣を使って闘いを演じた（アバナシー家には二本の剣があり、一本はベッドの下に置かれていた）。家族の親しい友人のうちふたりに私は眼をつけ、彼らの情報をパソコンに入力した。ひとりは、一時期アバナシー家に同居していたこともあるコンピューターの達人で、犯罪歴があった。この男性Aはオーディオ用ケーブルを取りつける仕事をしていたが、それはニールとブレンダンの手足を結ぶのに使われていたケーブルと同じものだった。スー・トッドによる取り調べのなかでAは、スーザン・アバナシーに好意を抱いていることを認めた。

今回の殺人事件の九年前の一九八八年一月、カリフォルニア州高速パトロール隊は、ヴェンチュラ郡の田舎道に停めた車のなかでAが眠っているのを発見した。車を捜索すると、数多くの武器が見つかった――複数の銃器、爆弾の部品、携帯式防空ミサイルシステムから盗まれた部品。Aは、航空宇宙・防衛企業で働いていると警察官に言った。防弾チョッキにくわえ、『警官殺し』というタイトルの本も見つかった。のちにAは武器所持の容疑で逮捕・起訴された。二カ月後にAはほぼまったく同じ状況下で、こんどはサンバーナーディーノ郡保安官事務所によって逮捕された。どう考えても怪しい男だった。

私が興味を引かれたもうひとりの人物は、ニールの大学時代のルームメイトBだった。最近になってふたたびアバナシー家と交流を深めるようになった人物で、ニールとブレンダンが生きている姿を最後に見たひとりだった。殺人の翌日、親友たちの死を嘆き悲しんでいるとBは綴り、「これは計画的処刑だ」と書き添えた。**どうしてBにそんなことがわかるのだろう? 個人的な推測だろうか?** Bには、殺人事件当日のアリバイがなかった。彼もまた、容疑者リストに追加されるべき人物だった。

情報が入ってくるたび、さまざまな可能性が広がって新しい説が生まれた。**われわれはいったいどんな事件と向き合っているのだろう?** 被害者としてのニールの特徴――有罪判決を受けた重罪犯とのビジネス上の接点、やや型破りなライフスタイルなど――にかんがみれば、可能性のリストはさらに長くなった。そのなかでも私たちは、初期に得られたふたつの手がかりに絞って捜査を進めた。どちらも、ニールのビジネス関係者とされる人物にまつわるものだった。

私がギャレット・バーと呼ぶひとり目の人物は、ニールが経営する自動車修理店〈プレシジョン・チューン〉の顧客だった。殺人事件の直後、バーが地元の酒場でニールの死は「自業自得だ」と吹聴していたとの匿名の通報があった。両者は以前、六〇〇ドルの修理代をめぐって揉めたことがあった。

店が施した修理に不満を抱いたバーは、ニールを殺すと脅した。バーの過去を探ってみると、べつの殺人事件の容疑者として浮上したにもかかわらず、逮捕を免れたケースがあることが発覚した。友人たちは彼のことを自慢屋、ほら吹き、嘘つきと描写した。バーに対するこの通報内容はまちがいなく、追求するに値するものだった。

　ふたつ目の手がかりは、ワシントン州で覚醒剤製造施設を運営していた罪で服役中のコンピューターの天才マイケル・リコノシュートに関するものだった。事件が起きたハーキュリーズとかかわりのあるリコノシュートは弁護士を通じ、アバナシー事件の鍵となる情報を持っていると訴えた。スー・トッドが刑務所に出向いて聞いたリコノシュートの主張は、つぎのようなものだった。

　司法省に雇われたＣＩＡ工作員である彼は、ＩＮＳＬＡＷ　ＰＲＯＭＩＳ（検察官管理情報システム）と呼ばれる政府の検察官が使う非公式の訴訟管理プログラムにバックドアを仕かけるよう依頼を受けた。外国政府に対する秘密裏の諜報活動のために利用するのが目的だった。刑務所に収監されるまえにニール・アバナシーに対し、機密文書と数百万ドル相当の貴重品を隠すよう指示したとリコノシュートは証言した。ニールは偽名を使い、エメリーヴィルの倉庫施設のコンテナのなかに品物を隠したという。リコノシュートはマフィアとつながりのある男の名前を明かし、コンテナについて情報を得た男がニールを殺したか、あるいは殺すよう命令したと説明した。ブレンダンは巻き添え被害を食らったのだ、と。

　殺人事件の翌日の夜、スーザン・アバナシーと彼女の両親は隣人の家で夕食を食べた。隣人の妻はのちに警察にこう証言した。食後のコーヒーを飲みながらスーザンの母親は、娘が強い人間であることを誇りに思っていると語った。一方のスーザンは母親に向かって、ここから人生をやり直して再婚するつもりだと述べた。その週末、隣人宅で開かれたパーティーの席で彼女は、同じような内容のコメントを繰り返した。スーザンは立ち上がり、まわりの人々の支援に感謝し、くじけずに生きていくつもりだと言った。名前を旧姓に戻し、家を改装し、終わり次第すぐにまた住みはじめる予定だ、と。この時点で、夫と息子が死んでからまだ数日しかたっていなかった。心から望んでいるのは、事件が解決し、早く家に戻ることだと彼女は言った。

三月末、ハーキュリーズ警察署がアバナシー家の鍵を返却すると、改装工事が始まった。三カ月後に作業が終わり、スーザンは改装された自宅に戻って住みはじめた。七月の独立記念祭の週末、彼女はストリート・パーティーに姿を現わし、「新しいボーイフレンド」と呼ぶ男性をダナム・コートの隣人たちに紹介した。数カ月前から隣人たちは、この男性が家に出入りするのを眼にしていた。大学時代からのニールとスーザンの古い友人だった。彼には結婚歴がなく、子どももいなかった。ふたりは長年にわたって連絡を取り合っていた。男性にちょうど恋人がおらず、交際に興味を持ってくれたのは運が良かったとスーザンは隣人たちに語った。

ストレス分析器とポリグラフ

私のモットーのひとつに、「殺人事件の捜査官の考えは、正しいと証明されるまでは誤り」というものがある。どの事件においても数多くの容疑者が浮上する。ある容疑者に対する証拠が充分あると信じていたにもかかわらず、やがて証拠が足りなくなる——。それはよくある出来事だ。直感的に真相はわかっているにもかかわらず、立証できないのもめずらしいことではない。しかし当時の私はこの仕事に就いたばかりで、そのような事態に陥ったのははじめてのことだった。テレビドラマのなかでは、現場に大勢の捜査官が押し寄せ、一時間後に犯人の男か女が逮捕される。しかし、現実はそう簡単な話ではない。スー・トッドと私は、粘り強くアバナシー事件の捜査を続けた。説得力のある情報がたくさんあり、さまざまな異なる方向へと推理は展開していったが、事件を解決するために必要な答えはいまだ見つかっていなかった。誰がニールとブレンダン・アバナシーを殺したのか？　充分な証拠はなく、結論は出なかった。

ニールの死は「自業自得」と吹聴したギャレット・バーは、コンピューター音声ストレス分析器による検査を受けることに同意した。分析結果はどちらともつかないものだった。殺人が起きたとき、家で子どもたちの世話をしていたというのが彼のアリバイだった。バーの妻は、その話を肯定も否定もできなかった。

マイケル・リコノシュートは、真実の一部だけを切り取って話すことで有名だった。実際のところ彼の主張は、コンピューター会社ＩＮＳＬＡＷがソフトウェアを盗用・改竄されたと米国政府を訴えたときに部分的に正しいことが証明された。その裁判でリコノシュートは、ＩＮＳＬＡＷ ＰＲＯＭＩＳシステムを「カスタマイズ」した自身の役割について証言することを求められた。しかし私たちは、リコノシュートとニール・アバナシーの関係を立証することも、彼とニールが交わしたとされる電話や手紙のやり取りを確認することもできなかった。スー・トッドは事件ファイルにこう綴った。「リコノシュートが情報を完全に開示するという道を選ばないかぎり、われわれがこの調査を続けても無益に終わるだけにちがいない」。私としては、リコノシュートはアバナシー事件を利用して自分の刑期を減らそうと画策したのだと考えている。

スーザン・アバナシーは嘘発見器《ポリグラフ》による取り調べを受け、殺人へのいっさいの関与を否定した。検査担当者は彼女の証言が真実だという結論を出したが、カリフォルニア州司法省のポリグラフ専門家が結果に異議を唱えた。スーザンの証言は当てにならないというのが彼の意見だった。結局、検査結果は「未確定」に変わった。

不審な行動が犯罪だとすれば、アバナシー家の関係者全員が逮捕されていたはずだ。ニールの元ルームメイトBの嘘発見器の結果はあいまいなものだった。事件が起きたとき、彼は体調不良で仕事を早退し、家にひとりでいたと証言した。ポリグラフ検査の休憩中にスー・トッドは、Bが指を銃の形にして扉に向け、「悪夢は始まったばかり」とつぶやいたのを耳にした。その言葉の意味についてのちに訊かれると彼は、過去に妻を亡くした悲しみに思いを馳せ、ブレンダンとニールを失ったことについて同じプロセスが始まろうとしていると気づいたからだと語った。

スーザン・アバナシーの新恋人は弁護士を雇い、捜査官による取り調べを拒否しつづけた。最後まで彼の協力を得ることができなかったため、ほかの情報源に頼るしかなかった。彼はのちにスーザンと結婚し、殺人事件の起きたダナム・コートの家に引っ越した。

やがて、アバナシー事件のファイルは未解決事件の棚へと移動した。スー・トッドがハーキュリーズ警察署を退職したあとも私はこの事件を追いつづけ、犯行が起きた二月一九日には毎年あらためて振り返るようにした。自分が担当した最初の本格的な殺人事件を解決できなかったという事実が、脳裏に焼きついて離れなかった。その三年前にイースト・エリア強姦魔のファイルにはじめて出会ったとき、私はこう感じていた。**これほど重大な事件をなぜ放置しておけるのだろう? 誰もまだ解決できてないなんてありえない**。それは甘い考えでしかなかった。圧倒的な数の殺人事件が未解決のままであり、その割合は全国で起きた事件の三分の一以上にのぼる。簡単な事件であれば、すでに解決しているはずだった。いま自身の「未解決事件」がそのリストに加わることになり、私は忸怩たる思いに駆られた。

息をしているかぎり、戻りつづける

ニールとブレンダン・アバナシーのことを考えない日などなかった。「どこでまちがえたんだろう？　何を見逃しているのだろう」と自問しながら夜中に突然目が覚めることもあった。事件のことが頭から離れず眠れない夜には、この一件は白黒はっきりしたものではないのだと自分を宥めようとした。科学的な証拠はなかった。利用可能なＤＮＡはなく、靴跡も指紋もなく、被害者以外の体液もなく、目撃者もいなかった。唯一見つかった手袋痕は役に立たなかった。もし解決可能な事件だとしたら、私がすでに解決していたはずだ。さまざまな仮説があったが、それを充分に証明・反証することはできなかった。だとしても、いつまでも同じ状態が続くとはかぎらない。

二〇〇四年にカリフォルニア州捜査局が行なった事件の犯罪分析では、こう結論づけられた。「被害者たちが見ず知らずの他人に殺された可能性は低い。犯人は、被害者のつき合いの輪のなかにいるか、あるいは生き残った家族となんらかの関係があると考えられる」。私はいまもその線上に答えがあると信じ、再調査と分析を続けている。私はこの事件を敗北として片づけるのではなく、継続中の事件だとみなしている。息をしているかぎり、私はこの事件に戻りつづける。**つぎこそは、手がかりをつかむことができるかもしれない**。私でないとしても、誰かほかの人が解決してくれるはずだ。ときに、犯罪者が運に恵まれることもある。しかし、つねに新しい科学が生まれ、技術は進歩しつづける。突如として記憶が蘇ることもあれば、誰かが罪悪感に耐えられずに真実を語り出すこともある。

つねに明日はある、と私はいつもそう心に留めていた。

9　点と点を結ぶ

〈1990年代後半〉

風邪で寝込んでいた少女

多くの事件の捜査に携わるのは刺激的なことだったが、私はいつも地下のあの書類整理棚に戻りたくてうずうずしていた。しかし、それらのEARファイルの調査に戻る唯一の方法は、ズルをすることだった。襲撃が終わったあとも何年にもわたって州を脅かしつづけた大事件ではあったものの、未解決事件の取り調べは私の職務内容には含まれていなかった。私は捜査官としてのキャリアを築いている真っ最中で、くわえて研究所の職員だけでは手に負えないほど多くの殺人事件が管内で起きていた。EARについて調べたければ、夜や週末に図書室に忍び込み、誰にも気づかれないようにファイルを引っぱり出すしかなかった。隠れて行動することにリスクはあったものの、目的が手段を正当化してくれるはずだと私は自分に言い聞かせた。怪物の正体を暴けるとすれば、少しくらいのごまかしも許されるはずだ。

それらのお忍びの時間に、私はこの略奪者について多くを学んだ。彼は北カリフォルニア全域に不安を掻き立て、サクラメントとコントラコスタ郡のあいだの南北一三〇キロにわたる細長い地域に広がる共同体を恐怖に陥れた。そのような凶行を犯した人間が、いまも近くでぬくぬくと暮らしているかもしれないと思うとひどく腹が立った。

私は何カ月もかけて事件ファイルを精読し、できるかぎりの調査をした。しかしある時点で、実際の犯罪現場を訪れ、事件ファイルで読んだ内容をこの眼でたしかめなければいけないと気がついた。犯人がいた場所に私も物理的に行き、彼がなぜ特定の場所と被害者を選んだのかを理解する必要があった。それが犯人の頭のなかに入り込むための唯一の方法だった。そこで私は捜査をつぎの段階へと進め、週末になると、犯人が襲撃を始めたサクラメント郡各地の現場まで車を走らせるようになった。

フェア・オークスのラデーラ・ウェイの家の外に停めた車の座席に坐りながら、私は一九七六年のクリスマスの前週にタイムスリップした。賑やかな電飾に彩られた室内に、風邪を引いた一五歳の少女がいた。両親が休日のパーティーに出かけたとき、彼女は家に残ることを決めた。姉は仕事に出かけていたため、家にいるのは彼女ひとりだった。夕食はピザ。少女はオーブンのタイマーを一〇分に設定し、待っているあいだに居間に戻ってピアノを練習した。少しすると、何かが裂けるような、あるいはぶつかるような音が聞こえた。彼女は凍りついた。**いったい何？** 家にひとりでいるときには、いつも何か物音が聞こえてきた。**無視したほうがいい。大げさよ**。しかし最近は無言電話があり、それも夜に三、四回かかってくることもあった。それが少女をさらに怯えさせた。**考えすぎはダメ**。彼女はピアノをふたたび弾きはじめた。つぎの瞬間だった。「動いたら殺すぞ」と男が言い、彼女の咽喉にナイフを突きつけた。

犯人は少女の背中を押して居間を出て廊下を歩かせ、両親の寝室を通り過ぎ、裏庭のピクニック・テーブルのところまで行かせた。男は手袋をしていた。少女はほとんど息をすることができなかった。「坐れ」と男は例の威嚇的なガラガラ声でささやいた。「大丈夫だ。傷つけたりしない。おまえを柱に縛りつける。こちらを見ようとしたら、ぶっ殺すぞ」

彼女は動けなかった。男はピクニック・テーブルに少女の体を押しつけ、足を縛り、スリッパを剝ぎ取って庭の奥に放り投げた。

冷たい夜気のなか縛られて震える少女をそこに残し、男は室内に戻った。犯人が台所の引き出しや戸棚の扉を開け閉めする音が少女の耳に聞こえてきた。「ああ、くそ……畜生」という声も聞こえてきた。**いったい何を探しているんだろう?** オーブンのタイマーが鳴ると、あたかも自分の家の台所で自分のピザを温めているかのように男はスイッチを切った。彼がその場を支配していた。

数分後、男はふたたび少女の横にいた。彼は少女をつかんで立たせ、室内に行かせた。そして、男は両親のベッドで彼女をレイプした。

「こりゃ愉しい、すばらしい。最高だろ?」と男は少女をなじった。咽喉にナイフを突きつけられ、少女はうなずいた。

男は加虐的なゲームを続け、彼女を家のなかと外に順に移動させ、紐を縛ったり解いたりしながら暴行を繰り返した。その残虐性の深さは底知れぬものだった。

一時間四〇分後、タイヤがきしむ音があたりに響くと、男はいなくなった。

この事件は、のちにできあがる公式ＥＡＲリストの第一〇番目の襲撃として記録された。

車内から現場を眺めていた私は、なぜこの場所なのかと不思議に思った。なぜ彼女なのか? ＥＡＲの襲撃の多くは同じ地域に集中していたが、この事件のように地理的に孤立したものもあった。夜中ではなく夜七時半に起きたという点においても、ほかとは異なっていた。ランダムなのか? あるいは、家族構成や彼らの行動についてＥＡＲは把握していたのか? 同じ地区で襲撃を繰り返すあいだこそＥＡＲの動きは予測可能だったが、ときにまったく予測不可能になることもあった。

男性が室内にいるときにも

当時の新聞各紙は、峻烈な見出しとともにEARの凶行の軌跡について報道した。**イースト・エリア強姦魔ふたたび現わる。レイプ魔への警戒を強めよ**。自警団が結成され、銃の販売が急増し、多くの家が番犬を飼い出した。〝ブギーマン〟がどこかに潜んでいた。一九七七年三月にサクラメント・ビー紙は記事を発表し、男性が室内にいる場合、EARの襲撃が起きたことはないと言及した。すると犯人はみずから要求水準を上げ、一カ月もたたないうちにカップルが寝ている家に押し入った。彼は執念深いろくでなしだった。**おれが何者なのか、見せてやる**。

オレンジヴェールの自宅の寝室で、女性とボーイフレンドが眠っていた。べつの部屋には子どもたちがいた。女性のほうが眼を覚まし、懐中電灯を眼に向かって照らす男の存在に気がついた。「音を立てるな」と光の奥から声がした。「男を起こせ」。女性は、そこにいるのが誰なのかたしかめようとした。当時、北カリフォルニアの誰もがEARの襲撃を恐れていた。

女性は命令にしたがい、ボーイフレンドの体を揺さぶった。子どもたちが物音に眼を覚まさないことを祈った。そのとき、ボーイフレンドが体を起こそうとした。

「止まれ。動くな。うつ伏せになれ」とEARは言った。

男はボーイフレンドの頭に銃口を突きつけた。そして女性のほうにロープを投げ、ボーイフレンドの手を縛るよう命じた。

「上を見るな。顔を見られたら、ふたりとも殺さなきゃいけなくなる」と彼は言った。

ボーイフレンドの手首が縛られると、EARは同じ種類のロープを使って足も縛り、最後に女性の手を後ろ手に縛った。

「お互いがロープを解かないように、おまえの足は廊下で縛る」と男は女性に言った。それから背中にナイフを突きつけて居間に行かせ、床に寝かせた。つぎに彼女の頭にタオルを巻くと、台所に行き、戸棚からカップとソーサーを取り出し、寝室に戻ってボーイフレンドの背中に食器を置いた。皿がガチャガチャ鳴るのが聞こえたら、家のなかの全員を殺すと男は警告した。

ＥＡＲは、女性の部屋のクローゼットで見つけたハイヒール・シューズを手に居間に戻った。ボーイフレンドが手足を縛られて動けなくなっている部屋のすぐ隣で、犯人は靴を女性の足に履かせ、繰り返し犯した。

その後、「チーズを食べてくる」と彼は言った。裸で縛られたまま横たわる女性の耳に、犯人が冷蔵庫を開け、それから食べ物を嚙みしだく音が聞こえてきた。彼は精神的な拷問を加えようとしていた。

去るまえに犯人は寝室に戻り、ボーイフレンドの耳元に身をかがめてささやいた。「つぎの場所、つぎの町」

男性がいる家での最初の襲撃を完璧にやってのけたＥＡＲは、以降この習慣を続けるようになった。**くそくらえ、サクラメント・ビー**。リスクをうまく抑え込みつつ犯人は、ふたりの大人の被害者を同時に制圧する方法を考え出す必要があった。彼は頭のなかに描いたプロセスを実行し、それをうまく機能させ、男性の脅威を最小限に抑え、ある意味で男性的な力を奪った。その精緻な計画性は、ＥＡＲの知性と傲慢さを物語るものだった。

それ以降、残りの襲撃の三分の二以上は、男性の在宅中に起きるようになった。ＥＡＲは、男性が室内にいるときに意図的に選んで家に侵入し、女性に性的暴行を加えた。私にはそれが、連続略奪者としてはめずらしい特徴に思えた。

ＥＡＲは二年にわたってサクラメントで三〇回の襲撃を行ない、それから一九七八年一〇月はじめに私たちのコントラコスタ郡へと移動してきて、同じ週に二度家に押し入った。一〇月七日に彼がコンコードに最初に姿を現わす一カ月ほどまえから、不審者がうろついている、犬の吠え声がする、門の鍵が開けられるなどの報告が相次いでいた。つまり犯人は、つぎの犠牲者たちを見定めていたのだ。そのあいだにＥＡＲは、若い女の子を探して町を徘徊していたようだ。一連の襲撃のなかでもとりわけ若い被害者のひとりが出たのは、私たちの管内の事件でのことだった。一九七九年六月二五日の午前四時、ウォルナット・クリークに住むメアリーという名の一三歳の少女が、覆面をした侵入者に起こされた。父親と妹が近くの部屋で寝ているにもかかわらず、犯人は彼女を襲った。メアリーのいかにも女の子っぽい寝室の壁には、虹、ユニコーン、ハートが描かれたポスターが飾られていた。性的に満足できなければ、「速攻で殺す」と男は少女を脅した。事《こと》が終わると、犯人は少女の手足を縛った。「マネー、マネー、マネー探しをしているあいだ、一言でもしゃべったら殺しちゃうぞ」と彼は嘲笑うように言った。メアリーがやっとのことで助けを求めたとき、犯人はすでにいなくなっていた。

メアリーは四七番目の被害者だった。その秋、彼女は中学二年生になった。

ＤＮＡ鑑定技術と三つの事件

ＥＡＲ事件が起きたのは一九七〇年代後半のことだった。一九九七年時点までに、ＤＮＡ鑑定の進歩によって捜査をとりまく状況は一変していた。この新しい技術に慣れるために私たちは、時効を過ぎて廃棄される予定の証拠能力のない性的暴行証拠収集キットで練習を始めていた。私は上司のカレン・シェルドンに、イースト・エリア強姦魔の証拠収集キットは保管されているのか尋ねた。もし保管されていれば——これは巨大な〝もし〟——新しいDNA技術を使った研究所での練習のために使うことはできるか？　この事件に私が興味を持っていることをすでに知る彼女は同意した。

「わかった」とシェルドンは言った。「やってみたらいい」

もうこそこそ隠れてEAR事件のことを調べなくていいのだと感じ、どこか解放された気分になった。

私は事件ファイルをふたたび引っぱり出し、EARによる襲撃事件に関する警察報告書一つひとつをくわしく調べてみた。結果、EARによる犯行が疑われる三つの事件について性的暴行キットが保管されていることがわかった。数十年のあいだ廃棄されずにまだ残っているとすれば、それらの証拠は通りのすぐさきにある保安官事務所の保管室にあるはずだった。

一九九〇年代末のそのとき、コントラコスタ郡保安官事務所の保管室はエスコバー・ストリートの古い二階建ての倉庫のなかにあった。当時、その室内は証拠品で溢れかえっていた。いちどは大陪審による調査の対象となり、証拠の信用性を損なう可能性のある管理上および設備上の重大な欠陥を指摘する報告書が出されたこともあった。そこで管理と改善のための専任スタッフが配置され、近代的な施設に移転され、管理室責任者が新たに雇われることになった。しかしそれらの改善は、私がはじめてEARの証拠を探しに古い施設を訪れたあとに行なわれたものだった。旧保管室はよほどの理由がなければ誰も行きたがらない場所だったが、私はそこを訪れるのがいつも愉しみでしかたなかった。証拠を発見するという期待感に、眩暈がするような興奮を覚えたのだ。

保管室の作業プロセスは主として三つの段階に分けることができる——取り込み、保管、廃棄。収集・提出された証拠にはラベルが貼られ、適切な保管場所に置かれる。毎日、何百もの新しい証拠が保管室に運び込まれるため、すべてをそのまま置いておくと、施設内のスペースはすぐになくなってしまう。よって、不要になった証拠は日常的に廃棄される。

一九七〇年代のカリフォルニア州における性的暴行事件の時効は六〜八年だったため、管内で起きたEAR事件の証拠一式は何年もまえに処分されている可能性が高かった。鑑定に使用できるDNA試料がいまだ保存されており、さらにそこからプロファイリングのために充分なDNA情報を引き出すというのは、どこまでも望みの薄い試みだった。最高の状況が訪れたとしても、捜査官たちが何年もまえに経験則で結論づけた点を科学的に証明することしかできない——三つの襲撃すべてが同一人物による犯行。だとしても、EARの犯行とされる事件のうち少なくとも三つが関連していると疑いの余地なく証明するというのは、心躍る展開だった。

研究所を出ると、エスコバー・ストリートを数ブロック歩いて保管室に行った。有刺鉄線付きの金網フェンスの奥に、二階建ての窓のない軽量コンクリートブロック造の立方体の建物があった。保管室で働く専門家のエンジェルが扉を開けて招き入れてくれた。

「ポール、今日はどんなご用？」と彼女は言った。

古くからそこで働いてきたエンジェルは、保管室のすべてを知り尽くしていた。事件ファイルの番号を伝えると、彼女は関連する保管物のカードを取りにいった。七・五×一二・五センチのそのインデックス・カードには、事件番号、犯罪の種類、関連する証拠の説明が記載されている。小さな束をいくつか手に戻ってきたエンジェルは、それを眼のまえのカウンターの上に置いた。カードの上部には、同じ赤い文字で「EAR」と書かれていた。一枚一枚調べてみると、それぞれに「廃棄禁止」と書いてあるのがわかった。信じがたいことに、証拠はしっかりと保管されていた。

何年もまえに保安官事務所がこの建物を借りたときには、室内は何もない長方形の空間だったが、保管スペースを増やすために有孔鋼板の金属デッキが設置された。古いレイプ事件の資料は二階に保管されていた。エンジェルに続いて階段を上がると、靴底が金属に当たるカチャカチャという音が室内全体に響き渡った。空気はかび臭く、灰白色の蛍光灯が空間に貧弱な光を投げかけていた。壁の棚には、古い証拠が入ったボロボロの封筒やいまにも崩れそうな紙袋が堆《うずたか》く積まれている。部屋の中央には、黄ばんだ段ボールが私の背丈以上に積み上げられている。下のほうの箱は重みに耐えられず凹み、ネズミやほかの齧歯動物によっていたるところが噛まれていた。

エンジェルはひとつ目の箱を引っぱり出すと、ふたつ目、三つ目の箱を取りにべつの場所に行った。そのあいだに私はひとつ目の箱を調べはじめた。探しているのは、精液を拭った綿棒が密閉されたチューブ入りのマニラ封筒だ。箱を開けると、実際にそれが入っていた。少し傷んではいたものの、たしかに眼のまえにあった。私はさらに、エンジェルが持ってきてくれた証拠を順に注意深く調べた。ふたつ目の箱にも、べつの試料が入っていた。最終的に三つの試料——二本の膣検体と一本の首検体——を見つけたときは、大当たりを引き当てたような気分だった。興奮を抑えるのもやっとだったが、挑戦はまだ始まったばかりだとわかっていた。鑑定結果を導き出すために必要充分なDNAがこれらの試料に含まれているかどうか、それはまだわからなかった。

DNAについての研修中に私は、試料が劣化する原因について学んだ。リストの上位を占めるのは時間と熱だった。それらの二〇年前のキットは、真夏の酷暑の午後には五〇℃をゆうに超えるような環境で保管されていた。しかし、望みはまだ捨てていなかった。三つの綿棒を手にした私はエンジェルに礼を言い、研究所に戻って作業を開始した。それは、一九九七年六月一六日の出来事だった。

七月初旬に答えが出た。なんとも奇跡的なことにDNAは完全には劣化しておらず、結果はじつに明確なものだった。三つの事件が同じ連続強姦魔の仕業であるという事件当時の捜査官たちの見立ては正しかった。決め手となったのは、被害者のひとりの首から採取された精液のついた綿棒だった。三つのうちもっとも純度の高い試料であり、そこからいちばん多くのDNAが検出された。

三つの襲撃が同一犯によるものであるという確証が得られたのは、長いあいだ進展のなかった事件にとっては大きな前進であり、それをみずから突き止めたことに私は誇りを感じた。しかし真の収穫は、三つすべてのレイプキットから検出された精子を使い、それまで謎だったEARのDNAプロファイルを研究所内で作り上げ、それが容疑者特定につながる可能性があるという点だった。つぎのステップは、事件当時の容疑者候補の公式リストを作成し、DNAが一致する人物を探すプロセスを始めることだった。

精神科医からの助言

「ラリー・クロンプトン警部補」は、EARの調査において私が何度も眼にしてきた名前だった。事件当時のコントラコスタ郡EAR特別捜査班の一員だったクロンプトンは、さまざまな記録から判断するに、この事件についておそらく誰よりもくわしく知る人物に思われた。私が作ったリストのどの名前が最有力容疑者だったのか、彼が教えてくれることを望んだ。その容疑者たちのDNAを入手すれば事件を解決できる、それが私の単純な見立てだった。

クロンプトンに電話をしたのは、一九九七年七月のことだった。そのときのメモを私はいまも持っている。私は組織でも下っ端の若造で、一方の彼は法執行機関という成層圏のはるか上に位置する人物だった。彼のような地位の高い人物に連絡を取ることはためらわれたものの、必要な情報を手に入れるために私は勇気を出して一歩を踏み出した。幸運なことに、クロンプトンがこちらの味方になってくれるとすぐにわかった。EARはコントラコスタ郡での襲撃を二〇年ほどまえにやめており、その後クロンプトンの捜査への関与も終わった。しかし、この事件のことは彼の記憶にまだ鮮明に残っていた。あたかも昨日の出来事かのように、クロンプトンは事件の番号と日付を列挙した。私がまとめた容疑者リストに優先順位をつけてほしいと頼むと、彼は口ごもった。「これといった有力な容疑者はいなかった」とクロンプトンは言った。「たしかに容疑者はたくさんいたが、とくに怪しいやつらはみんなリストからすぐに外れたんだ」。その時点で私の計画は頓挫した。

しかし、彼のつぎの言葉に唖然とした。

私が知るEAR襲撃事件は、すべて北カリフォルニアで起きたものだった。しかし、クロンプトンはこう説明した。「犯人は南に移動して殺しを始めた。そう誰もが考えていた」

「南に？　……殺し？」

EAR特別捜査班での活動が真っ盛りだったときにクロンプトンは、自分が追う略奪者を深く理解するために精神科医に相談したことがあった。事件の概要を聞いた医師は、「犯人を急いで捕まえたほうがいい」と助言した。「彼はやがて人を殺すでしょう。殺したがっています」

EARは、少なくとも一件のレイプ事件のあいだに殺人衝動を示していた。七番目の事件で彼は、被害者の裸体にナイフを沿わせて上下に動かした。べつの心理学的評価では、犯人は被害者のその女性を切り刻むことを空想しており、殺人者へと進化する確率が高いという結果が出た。クロンプトンは、EARは殺人者に変わったと思うと私に語った。実際、一九七九年末に彼はその線で捜査を進めていた。きっかけは、南カリフォルニアのサンタバーバラでEARの手口と一致する事件が何件か起きていると警察関係者から秘密裏に聞いたことだった。うち一件は殺人事件だった。しかし、点と点をつなごうと動き出したクロンプトンは、サンタバーバラ側から締め出されてしまう。

当時はいま以上に組織間の縄張り意識が強く、管轄を越えて情報を共有するという文化はほとんどなかった。自分が解決できなかった事件を、べつの誰かにおいそれと渡してたまるものかと多くの関係者たちは考えた。それは、エゴに突き動かされた政治的なものだった。機関同士の協力が欠如していたせいで迷宮入りしてしまった事件も数多くあるにちがいない。

「向こうがどうしてそんなに早く扉を閉ざしてしまったのか、理解できなかった」とクロンプトンは私に言った。「レーガン知事が大統領選に出馬することに関連して問題があったと聞いたよ。連続強姦魔が自分たちのエリアに移動してきたという好ましくない情報で注目を浴びたくなかった、ってことらしい」

クロンプトンとの電話を切ると、私はサンタバーバラに電話をかけた。

そのとき話をした刑事の名前を何度も思い出そうとしたが、頭のなかのどこを探しても出てこなかった。はっきりと覚えているのは、クロンプトンが電話をかけた二〇年前から何も変わっていないと感じたことだ。電話した理由を説明すると、相手の刑事はいかにも無関心そうに素っ気なく対応した。

「私たちの事件と関連があるかもしれません」と私は言った。

「ないですね」と彼は応えた。「それに類似する事件はこちらでは起きていません」

この刑事はEAR事件の歴史について把握し、かつて北カリフォルニアから問い合わせがあったことも知っていた。しかし、事件の再調査に動き出してくれるかもしれないという私のわずかばかりの期待は、彼が露骨にこう言ったときに打ち砕かれた。「われわれの事件はそちらのものとは関係ありません」

自分がかかわる事件のこととなると、私はノーという返事を簡単には受け容れない。けれど同時に、袋小路に追い込まれていることもわかっていた。電話を終えようとすると、記憶が急に蘇ったのか、あるいは根負けしたのか、相手の刑事はこう言った。「オレンジ郡に何か手がかりがあるかもしれません。アーヴァイン署がDNAを使って何か捜査をしたらしい」

彼が何を言わんとしているのか私にはわからなかったし、相手はそれ以上くわしく説明しようともしなかった。それでも私は、引っぱりはじめていた糸を断ち切るためにも、とりあえず最後まで確認してみることにした。

コントラコスタ郡の技術、オレンジ郡の技術

アーヴァイン署に電話をすると、つぎからつぎへと転送された末に、ラリー・モンゴメリー刑事のデスクにたどり着いた。その日は、神が私の味方をしてくれた。モンゴメリーは豊富な情報を持ち、それを嬉々として共有してくれた。アーヴァインでは二件の殺人事件が起き、それらがDNAによって結びつけられていた。一件目は一九八一年に起きた事件で、自宅にいた女性が寝袋に入れられて撲殺された。二件目は一九八六年に起き、一八歳の少女が同じように殺された。これら二件の事件は、新婚夫婦がベッドで撲殺されたオレンジ郡のもうひとつの事件と関連するものだと考えられた。三つの殺人事件をつなぎ合わせることによって、アーヴァイン署は犯人のDNAプロファイルを作り上げたが、具体的な名前は浮上してこなかった。それは、EAR事件について私が陥っていたのと同じ状況だった。

モンゴメリーによると、オレンジ郡保安官事務所・犯罪研究所のメアリー・ホンがDNA鑑定を担当したという。

私はつぎにメアリー・ホンに電話をかけ、こう伝えた。北カリフォルニアで起きた連続レイプ事件の検証をしており、オレンジ郡が持つDNAプロファイルと私のものが一致するかどうかを調べたい。私が真に期待していたのは、あらゆる関連性を断ち切り、この南カリフォルニアへのちょっとした脱線から逃れてさきに進むことだった。

一九九七年当時、法執行機関によるDNA技術の利用はまだ始まって一〇年もたっていなかったものの、すでに大きな変化の波を引き起こそうとしていた。イギリスの遺伝学者アレック・ジェフリーズは一九八七年、RFLP（制限酵素断片長多型）と呼ばれるDNAの性質を用い、一〇代の少女ふたりの強姦殺人事件を解決した。彼が採用した技術は学術的研究から生まれたもので、ヒトゲノムのさまざまな側面を調べるために利用されてきた遺伝子ツールだった。これらのツールは〝遺伝子のハサミ〟のように機能し、個々の遺伝子配列に応じてDNA鎖を異なる大きさの断片に切り分ける。ジェフリーズ率いるチームは、複数の断片のサイズを測定してDNAプロファイルを作り出し、それをもとに犯罪現場に残されたDNAの持ち主を特定することができると気がついた。いわば、それぞれの人物に固有の〝DNAバーコード〟を作り上げるようなものだ。ジェフリーズによる検査はイギリス国内での真犯人逮捕へとつながり、無関係の容疑者が刑務所に入れられていたことが明らかになった。遺伝子型判定の潜在的な可能性は、法執行機関と科学捜査全体に大きな影響を与えるものだった。

ジェフリーズが編み出した鑑定技術は世界じゅうの事件捜査で採用され、多くの成功を収めてきた。一方で、独自の弱点もあった。犯罪現場から多くのDNAを採取する必要があり、そのDNAは比較的純度が高い状態でなければいけなかったのだ。DNAをビーズの長い鎖のようなものだと想像してみてほしい。太陽光やバクテリアなどの環境による刺激を受けると、その鎖は崩れてどんどん短くなり、一定の短さを超えるとジェフリーズが発明した技術は機能しなくなる。とくにEAR事件の証拠のように数十年が経過した科学捜査用DNA試料では、量や劣化の問題によって正確な結果が出ないことも多い。

幸いなことに、新たにバイオテクノロジー分野からもたらされたべつのツールが、科学捜査でも利用できるようになった。ポリメラーゼ連鎖反応（PCR）だ。RFLPのようにDNAを切断するのではなく、PCR法では分子コピー機のごとくDNAを複製し、科学捜査用試料で見つかったDNAと同一のコピーを何百万も作り出すことができる。この方法では、はるかに少量のDNAでも、劣化したDNAでもうまく機能することが多い。PCR法の導入は、法執行機関にとって大いなる飛躍だった。

つまりPCR法とは、RFLPのようにDNAの〝型〟を生成するのではなく、たんに大量のDNAを作り出すというものだ。一九九七年当時、この技術はまだ初期段階で標準化されていなかった。そのため全米各地の科学捜査研究所は、PCR法にもとづいてDNA型を特定する際にそれぞれ異なる方法を採用していた。EARの試料に対して私が使用していた技術は、DQαと呼ばれるDNAの限定的な領域に注目するものだった。このDQαプロファイルは、古い「ドットブロット法」を使って作成される。白いナイロン膜の特定の領域が青い点に変わると、試料内にどんなHLA－DQα型（訳注：白血球の血液型を示す）が存在するのかが明らかになるという手法だ。EARのHLA－DQα型は2－3型で、ほかの多くの人が同じ型を共有していた。この技術は心躍るものではあったものの、識別能力という点ではまだ大きな限界があった。

私が所属する研究所がHLA－DQα型検査を行なっていたその当時、べつのタイピング技術も普及しはじめた。STR法（縦列型反復配列、ショートタンデムリピート）だ。この技術では、DNAの配列に塩基の単位配列が何度も反復される短い部分が利用される。その反復頻度は人によって異なる。

さらにSTR技術では、ヒトゲノムのより多くの領域を調べることができる。その識別力はHLA－DQα法をはるかに凌駕するものであり、現在ではあらゆる法執行機関の研究所で使用される標準的な技術になった。しかし私がオレンジ郡保安官事務所の研究所に電話をした一九九七年の時点では、この技術はまだ広く普及していなかった。

オレンジ郡での各事件はSTR技術によって結びつけられたとメアリー・ホンが教えてくれたため、それが強力なリンクであることが私にはわかった。つまり、三つの事件は同じ犯人によるものだと考えてまちがいなかった。私の研究所はいまだ旧式のPCR法を使っていたが、運のいいことにホンは旧式のPCRベースのDNA検査も行なっており、彼女が追う犯人がEARと同じHLA－DQα型であることがわかった。私にとって問題だったのは、PCRマーカーだけでは識別力が弱いという点だった。ひとつのDQαマーカーだけにもとづいて、彼女の事件と私の事件が同一犯によるものだと断定することはできなかった。

私はホンにこう約束した。コントラコスタ郡のDNA技術がオレンジ郡に追いついたら、また電話をする――。

その約束を果たすのに、まさか四年もかかるとは思ってもいなかった。

10　結婚生活の終焉

自分の感情が解析できない

　夜中にパニック発作がまた忍び寄ってくるようになった。そもそも私は眠りが浅いほうだったが、いまではぐっすり眠り込んでいるあいだでさえ、突然の恐るべき衝撃に眠りが中断されることがあった。ローリーと結婚しているにもかかわらず、私はひどい孤独を感じていた。そう認識しはじめるにつれ、混乱は次第に悪化していった。不吉な胸騒ぎに駆られて眼を覚ますと、直後に私は寝室の床の上でボールのように体を丸めていた。汗をかき、息を切らしつつ、自分は死ぬのだと直感した。ローリーは眠りが深いタイプで、そのあいだいつも昏々と眠っていた。症状が落ち着いても、枕に頭を預けたら発作がまた起きるのではないかと不安になり、私は一晩じゅう部屋のなかを歩きまわった。

　ローリーと私はカウンセリングに通いはじめたものの、大きな進展は見られなかった。毎回の話し合いが、前回の繰り返しのように思われた。カウンセラーが私の気持ちを解きほぐそうとするあいだ、ローリーは神経質に脚を揺すった。

「家族のことは愛していますが、自分のどこがまちがっているのかわかりません」と私はきまって言った。「ローリーが望むような人間にどうしたらなれるのか、よくわからないんです」

「あなたはどんな人間になりたいのですか？」とカウンセラーは問うた。

いったいどういう質問だよ？「良い人間。生産的な人間。目的を持った誰か……」

「それで、あなたはどんな人間ですか？」

くだらない、おれはポールだ。おれにどうしろっていうんだ？

質問の答えを考えているあいだ、読み方がわからない本のページを繰るような感覚に包まれた。何を訊かれているのか、私はほんとうに理解できなかった。**どうすれば、あなたとつながることができますか？　自分がどう感じているか知っているはずです。もっと奥深くを探ってください。眼を閉じ、自分が何を恐れているのか考えてみてください。**証拠の解析は得意な私だったが、自分の感情を解読するというのは、駒が足りない状態でチェスをするようなものだった。

カウンセリングのあいだ、お互いにただ瘡蓋《かさぶた》を剝がしているだけではないのかと感じることもあった。古傷がうずき、傷ついた感情が湧き出してきた。

ローリーは泣いた。「オフィスに泊まるとき、家に戻らないことを電話で知らせてさえくれなかった」

私は愚痴をこぼした。「もっと愛情が必要なんだ」

彼女は反論した。「あなたが変わるまでは無理よ」

私は心を閉ざした。「これがおれという人間だ。きみの心を勝ち取るために別人にならなきゃいけなかった。でも、もう嘘の演技を続けることはできない」

ある日、ローリーはこう言った。「あなたはいい人よ。犯罪に巻き込まれた愛する家族にいったい何が起きたのか――それを知る手助けをすることによって、被害者を安心させたい。そう心から願っている。あなたには善良な心がある。でもなぜだか、思いやりと愛に溢れたその人物はわたしのところにはやってこない」

私が「変貌した」のは仕事のせいだと彼女は指摘した。

「この人はとても陰鬱な仕事をしている。それで、物事を異なる眼で見るようになったんです」とローリーはカウンセラーに言った。「自分の道を見失ってしまったのよ」

この仕事はたんなる職業じゃない、と私は説明した。それは私の目的であり、価値であり、この世に存在することを選ぶ理由だった。生きる意志を失い、この世を去っていった人の物語をいったい何度耳にしただろう？　その物語の意味を無視してはいけない。私は仕事では人の役に立っていた。被害者にいくらかの心の安寧をもたらすことができたときには、しっかりと貢献しているように感じられた。そして、私はそれを得意としていた。そのような人物でいるのをやめることなどできるだろうか？　それが私という人間だった。道を見失ってなどいなかった。私は自分がいるべき、まさにその場所にいた。道に迷っていると感じるのは、家にいるときだけだった。

「妻にはソウルメイトになってほしいと思っています」と私は言った。

「あなたにとってのソウルメイトとはなんですか？」とカウンセラーは尋ねた。

「いっしょに何かをする人ですよ」と私は言った。「話し相手です」

彼女は穏やかな眼で私のほうを見た。「でも、いっしょに何かをするほどあなたは家にいない。多くの人は、赤ん坊が熱湯に入れられて拷問を受けるといった話は聞きたくはないものです」。話し合いはいつも同じように終わり、私は虚無感を抱きながら帰った。ローリーは私の「身勝手さ」に苛立ち、狼狽していた。私としては、自分の核となるもの――私の仕事――について興味を示すことのできない誰かと結婚生活を送っているような気分だった。

「もう終わりにしたい」

何年か断続的にカウンセリングを続けたのち、私はもうその場所には戻らないと決めた。これほど時間をかけても問題を解決できないとすれば、魔法の薬などそこにはないのではないか？　私には犯罪を分析する能力はあったが、うまく結婚生活を続ける方法を見つけることはできなかった。すばらしい娘と息子を持つふたりの良き人間が、なぜうまく協力できないのだろう？　私なりの論理的思考を駆使しても、それを計算することはできなかった。いずれにしろ、もう〝私たち〟という関係は存在しないように感じられた。だとすれば、演技を続ける意味などあるだろうか？

しかし、私はローリーにそう伝えることができなかった。

「カウンセリングはしばらく休むよ」と最後のセッションのあとに私は言った。

「じゃあ、ひとりで行く」と彼女は言った。帰り道の車内は緊張感に満ちていた。

ローリーは助手席の窓の外を見つめた。

「先生、いままでカウンセリングしたなかであなたがいちばん複雑な人だって言ってた」とローリーは言った。

「家に帰るまえにどこかで食事する？」と私は尋ねた。

彼女の頰に流れる涙が見えたが、どう対応すべきかわからなかった。

それから数週間、私たちはほぼ無言で過ごした。ローリーは、私を冷淡で無関心だと非難した。ある晩に帰宅すると、彼女が二階までついてきた。

「この状況が変わるとあなたがはっきり言えないなら、もう終わりにしたい」とローリーは言った。

彼女が勇気を出して口にしたのは、私たち両方が考えていたことだった。それでも、心は沈んだ。私は何も考えられなくなった。その夜、私は家を離れ、職場近くにあるみすぼらしいモーテルの部屋を取った。子どもたちのおしゃべりでいつも騒がしい5LDKの一軒家から、半日単位で料金を取るホテルの壁の薄いシングル・ルームに移るというのは、屈辱的な経験だった。部屋はそこそこ清潔だったが、建物は古く、カーペットは擦り切れ、使い古されたクイーンサイズのマットレスは歪んでいた。ホテルにはさまざまな客がいた。運に見放された人。セックスを愉しむ客。州道四号線を降りたものの、夜遅すぎてまともなホテルを見つけられなかった旅行者。私はかつて、廊下のすぐさきにある部屋で起きた殺人事件を捜査したこともあった。麻薬取引が失敗して男が殺された事件だった。

モーテルに数泊したあと、結局、実家に泊まることになった。三〇歳で、ふたりの子どもがいる私はそのとき、実家の運動部屋の床で寝ていた。**なんてこった。おれはいったい何をしてるんだ？** 同時に、結婚生活を続けるにしろ離婚するにしろ、人生において進むべき方向を変えたいのであれば、物事を解決するのは自分の責任だとわかっていた。

一週間ほどたってから、私はローリーの両親と会って状況を説明した。「ローリーとの生活がうまくいっていません」と私は言った。ありがたいことに、義父母は理解を示してくれた。「ただ、みんなに幸せになってほしいだけよ」と義母は応えた。時《とき》とともにローリーとの冷え切った関係は和らぎ、私は子どもたちといっしょに生活するために家に戻った。しかし実際のところは家族を演じているにすぎず、ローリーは一階で暮らし、私は二階の屋根裏部屋で過ごした。私たちふたりにとって、離婚は軽々しくできることではなかった。私はカトリック教徒として育ち、ローリーの信仰と教育は離婚を禁じていた。

数カ月後、私の両親が夕食を食べに家にやってきた。そのときの私は、すべてが幸せであるかのように振る舞おうとした。夫婦生活がいまだ順調ではないことを知られたくなかった。何かの用事で自分の書斎に行ったとき、母親があとをついてきた。「結婚生活で問題を抱えていることはわかってる」と彼女は言った。「どんな結論を下そうとも、わたしたちは大丈夫。そう知っておいてほしいの」。涙が込み上げてきた。その言葉は、私にとって大きな慰めだった。たとえローリーと私が離婚したとしても、両親は私を愛し、息子として受け容れてくれる――。

ローリーと私はさらに数カ月にわたって形だけの夫婦を演じたが、ふたりのあいだの緊張感はふたたび高まっていった。ある日のこと、事件の捜査で何日か留守にしたあと、私は家に戻ってドライブウェイに車を停めた。私が買ったばかりの新しい電動芝刈り機を押すローリーの姿が見えた。何週間も放置したせいで、芝生は伸び放題になっていた。彼女は唇をぎゅっと結び、頬を真っ赤にして作業していた。ひどく動揺しているのが伝わってきた。私が車から降りるやいなやローリーはこちらに向きなおり、沸き立つ憤怒をなんとか抑えながら言った。「どうして、こんな使い物にならない芝刈り機を買ったの？　前庭の芝生もろくに刈れないじゃない！」と彼女は叫んだ。私のなかで、ついに何かが折れてしまったのがわかった。私が家に入って〝洞窟〟にこもると、ローリーは子どもたちを連れて母親の家に行った。

お互いにとって嵐のような時期だった。ローリーは、ふたりの関係がどうなるにせよ夫である私が結論を出すべきだと明言した。自身の宗教の教えに反しているため、彼女のほうから率先して離婚することはできない、と。私の思考は堂々巡りを繰り返した。ある日は、ほんものの恋を追い求めるチャンスを欲する自分がいた。つぎの日には、ローリーを愛し、家族が離れ離れにならないようにもっと努力をする必要があると自分に言い聞かせていた。何カ月もその状態が続いた。ひとつの方向に背中を押すために何が必要なのか、私にはわからなかった。

死体が埋められた斜面へ

一九九七年五月、いまだこの宙ぶらりん状態の夫婦生活が続いていたある日の午後、サンフランシスコから三〇キロほど離れた寂れた小さな共同体エル・ソブランテのノース・ランチョ・ロードに私は駆けつけた。その通りのさきの丘の斜面に死体が埋められている可能性があるという。町のバーで仲間から荒唐無稽な話を聞いたある男性が、知り合いの警察官にその内容を伝えた。話は「おれの間抜けな兄貴が何をしたと思う?」という言葉から始まった。ビールが何杯か進むと、不愉快な殺人の話へと展開していった。情報提供者によると、その話をしたのはレイ・ホームズという名の男だった。レイの話はこう続いた。半年前、兄のデイルがパニック状態で帰宅し、「問題」が起きたと言った。兄デイルと弟レイは二歳ちがいの三一歳と二九歳で、エル・ソブランテの自宅で母親といっしょに暮していた。デイルは、サンフランシスコの売春婦と〝つき合う〟ことを夢見ていた。しかし彼にとっては不幸なことに、相手の女性たちは愛を求めていなかった。ある日のこと、つき合いたいという提案を断わられると、デイルはナイフを取り出して女性を刺し殺した。

デイルがレイに伝えた「問題」とは、死体のことだった。家のまえのドライブウェイに停まるピックアップ・トラックの助手席に女性の死体が置かれていた。**兄さんはいったいどうする気なんだろう?** レイは渋々ながらも死体の遺棄を手伝うことに同意した。自宅のある通りの端まで車で行った兄弟は、丘の中腹に死体を埋めた。バーでこの話を聞いた情報提供者は「それからどうなった?」と訝しげに尋ねた。生活はふだんどおりに戻った、とレイは言った。しかし半年後、デイルが同じ「問題」を抱えてまたレイのところにやってきた。ピックアップ・トラックに、べつの売春婦の死体が乗せられていたのだ。恋人になりたいという願いを拒否され、デイルは彼女を刺し殺したという。「今回は自分でなんとかしろよ」とレイはデイルに告げた。

デイルはひとりで車を走らせ、数キロ先の路傍に遺体を捨て、瓦礫の山で覆った。それが二週間前の出来事だった。弟のレイは、これらの殺人について当局に通報しなかった。代わりに彼はバーに行き、飲み仲間のひとりが警察に知らせるとは思いもせずに話を始めた。

ホームズ兄弟は身柄を拘束されて尋問を受け、やがて死体を遺棄した場所を白状した。スーツとネクタイ姿のサンパブロ警察署のひとりの刑事が、最初にノース・ランチョ・ロードの端にある丘の斜面の土を掘り起こした。が、デイルの最初の犠牲者が埋められた場所を見つけることはできなかった。二〇歳の誕生日を一カ月後に控えた被害者のその若い女性は、クリスマスの直前に姿を消した。季節はすでに夏になっていた。しばらくすると、保安官事務所の数匹の死体捜索犬が到着した。一匹の死体捜索犬が遺体の場所を嗅ぎつけ、立ち止まり、土のなかから突き出ているつま先を引っぱった。私たちはシャベルを手に取り、そこを掘りはじめた。死体を掘り起こすのにそう長くはかからなかった。ホームズ兄弟は死体をビニールに包み、草木が生い茂る丘に浅い穴を掘って埋めていた。

検視官が来るのを待つあいだ、藪が広がる斜面を眺めながら私は考えていた。**この男はふたりの女性を殺した。この丘の中腹にもう一体の死体も埋められているかもしれない**。私はみずからそれを見きわめようと、茂みをかき分けて証拠を探したが、何も見つからなかった。

想像を絶する仕事

検視官の到着とともに、過酷な仕事が始まった。人の体は死ぬと腐敗が始まる。この死体は六カ月

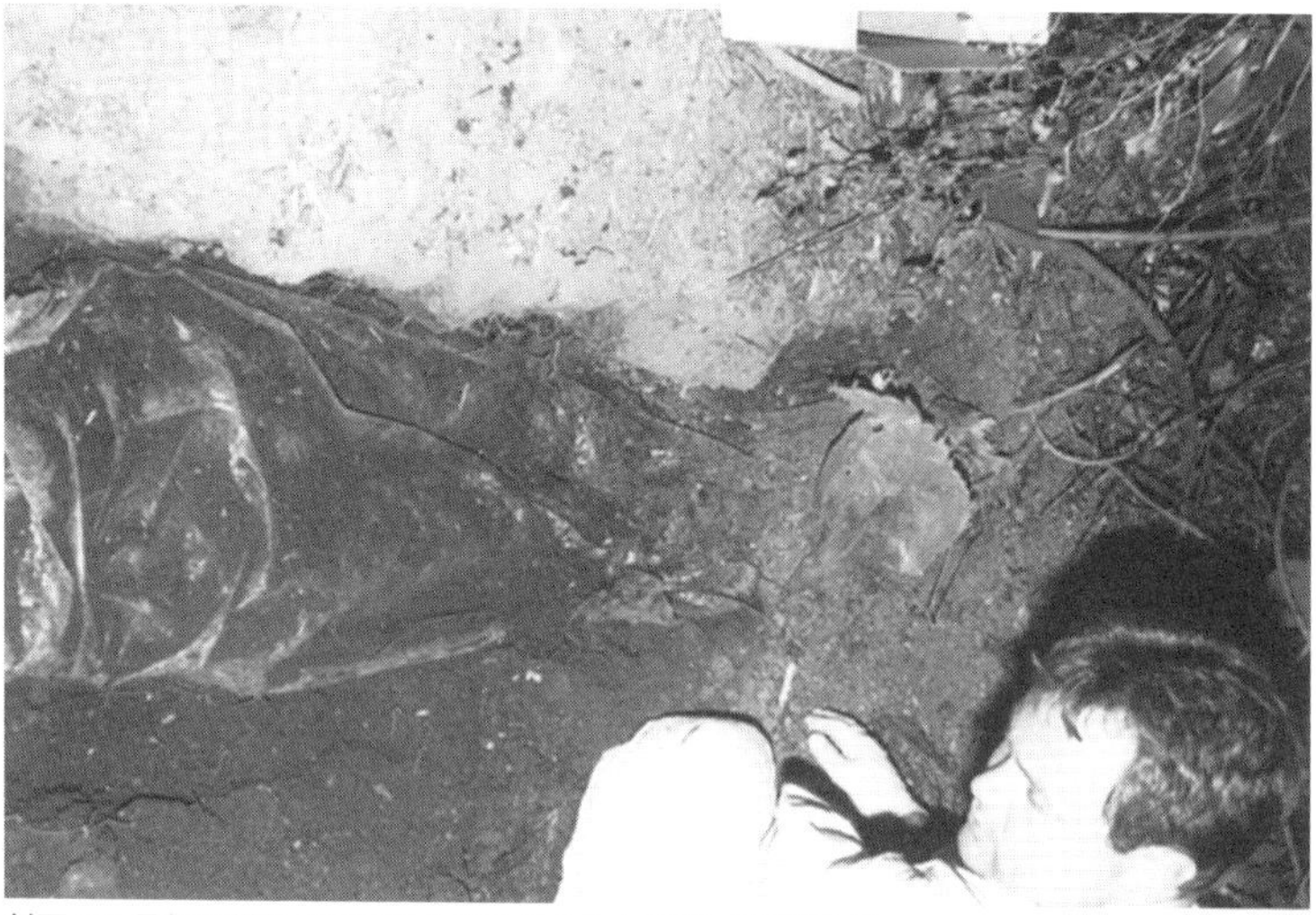
斜面から最初の犠牲者の遺体を掘り起こした直後（現場写真）

にわたって地中で腐敗し、さらにそのほとんどが雨の多い時期だった。検視官と保安官代理が遺体の頭、私が足のほうに立ち、三人で女性の体を持ち上げて遺体袋に入れた。死体は重く感じるというのは事実で、彼女の体は重かった。湿った土の上で保安官代理が足を滑らせ、遺体が大きく揺れた。急な斜面だったため、ビニールの遺体袋から腐敗液が地面に流れ出し、水たまりができた。死んだ女性の片方の脚が、その汚れた液体の水たまりに落ち、私の顔と革の作業用ブーツに液体がはねかかった。悪臭は想像を絶するものだった。遺体をワゴンに積み込んでいるあいだに、数キロ離れた場所でふたり目の遺体が発見された。兄弟は逮捕され、殺人の罪で起訴された。私は黄色い作業着に身を包み、遺体発見現場の一帯を調べて証拠を探した。それから兄弟が母親と同居する家を捜索し、事件と関連がありそうなものを押収した。母親はセントバーナード犬を育てており、一七匹の犬が室内で放し飼いにされていた。犬の排泄物のにおいが充満し、ノミがはびこっていた。カーペットから飛び上がるノミの姿が実際に見えた。

ああ、殺人事件の捜査官というのはなんと華やかな仕事だろう。テレビにこのような光景が映し出されることはない。

その週末、痒みを感じはじめた。義理の両親の家をローリーとともに訪ねている最中、右手首に赤い斑点があるのを見つけた。**ああ、ノミに刺された**。月曜に眼が覚めると、首、腕、下腿にじゅくじゅくとした膿疱ができていた。そこで、私は気がついた――さらなる死体を探して、茂みをかき分けたあのときだ。「ポイズン・オーク（訳注：ウルシ）が生えていたんだ、おそらく」と私はローリーに言った。引っ掻くと膿《うみ》が噴き出してきた。それは拷問に近かったが、それでも仕事に行かなくてはいけなかった。唯一助けになるのが、熱いシャワーを浴びることだった。痛みよりも熱さのほうがましだった。体を乾かしたあと、膿が服に垂れないように両腕にガーゼを巻き、着替えを済ませ、研究所に向かった。運転中はずっと、傷を引っ掻かないようもぞもぞと体を動かした。まさに、悲惨な気分だった。

そのような状態が数日にわたって続いた。なんとか眠りに就くことができても、痒くて眼が覚めてしまった。ローリーは眠りが深く、私が絶え間なく皮膚を引っ掻いてもほとんど気づいていないようだった。しかし私は、痙攣のような短い眠りの連続だけでなんとかやり過ごさなくてはいけなかった。週なかば、いまだ絶望のどん底にいた私は、自分の皮膚を引き剝がしたい気持ちで帰宅した。ローリーは主寝室でマスカラを塗っていた。浴槽にはお湯が溜められていた。「ママと出かけてくる」と彼女は鏡から眼を逸らすことなく言った。化粧を終えるとローリーは振り返り、私の横をさっと通り過ぎた。「子どもたちをお風呂に入れてね」と彼女は肩越しに呼ばわり、そのまま家を出ていった。

私は傷つき、怒っていた。意気消沈しただけでなく、ポイズン・オークのかぶれが子どもたちに感染してしまうのではないかと心配になった。そのとき、はたと気がついた。一日じゅう家で幼児と乳児の世話をしなければいけないローリーには、休息が必要だった。もちろん私も、父親としての務めを果たさなくてはいけなかった。それでも、こちらの体調に対する彼女の思いやりの欠如に憤りを感じた。正直に言えば、愛されていないと感じた。

長いあいだ私は、自分がどれほどの虚無感を抱えているのか考えないようにしつつ、結婚生活は魔法のごとく、いつしか自然に回復すると思い込んで暮らしていた。たとえそうならなかったとしても、かならず明日があると自分に言い聞かせた。振り返ってみれば、長い時間を経て、互いの困難や不満に共感できない地点にまですでにたどり着いていたのだろう。しかしその夜に私はやっと、愛がなくなったのだと気づいた。子どもたちを風呂に入れ、寝かしつけながら、現実から眼を背けて生きることはできないとついぞ悟った。もう、演技をするのはいやだった。

その秋、私は正式に家を出ていった。ローリーは正面ゲートの外に坐り、涙を流していた。私はためらいつつ、「出ていくよ」と言った。彼女は首を振り、「あなたがわたしに何を望んでいるのか理解できない」と言った。私に行ってほしくないという意味なのか、あるいは彼女もすでにあきらめたという意味なのかはわからなかった。「もう遅すぎる」と私は言った。車を走らせると、罪悪感と安堵感が入り混じった感覚に包まれた。

11　アンティオック殺人事件

怒り狂った父親と子どもたち

〈1998年〉

私が現場に到着したのは、真夜中過ぎだった。父親がふたりの幼い娘を殺し、そのあと自殺してから一時間あまりがたっていた。その晩、私はいつものようにローリーの家で過ごしていた。数週間前から私は、ローリーと子どもたちが住むヴァカヴィルから五〇キロほど離れた、絵のように美しい街ベニシアの小さなアパートメントでひとり暮らしをしていた。しかしローリーと私は、親の別居が子どもたちの生活に与える影響を和らげるためにできるかぎりのことをしようと約束していた。皮肉にも、家を出てからのほうが子どもたちとの絆は深まっていた。

その日の夜、子どもたちと私は、最近の食後の愉しい習慣となっている床体操のようなゲームをして遊んだ。私が床に寝転んで脚を宙に浮かせ、そのまわりを子どもたちがゲラゲラ笑いながら走った。ふたりが順にこちらに向かってジャンプすると、私は子どもたちの小さな手をつかみ、脚を使って体を持ち上げ、最後にソファーの上に乗せた。弟と私が幼いとき、父がしてくれた遊びだった。ヴァカヴィルの家で私たちがそうやって遊び騒いでいたころ、ふたりの幼い娘を持つ父親が子どもを人質にして家に籠城した。彼は交渉人に対し、子どもたちには危害を加えないと約束した。娘ふたりには絵本を読み聞かせ、アニメを観せていると男は言った。

数時間後、娘のひとりの遺体の脇に立った私は、父親が彼女の命を奪い、次いでみずから命を絶つまえに、その少女が何を観ていたのかに思いを馳せた。バッグス・バニー？　スクービー・ドゥー？　私は彼女の靴を見つめた。アニメのキャラクターが描かれた、マジックテープ付きの小さなスニーカーだった。すると、研究所に入ったばかりの新人が「どうしたんです？」と声をかけてきた。もしかすると、靴に長く気を取られすぎていたのかもしれない。シェリーという名のその新米職員は、犯罪現場捜査のコツを一から学んでいる最中だった。彼女に見られていることに私は気づいていなかった。

「息子も同じ靴を履いてるんだ」と私はつぶやいた。頭を撃たれて横たわる息子や娘の姿を想像するのをやめなければいけなかった。その光景が眼のまえに浮かんでくると、**消えてくれ**と私は口のなかで言った。

これは復讐殺人だった。妻に別れを切り出されて取り乱した父親が、最後の言葉を家族に伝えることに決めた。ふたりの小さな娘たちは母親とともに、ベイエリア郊外アンティオックのうらぶれた地域の質素な家で暮らしていた。アンティオックは治安の悪い場所として有名で、ストリート・ギャングによる犯罪が多発していた。

父親は、ギャング関連の殺人事件の逃亡中の容疑者だった。

七月一一日の金曜日の午前六時一〇分直前、少女たちの母親から911に通報があった。

「パットナム・ストリート一三〇〇番地！　ふたりの小さな娘が！」

その時点で、子どもたちの運命はすでに決まっていた。室内には怒り狂った父親がおり、数々の武器があった。銃撃が始まったとき、母親は小さな子どもたちをその場に置いて玄関まで這っていき、逃げ出すことができた。私は仕事に自分の意見を差し挟まないようつねに努めていたが、こう考えずにはいられなかった。**そのような危機的状況にある子どもたちを、置き去りにできる親などいるだろうか？**

ローリーと私は、互いの諍いが子どもたちへの愛の邪魔にならないように最善を尽くしてきた。彼女は献身的な母親であり、私ももっと良い父親になろうと努力した。なぜこの少女たちは、両親の問題よりも優先されなかったのだろう？　人生最期のその日、彼女たちはモノのように扱われ、力と支配の致命的なゲームの駒に成り代わり、その身を守ってくれる人は誰もいなかった。まさに、すべてが運次第だった。子どもたちがどのように誕生し、誰のもとに生まれ、しっかりと育てられ、守られるかどうかはすべて運次第だ。

助けを求める通報から数分後、ＳＷＡＴチームが到着した。少女たちの父親は警官に向かって何度か発砲し、本気であることを伝えた。彼はこの使命を果たすために迷彩服をまとい、三挺の銃を用意していた。交渉人たちは勇敢な仕事を続け、金曜日の夜から土曜日の夜遅くまで父親の注意を引いて話をさせつづけた。犯人は、娘たちの面倒はしっかり見ていると請け合った。ホットドッグと栄養補給ドリンクを与え、下の娘はオムツかぶれになったため軟膏を塗ったと父親は言った。ふたりは大丈夫だ、と。話し合いに進展があったと交渉人たちが思った矢先、それまで比較的冷静だった父親が突如としてヒステリックになり、膠着状態はもう終わったと宣言した。

「一〇、九、八、七、六……」

「カルロス、聞いてくれ。きみの母親と話してみたらどうだ？」と警察の交渉人は乞うた。

「五、四、三、二……」

「カルロス！」

「母さんには愛していると伝えてくれ」と彼は言った。

「カルロス、母親と話ができるよう準備するから待ってくれ。いいね、カルロス」

彼は泣いていた。「娘たち、ごめんよ。愛してる。ナナ、愛してるよ」

三人はみな主寝室にいた。テレビが大音量でかかっていたが、どんな大きな音でさえも、室内のべつの音をかき消すことはできなかった。少女たちが泣いていた。ある時点でふたりは、自分たちを本来なら守ってくれるはずの人物——必要とあらば命を賭してでも守ってくれるはずの人物——の眼を見ていた。誰に聞いても、男性は娘たちを心から愛していたと証言した。その男がいま引き金に手をかけ、娘たちの頭に銃口を向けていた。

警察官たちは、くぐもった銃声のような音を聞いた。彼らは男にふたたび呼ばわった。

男は甲高い声で何か叫んでいた。さらなる銃声が続いた。「どうしたんだ、おれは……いったいおれはどうしちまったんだ？」

「みんなで乗り切ることができる」と交渉人は言い、男を宥めようとした。

「ダメだ。なんてこった。いったいおれは何をしているんだ？」

「カルロス、こちらと話してくれ。カルロス！」

最後の銃声が鳴り響くと、あたりに沈黙が広がった。

ＳＷＡＴはしばらく待ってから衝撃手榴弾《コンカッション・グレネード》を投げ込み、室内に突入した。夜中の一二時ごろだった。子どもたちの命を救うための交渉が始まってから四二時間が経過していた。父親と幼児の妹は寝室で死亡が確認された。四歳の姉はまだわずかに息をしていた。救急隊員がなんとか心拍を維持しようとしたが、病院に搬送される途中で息を引き取った。幼い子どもを巻き込んだ殺人事件はそもそも悲惨なものだが、救助しようとしている最中に子どもが死んでしまうというのは、私としてはなにより想像したくない展開だった。

少女たちの母親

夜が明けると、SWATチームが撤退したあとの家のまえの通りに、近所の野次馬にくわえ、テープレコーダーとマイクを持った報道陣が集まりはじめた。私のチームは、夜通しで事件現場を調べつづけた。室内の状況はめちゃくちゃだったが、もともとそのような状態で家族が暮らしていたのか、ここ二日間の混沌のせいなのかはわからない。台所の流しには食器が山積みになり、一年分ほどの郵便物があちこちに束となって置かれていた。壁には油性ペンで電話の伝言が書かれていた。乱雑な部屋のなかを私たちは隅々まで調べ上げ、空《から》の薬莢や弾丸を集めた。それは、状況がひどくまちがった方向に向かってしまったことを物語る光景だった。

二日後、最後の証拠品袋を車に積み込んでいるあいだに、立ち入り禁止テープの向こう側の歩道に立つ女性に気がついた。泣き腫らした顔をしていたが、家じゅうに散乱した写真を見ていた私は、それが殺された少女たちの母親だとわかった。恐ろしい真実を覆い隠す幸せな家族写真――。事件現場ではよく眼にするものだった。

彼女は手を振って私を呼んだ。

なおも涙を流しながら女性は言った。「娘たちを埋葬しなければいけないんです。下の子は、ベイビー・ドールと名づけた人形を持っていました。その人形をいつも引きずって歩いていたので、家のどこかにあると思います。お願い、ベイビー・ドールといっしょに娘を埋葬しないといけないんです」

若い女性だったが、顔には深い皺が刻まれていた。一晩で一気に老け込んでしまったにちがいない。そうならない人などいるだろうか？　父親のいる家に幼子たちを置き去りにし、彼女がひとりだけ逃げたことについて、それまで私が抱いていた考えは一瞬にして消え去った。母親を見ていると、心が痛んだ。もし子どものひとりでも私が失ったとしたら、絶望感に打ちのめされずになどいられるはずがない。

私は、ベッドで死んでいた小さな子どもを思い出した。そしていま、彼女の名前を知ることになった。カーヴィー、と母親は私に言った。

「ベイビー・ドールを見つけます」と私は約束した。

私は室内に戻って人形を探しはじめた。見つけることができれば、カーヴィーはベイビー・ドールとともに埋葬される。家じゅうの部屋を探しまわり、それでも人形が見つからないと、外に出てゴミ収集コンテナを引っ掻きまわした。落胆して疲れ果て、望みを失いかけていたその刹那だった。ほとんど無意識のうちに、ほかのチームの捜査官が台所の椅子の上に放り投げたスポーツコートを手に取った。そこに、ベイビー・ドールが置かれていた。私は大きく息をついた。

くたくたに疲れ果ててアパートメントに戻り、私はベッドに倒れ込んだ。すぐに眠りに落ち、夢のなかで体がべつの場所へと流されていった。銃声が静寂を破る。私自身が円を描くようにぐるぐると歩き、自分の影を探しているのが見える。ついに影を見つけると、頭がないことに愕然とする。私は自分の頭を銃で撃ったのだ。

目蓋がぱっと開く。徒競走を走りおえたあとのように、ぜえぜえとあえいでいた。そのままベッドに起き上がる。体は汗でびっしょりだ。台所に行き、冷たい水を顔に撥ねかけ、赤ワインをグラスに注ぐ。もう今夜は眠ることなどできない。その日、多くの人には想像もつかないことを目の当たりにした。私はそれを潜在意識の奥深くに埋め込んだ。そうしなければ、この仕事を続けることなどできなかった。しかし、その恐怖が夢に侵入してくるのを防ぐ手立てはなかった。

明日の夜も同じ悪夢を見るかもしれない。あるいは、なによりも恐ろしいあの夢を見るかもしれない。自分の子どもの行方がわからなくなるという夢だ。前回はネイサンだった。私は必死になって息子を探しつづけ、やっとのことで険しい丘の頂上に立つ息子を見つける。ネイサンに危機が迫っているのがわかる。私は走り出し、両腕を広げて彼の名を叫ぶ。**ネイサン！ ネイサン！** あと少しで手が届きそうなところで、息子は丘の反対側へと消えてしまう。

そして、ネイサンはいなくなった。

12　ピッツバーグ連続殺人事件

〈1998年11月〉

ピッツバーグ署の警視と刑事

私が最初に見たのは彼の靴だった——薄氷のように輝くウィングチップ。そのとき私はガレージで両手両膝をついてかがみ込み、一〇代の少女の殺人事件の証拠を探して水上スキー用モーターボートを調べていた。私はゆっくり頭を上げた。ブルックス・ブラザーズのスーツ。糊の効いた白いワイシャツとシルクのネクタイ。カリフォルニアの住民らしい日焼けした肌。サングラス。短く刈られた白髪。

「ピッツバーグ署のジョン・コナティー警視だ」と彼は言った。

私はその名前を知っていた。誰もが知る有名人だった。ジョン・コナティーと相棒のレイ・ジャコメッツリは、ピッツバーグ警察署の殺人捜査課の名コンビだ。彼らが超一流の刑事であるという評判は広く知れ渡っていた。尊大に振る舞っても許される人々がいるとすれば、このふたりはまちがいなくそれに該当した。彼らはとりわけやっかいな事件を解決し、とりわけ非情な殺人者から自白を引き出してきた。りゅうとした身なりの敏腕刑事、それがコナティーとジャコメッツリだった。管轄内で最高位の警視の地位を与えられたふたりは、親友同士でもあった。不思議にも、それまで私は殺人現場でどちらにも出くわしたことがなかった。

コナティーは、「調子はどうだ?」とでも言うように顎を上げた。

「何を見つけたか、教えてほしい」と彼は言った。

彼の喋り方には貫禄があったが、そのなかに私はユーモアの声音《こわね》を感じ取った。どんなに陰鬱とした瞬間であれ、コナティーはつねに皮肉や冗談を飛ばす性格だとすぐに私は知ることになる。むしろ、より陰鬱な瞬間ほど、その傾向は強くなった。殺人事件の捜査現場は適者生存の世界だ。たまに冗談でも飛ばしていなければ、この仕事で正気を保つことはできず、心はすぐに押しつぶされてしまう。

そして、今回の現場はとくにやっかいなものだった。その晩、ピッツバーグ=アンティオック幹線道路沿いに広がる寂れた工業地帯で、行方不明だった一五歳の少女の遺体が発見された。それまで七日にわたってヘリコプターが上空を旋回し、警察犬を連れたチームが地上での捜索を続けていた。八日目、捜査は終わった。ボランティアのひとりが、造園業者の出入り口のすぐ外で死体を見つけた。そこは、従業員や客たちが毎日通る場所だった。建物前の駐車場の外壁脇にうつ伏せに置かれた死体の上には、段ボールとビニールシートがかけられていた。二個の木製貨物用荷台の陰に隠れ、ちょうど視界から遮られる場所だった。顔と上半身には泥や砂がこびりつき、虫が這っていた。

それは、すべての親を怯えさせる物語のひとつだった。子どもが愚かな決断を下し――今回のケースでは、真っ暗闇のなかひとりで歩いて家に帰る――その代償として命を失った。リサ・ノレルはその日、親友の一五歳のお祝い《キンセアニェーラ》のリハーサルに参加していた。夜一一時にリハーサルが終わる直前、彼女はさきに会場を出た。友人たちによると、ペアを組むことになった男子に腹を立てて帰ったという。母親のミニーは、ダンスのステップをまだ覚えていなかった娘が、恥ずかしくなって逃げ出したのだろうと考えた。どちらが正しいにせよ、リサは車の迎えを待たなかった。ある親は、べつの親がリサを車で送る番だと思い込んでいた。リハーサル会場のホールから六キロ離れた家へと彼女が歩き出していたとは、誰ひとり考えていなかった。午前三時、テレビのまえで眼を覚ました母親のミニーは、リサが部屋にいないことにやっと気がついたのだった。

片側一車線のピッツバーグ＝アンティオック幹線道路は、ダンスホールからリサの自宅までいちばん直線的に行けるルートだった。夜のあいだ車の通行はほとんどなかった。リサと特徴が一致する少女が道路沿いを歩いていた、という目撃証言があった。夜になると売春婦や客が集まる場所だったが、リサがそんなことを知っているはずはなかった。犯人に襲われたとき、彼女は会場からまだ一キロ半も離れていなかった。どうやら、遺体が発見された場所の近くでリサは拉致されたようだ。

応援チームの一員として呼ばれた私は、造園業者の裏にあるガレージの捜査を割り当てられた。有力な証拠はなさそうな場所だったが、それでも徹底的に調べておく必要があった。私の経験上、捜査官――とくに幹部の捜査官――が実際に犯罪現場に足を運んで状況を確認することはめったになかった。署に証拠が運ばれてくるのを待ち、彼らはそこから捜査を始めた。同じような肩書を持つほかの捜査官とはちがってコナティーは、自分の地位を利用しようとはしていなかった。第一に、彼は真夜中に現場にいた。それ自体、コナティーのような立場の人物としてはめずらしいことだった。私はただの応援要員にすぎず、実際の犯罪とはおそらく関係のない周辺部で作業をしていた。にもかかわらず彼はわざわざ時間を割き、私がどんな作業をしているのか確認にやってきた。それも、ちょっとだけ現場に立ち寄ってすぐにオフィスのデスクに戻るというわけでもなかった。

私はすでに数時間にわたってガレージを調べ、その時点で作業は半分ほど進んでいた。目視による全体的な調査は終わり、保管されていたモーターボートを含めたガレージ全体の写真を何百枚も撮影した。つぎに指紋採取を行ない、さらに生体物質の痕跡を検査する必要があった。犯行の一部がボート内部や近くで起きていたとしても、それは一見してすぐにわかるものではなく、おそらくこの犯行においてガレージは大きな意味を持たないと私は踏んでいた。とくに重要なものは何も見つかっていないとコナティーに告げるのは、どこかうしろめたくさえ感じた。それでもたくさんの質問をしてくるコナティーの姿勢から、徹底した仕事ぶりが伝わってきた。何か証拠になりそうなものがあれば、かならず見つけると私は請け合った。

「今日は来てくれてありがとう」とコナティーは言って立ち去ろうとした。「きみの仕事には感謝しているよ」

それから彼はいっときためらい、振り返って私のほうを見た。『刑事コロンボ』の一場面のようだった。コナティーはポケットに手を突っ込み、首を振った。

「これは正しいことじゃない」と彼は言った。「意地でも解決してやる」

このタフガイは、情け深い心を持ち合わせていた。

遺体安置所で

数時間後、遺体安置所でコナティーと再会した。私は科学捜査官として検視に立ち会うよう指示を受け、現場から直行していた。すぐに、コナティーが相棒のジャコメッリとともにやってきた。ふたりはまさに、ハリウッド映画の登場人物のように見えた。ジャコメッリはコナティーよりも少し背が低く、黒髪で、ふさふさとした口ひげをたくわえていた。相棒と同じように体格がよく、私の月々の住宅ローン返済額よりも高そうなスーツを着こなしていた。コナティーが私のことを紹介してくれた。

「はじめまして」とジャコメッツリは言い、手を差し出した。その指は太く、口ひげの奥には笑みが隠れているように見えた。

ふたりと世間話をしつつ私は、遺体から回収した証拠を記録する準備を進め、病理医が来るのを待った。犯罪捜査における検視は、捜査機関、病理医、検視局の三者の協力のもと行なわれる。不確定な要素が多い検視のプロセスは、臨床解剖よりもはるかに複雑だ。その日の朝早く、リサの遺体は検視官のワゴンに載せられて事件現場から安置所の冷蔵室へと運ばれ、キャスター付き架台の列に並べて置かれた。冷蔵室はあたかも、死を描く絵画のようだった。癌で亡くなった高齢の男性、溺死した少女、銃で頭を撃ち抜いた自殺者……。そして、若いリサがそこに加わった。

冷蔵室から解剖室へと続く自動ドアが開くシュッというういつもの音が、遺体の到着を告げた。担架が入ってくると、室内は静かになった。全員の眼が被害者に向けられた。発見時と同じように、彼女の灰色のパーカーは胸の上まで押し上げられたままで、ズボンは太腿まで下ろされていた。ふさふさとした茶色い髪は、シュシュで束ねられている。コナティーとジャコメッツリは部屋の隅に行き、各管轄で起きた殺人の件数が黒いマーカーで書かれたホワイトボードの下の椅子に坐った。ピッツバーグ署の件数がひとつ更新されようとしていた。すぐさま病理医が現われ、さっそく作業が始まった。私の仕事は証拠を集めることで、病理医の仕事はリサの死因を突き止めることだった。

私は、変わりやすい証拠——犯人特定につながりやすい毛髪や繊維など——を探して衣服を細部まで見やり、殺人事件の捜査に影響しそうなものを片っ端からカメラで撮影した。被害者に触れたり動かしたりせずに記録できるものは、なんでも記録に残した。長く退屈なそのプロセスは最長で四時間かかるケースもあり、病理医が待ちくたびれてうんざりすることもしばしばだ。私が記録をつけおえると、衣服が遺体から慎重に脱がされ、病理医が目視による観察を始めた。

多くの場合、法医解剖が本格的に始動するのは切開直前のそのタイミングだ。まず病理医は、眼に見える痣や擦り傷を探し出してすべてを記録した。索痕と首のまわりの複数の痣や擦り傷のあいだに明確な境界線があるのは、彼女が実際に手でも首を絞められたことを示していると病理医は口に出して言った。つまり、もみ合いになったことが強く推察された。そのとき、彼女はおそらく性的暴行を受けていたにちがいない。私のほうは、結び目がほどけないように注意しながら手足の紐を切り取って証拠用の袋に入れた。「ブラインド・スワッビング」が適切だと私は判断し、ＤＮＡが明らかに付着している範囲だけではなく、性的暴行中に分泌された犯人の唾液、あるいは争った際に付着した唾液が残っている可能性のある場所全体から綿棒で組織を採取した。

それが終わると、皮膚をさらに精査して付着した毛や繊維を探し、研究所で比較するために被害者の体から毛を抜いた。つぎに頭髪をすべて剃って集め、内部に隠れているかもしれない生体物質を採取する準備を進めた。それは、一九九三年に起きたポリー・クラース誘拐事件を担当したＦＢＩ捜査官たちから学んだ教訓だった。

カリフォルニア州の自宅でパジャマ・パーティーに参加していた一二歳のポリーは、真夜中、ナイフを持った侵入者によってさらわれた。二カ月後、頭髪が残ったままの白骨化した遺体が見つかった。捜査官たちは被害者の髪の毛を採取し、紫外線ライトを当てて調べ、犯人であるリチャード・アレン・デイヴィスの服の繊維が付着しているのを見つけた。その決定的な証拠がなければ、犯人に有罪判決は下らなかったかもしれない。以降、私はこの技術を自分のレパートリーに加えるようになった。

調べを進めると、リサのつけ爪が一、二個なくなっていることに気がついた。手や爪はときに重要な手がかりとなることがある。もし彼女が犯人に抵抗していたとしたら、手や爪から痕跡証拠やＤＮＡが見つかるかもしれない。私は爪切りを使い、残ったつけ爪を切り落とそうとした。しかし爪は分厚く、ワイヤーカッターを使わざるをえなかった。カッターの刃で分厚い親指のネイルを挟み、グリップを握りはじめると、ほんものの爪が剝がれる忌まわしい音が聞こえた。私は動揺した。あたかも少女を拷問しているかのような気持ちになった。全員の視線がこちらに向けられているのはわかっており、ここで怖気づいているところを見せるわけにはいかなかった。ただ感情を抑え込み、仕事を終わらせるしかなかった。

検視解剖の対処メカニズム

それから、検視解剖が始まった。病理医のトレイには、さまざまな部位を切断するための不気味な器具が並んでいた。なかでも恐ろしいのが、胸郭を割って臓器を調べるときに使われる剪定ばさみだ。このはさみが使われる直前、屈強な捜査官たちが部屋を飛び出していく姿を私は何度も見てきた。今日の解剖で主任病理医を務めるブライアン・ピーターソン博士は、とびきりのユーモアのセンスを持つ優秀な人物で、緊張を和らげるために冗談を飛ばすのが好きだった（拳大の臓器を体内から取り出しながら、彼が「あの脾臓はそもそも体に必要ないものなんだよ」と言うのを聞いたことがあった）。解剖のあいだは、ブラックジョークに満ちたおしゃべりが続くことが多かった。死を非人格化することは、私たち全員にとっての対処メカニズムとなるものだった。解剖のプロセスと台の上で実際に起きていることについてくよくよ考え込んでしまうと、仕事をこなすことはできなくなる。最初の解剖で衝撃を受け、気を失ってしまった新人職員の話は枚挙にいとまがなかった。なかには、解剖に向き合うために精神科に通う者もいた。しかし実際のところ、これほど絆が深まる体験はないものだ。

私たちが作業を続けるあいだ、ジャコメッリは満足した様子でじっと坐っていたが、コナティーはときどき立ち上がって台のところまでやってきて質問した。解剖プロセスの医学的側面に関する彼の知識がじつに豊富で驚かされた。のちに私は、彼が医学オタクであることを知った。聞けば、ディーン・エデル医師が司会を務めるラジオ医学番組の猛烈なファンだという。コナティーは博識なだけでなく、庶民的な常識も持ち合わせていた。私たち四人はとても相性が良かった。ピーターソン博士が冗談を言うと、コナティーとジャコメッリがふざけて言い返した。あたかも、友人同士でビールを飲みながら語り合っているかのようだった。私の眼にはふたりの捜査官が、映画『リーサル・ウェポン』のメル・ギブソンとダニー・グローヴァーのように見えた。コナティーは元気溌剌で、注目の的になることを喜んだ。ジャコメッリはどちらかというと寡黙で、脇役であることに満足していた。コナティーはジャコメッリのことを、イタリア系アメリカ人のゲームキャラクターにちなんでスーパーマリオと呼んだ。ジャコメッリは静かにおもしろがり、冗談を言い返した。ふたりの応酬を聞いているると、くすくすと笑わずにはいられなかった。

彼らは苦労話を披露して私たちを愉しませてくれた。あるとき、ボーイフレンドを肉切り包丁でめった切りにして殺した男の尋問を担当したことがあったという。「ボーイフレンドが切り刻まれたことなんて、犯人はまったく気に留めてなかった」とコナティーは言った。「話に出てくるのは猫のことばかり。猫はどこですか？　この騒ぎのあいだに猫が家の外に出ないように誰か見ておいてくれませんか？　最後におれは言ったよ。『あなたの猫のこともたいへん心配ですので、猫を保護拘置するよう手配しました』。男はそれを気に入った！　猫を保護拘置するってのがツボだったらしい。それで緊張がほぐれたのか、犯行について自供しはじめたんだ」

私はふたりの物語を反芻した。思うに、人の心を読む並外れた能力は天分だったのだろう。彼らは取調室に入り、容疑者と少し会話を交わすだけで、相手の弱点を正確に把握することができた。そこから、ふたりは戦略を立てた。自供を引き出すチャンスを最大限に高めるために、コナティーとジャコメッリは何をするのか？　ときに、「良い警官／悪い警官」の戦術がうまく機能するケースもあった。ときに、肉切り包丁殺人事件のように、相手の懐に入って成功することもあった。

真夜中の電話

リサ・ノレルの正式な死因は、扼殺および絞殺だった。遺体安置所という陰気な環境から離れると、冗談の言い合いは終わった。刑事たちが捜査に戻り、私が研究所に向かうときには、ふたたび重苦しい雰囲気に包まれていた。無垢な少女が惨殺された——。その若々しい美徳は、危険な目に遭うことから彼女を防いではくれなかった。

その日以降、コナティーとジャコメッリはたびたび研究所を訪れ、科学と証拠について私に助言を求め、ノレル事件についての推理をあれこれ議論するようになった。姿が見えるまえから、ふたりが到着したことがいつもわかった。コナティーのよく響く声が受付のほうから聞こえてくるからだ。ジャコメッリは椅子に坐ると、きまって私のデスクに足を乗せた。コナティーだった。コナティーと同じく鏡のように輝いていた。話を進めるのはつねにコナティーだった。「なあ、ハンサムさん」と彼は言った。「おれたちは殺人事件バカで、あんたが家庭教師だ……」。ほどなくして私は、彼らのチームの名誉会員のような気分になった。ふたりが科学捜査のイロハを学ぶために私を頼ったように、私は彼らの捜査ノウハウについて貪るように学んだ。私は友だち（とくに男友だち）を作るのが苦手だったが、ふたりとはもっと仲良くなりたかった。私たちの共通の絆は、難解な殺人事件を解決するという渇望であり、仕事への情熱も共有していた。

コナティーには、こんな持説があった。「殺人事件はヘロインのようなものだ。ヘロインにハマると、ウォッカでは満足できなくなる」。私にはその気持ちがわかった。事件を解決するという挑戦には中毒性があった。いちどハマってしまうと、つねにつぎの刺激を探し求めるようになる。私とおなじように、コナティーとジャコメッリにとっても仕事は生活の一部だった。夜中に事件現場から私の自宅に電話するのを、ふたりがためらうことはなかった。**この証拠をどう処理すればいい？　今回の事件にとって、この証拠はどれくらい重要だと思う？**　コナティーはのちに、私のせいでミトコンドリアDNAと細胞DNAの関係、間葉系組織について必要以上にくわしくなってしまったと愚痴った。

とくに印象深い電話がかかってきたのは、友人になってしばらくたったある日の真夜中のことだった。午前二時、ベッド横の電話が鳴った。コナティーはそのとき、ベイエリア郊外の高級住宅街の家にいた。行方不明として始まったある事件が、より不吉なものになりつつあると彼は言った。

私は寝ぼけ眼《まなこ》のままベッドの上に起き上がった。コナティーはつづけて詳細を説明した。「奇妙な事件だ」と彼は言った。数カ月前、母親と娘が自宅から姿を消した。「小さな独立したガレージがあるんだ。そのなかに、ゴム紐で台車に繋がれた樽がある。樽のなかに死体があるかもしれない」。そう聞いた私は立ち上がり、室内を歩きまわった。「写真を携帯に送ってくれ」と私は言った。携帯電話の画面に、ゴム紐のついた樽の写真が浮かび上がった。行方不明の女性がなかにいるのか？　彼女の家のガレージに、台車に載せられたゴム紐付きの樽が隠されていたのはなぜか？　「うん、樽のなかに死体があるように見える」と私は言った。やはり、そのとおりだった。

遺体安置所で樽の蓋を開けてみると、死体と思しきどろどろとした塊が見え、それが甘い香りのする洗浄剤のようなものに浸けられていた。吐き気を催すほどの悪臭がした。私の仕事は、証拠を保全しつつ、遺体が損傷しないように樽から引き出す方法を見つけることだった。私が樽の上部に金網を取りつけているあいだ、コナティーは白い気密作業服を身につけた。それまで身の毛のよだつ犯罪現場で何度かいっしょに捜査してきたが、作業着姿のコナティーを見るのははじめてだった。それから、私たちは樽を傾けて内部の液体を流し出し、体の残存部を遺体袋に入れた。母親は娘に銃で撃たれ、遺体は何カ月ものあいだ樽のなかに放置されていた。娘はいまだ逃走中だ。

続いた三件の売春婦殺害事件

コナティーとジャコメッツリがリサ・ノレル事件の捜査で苦境に陥っているあいだに、リサの遺体発見現場の近くで三人の女性が惨たらしく殺された。女性たちは加虐的な性的暴行を受け、殺害され、リサの死体が見つかったのと同じ道路沿いにゴミのように捨てられた。三人はみな売春婦だった。警察は、違法行為に関連する殺人事件の優先順位を低く設定するという過ちを犯すことがある。しかし、私にとっては単純なことだった――全員が誰かの子どもであり、誰もが重要な存在だった。彼女たちが性労働に従事することになった経緯を私は知らない。虐待があったのか、ドラッグ中毒なのか。くわえて、私はそれを判断する立場にはなかった。女性たちは、残酷さと暴力に満ちた世界に生きていた。

三件の殺人事件にはそれぞれ異なる捜査チームが割り当てられた。コナティーは彼らをBチームと呼び、経験不足を心配した。そこで私は捜査の進捗状況をたびたびたしかめ、捜査官たちが誤解、あるいは見逃したと思われる点についてコナティーとジャコメッツリに報告した。捜査チームはすぐさま、最初に殺された売春婦である二四歳のジェシカ・フレデリックの交際相手に眼をつけた。彼女の遺体は、ピッツバーグの自動車解体工場近くに遺棄されていた。ジェシカの身に起きたことは、誰に対しても起きてはいけないことだった。その体は見るも無残な姿で、車に轢かれた遺体だと検視官が勘ちがいしたほどだった。犯人は、鋸歯状ナイフを使って彼女を拷問した。頭の右側の髪と右耳は乱暴に斬り落とされ、腹はナイフで残忍に抉られていた。内臓が飛び出し、ジェシカの体から大量の血が流れ出していた。ナイフによる攻撃を終えた犯人は、車のプラグコードを手に取り、彼女の首に巻いて蝶結びで括った。

捜査チームは、交際相手の男のアパートメントの掛け布団とゴミ箱内のペーパータオルからジェシカの血の痕跡を見つけた。くわえて、台所の流しから血液反応の推定陽性反応が出た。それらの結果にもとづき、Bチームは犯人を突き止めたと確信した。そして、交際相手は殺人の疑いで逮捕された。証拠を見るかぎり、私はとうてい納得できなかった。そのようなペーパータオルで五リットルもの血液を拭き取ることはできないと私は主張し、独自に少し掘り下げてみることにした。

最終的に殺されることになるジェシカの人生の歩みは、数々の逮捕写真《マグショット》によって記録されていた。一八、九歳のときに撮られた最初の写真には、ぽっちゃりとした顔のまだ幼く可愛らしい少女が写っていた。つぎの写真も同じ見かけだったが、眼がラリっているように見えた。それから三、四年のあいだに、ヘロインが彼女を性労働へと導き、可愛らしい少女の姿は消えていった。最後の顔写真では、ジェシカは冷たい眼でカメラの筐体を見つめ、ぼんやりとした表情を浮かべている。そこに存在していないかのようにさえ見えた。その二週間後、彼女の体は殺人犯によって切り裂かれた。

ジェシカの恋人はセックスと交換に彼女にドラッグを提供しており、自宅で見つかった血液は殺人の証拠とはまったく無関係だと私はわかっていた。それは、皮下注射針でヘロインを打ったときに残る血痕のパターンだった。ジェシカの腕にはただれた注射痕がはっきりと残っており、この傷のせいで掛け布団に血痕がついたと考えられた。

血清検査官がペーパータオルを調べたところ、赤に緑が混じった大きな染みがあり、たくさんの細胞物質が含まれていることがわかった。それらの成分は、ジェシカの解剖で見つかった極度の暴力によって大量に流れ出た血液よりも、腕の化膿した潰瘍《かいよう》の血に近いものだった。ジェシカは残忍なまでに痛めつけられて死んだにもかかわらず、アパートメントの室内に大量の血が飛び散った痕跡はなかった。多少の血痕が見つかったとしても、それはヘロイン中毒者特有のものにまちがいなかった。中毒者は注射するまえに血液をヘロインに混ぜる。そして注射器から空気を抜くときに、かならず血が噴き出るものだ。これがしばしば、殴打されて壁に飛び散った血と混同されてしまう。

現場で作業を担当した科学捜査官は、血液に反応すると緑色になるロイコマラカイト・グリーン（LMG）試薬を使って検査を行なった。台所の流しで反応があり、蛇口や洗面器のまわりが緑色になった。つまり、以前にそこに血液が存在していたことを意味する。しかし、LMGでは人間と動物の血液を区別できないため、市販の牛肉に付着した牛の血液によって反応が出ることもある。私が出向いた捜査現場ではほぼ毎回、台所の流し周辺ではLMG陽性反応が出た。したがってこの反応は、殺人のあいだにジェシカの体から流れ出た大量の血を交際相手の男性が洗い流したという証明にはならない。おそらく、彼が最後に調理した料理に反応したものにまちがいなかった。

交際相手が持っていたナイフには、病理医が間葉系結合組織だと判断した細片が付着しており、よって細片はジェシカの体や切りつけられた腹部に由来するものだと結論づけられた。ところが私が行なった追加のDNA鑑定では、人間のDNAはいっさい検出されなかった。私はさらに、交際相手が仕事で運転していたタクシーの車内も調べてみた。問題は見当たらなかった。車からは何も検出されず、アパートメントの証拠は不充分だった。**なんてことだ。この男が犯人である証拠は存在しない。**

私は地方検事に電話をした。「彼がジェシカ殺害の犯人かどうかはわかりません。でも見つかった証拠は、彼女が受けた暴力に相関するものではありません」

釈放された交際相手は――真犯人の行為を非難するのではなく――警察署を訴えた。それでも、ある考えが頭から離れなかった。**交際相手が実際に犯人であり、私のせいでふたたび自由の身となって殺人を犯したらどうする？**

なぜ未解決のままなのか

長年のあいだに私が学んだことがあるとすれば、あまりに多くの事件が未解決のまま放置されているという事実だった。とくにDNA技術が発達するまえはその傾向が顕著だった。実際のところ、どんなに捜査官が熟練していても、あるいは捜査チームがどれほど献身的であっても、どうしても解決へと至らないことがあった。そのせいで、腕のいい刑事たちが夜眠れなくなった。リサ・ノレル事件も売春婦連続殺人事件も、このカテゴリーに分類されるものだった。どの手がかりをたどっても壁にぶつかり、誰が娘を殺したのか母ミニー・ノレルに答えを与えることができないとわかったとき、コナティーとジャコメッツリが慚愧に堪えない思いに駆られていたことを私は知っている。しかし、この種の仕事では簡単な答えなどそうそう見つかるわけもなく、ときに殺人犯が野放しになってしまう。

ピッツバーグ事件の捜査が続くさなか私は、連続殺人犯が近くに潜んでいる可能性についてあれこれと考えてみた。地理的条件や被害者の特徴に照らし合わせれば、四つすべての殺人事件が同じ略奪者の仕業だとしてもおかしくはなかった。六週のあいだに四人の女性たちが殺された。全員が拉致され、ゴミのように捨てられた。私は数カ月かけて古い殺人事件のファイルを探り、性犯罪者リストを洗い出して容疑者を探した。その調査でわかったのは、七〇年代から八〇年代にかけてコントラコス夕郡は連続略奪者の温床となっていたという事実だった。少なくとも六人の連続殺人容疑者がこの地域で活動し、一五件の女性殺人事件が未解決のままだった。二〇年たったいまも、殺人犯の何人かは逮捕されていなかった。

私は、その犯人を見つけようとした。

13　ボッドフィッシュ殺害事件

有名一家出身の隠遁者

一九九九年六月最終日の正午少しまえ、私たちのチームはサンフランシスコ郊外を抜け、オリンダの丘陵地帯に向かった。いまにもアスファルトが溶けてしまいそうなほどの、うだるような酷暑の日だった。そこはベイエリアでも飛び抜けて高級な物件が建ち並ぶ地区だったが、雰囲気はさながら穏やかな自然保護区のようだった。その日、犯罪現場用車両の助手席に乗っていたのは、元インターンのシェリー・ポストだった。警察学校での訓練を終え、新人の科学捜査官として研究所でふたたび働きはじめたばかりだった。

つい最近、シェリーと私はつき合いはじめた。シェリーは私より三歳下で、結婚歴はなかった。私は彼女の明るい性格に魅了された。活力に満ち、自分で自分を笑わせるのが大好きで、それが私を笑わせた。私と同じように彼女も、自身の仕事に情熱を持っていた。その知的好奇心と知識欲には感心せざるをえなかった。殺人事件の科学への共通の興味をとおして、早い段階で私たちは意気投合した。私は指導官で、彼女は聡明で熱心な生徒だった。いっしょにいると、会話が途切れることがなかった。犯罪現場用車両でたびたび話をするうちに、私たちは絆を深めていった。彼女は私の仕事について理解し、良いことも悪いことも分かち合ってくれた。

私はいまも、シェリーが〝運命の人〟だと感じた瞬間のことを覚えている。そのとき私たちは薬物分析室におり、室内のすべての化学薬品を運び出して裏庭に並べたところだった。シェリーは明るい黄色の犯罪現場用ブーツとゴム手袋を身につけ、危険物の在庫リストを作ろうとしていた。裏庭の反対側で証拠の写真を撮影していた私は、ふと彼女のほうを見上げた。シェリーは手が汚れることを恐れず、作業に完全に集中していた。眼のまえの仕事に没頭するあまり、私が彼女の写真を撮ったことにさえ気づいていなかった。**彼女とは気が合うと思う。もしかしたら、ずっと求めていたソウルメイトかもしれない**。

幸運なことに、私たちは互いに惹かれ合っていた。仕事上の関係が恋愛へと変わっていくのは、私にとって刺激的な時間だった。それまでの人生でいっしょにいて嘘偽りなく心地よく感じた女性は、前妻のローリーだけだった。しかしいま、つぎのパニック発作を恐れることなくほかの誰かとつき合うことができるのだ、と私は気がついた。シェリーは、欠点も含めて私のすべてを受け容れてくれた。それは、私の自信を高めてくれる経験だった。**きっとうまくいく**、と私は考えた。

夜も週末も関係なくピッツバーグ事件の捜査に取り組む私の姿を見ていたシェリーはすでに、新しい恋愛を含め何ひとつ、私の優先リストで仕事の上に来るものはないと理解していた。そして今日の仕事は、管轄区域内オリンダのマイナー・ロード六一六番地で起きた殺人事件だった。当初の情報はあいまいだった。家主の名前はエモン・ボッドフィッシュ。シカゴの有名な銀行一家出身の五六歳の隠遁者だった。その日、ボッドフィッシュは精神科医との約束に姿を現わさなかった。医師から連絡を受けた親戚が朝九時に家に行き、彼が室内で死んでいるのを見つけた。最初に臨場した警察官は、被害者の財布内にあった身分証明書を確認し、それがボッドフィッシュの遺体だと断定して報告した。

マイナー・ロードは富豪のための飛び地であり、蛇行する通り沿いに広がるオークの林の奥には、堂々たる邸宅が隠れていた。ある作家はかつてこの場所を「金持ちオリンダの曲がりくねった街路」と呼んだ。私が運転する隣でシェリーは世間話をしていた。事件に集中しているときはいつもそうなるように私は、会話から頭を切り離して自分の思考に耽り、現場に到着した直後にすべき作業を一つひとつ静かに確認し、仕事の割り当てについて考えていた。シェリーは、私が頭のなかで捜査の流れを処理するそのときのことを「現場モード」と呼んだ——私は冷静沈着な表情を装い、ほかのすべてのスイッチを切り、沈思黙考のスイッチを入れる。

六一六番地は、マイナー・ロードを五キロ弱進んだ丘の上にあった。林によって建物は視界から完全に遮られており、あやうく通り過ぎるところだった。敷地内には数エーカーの林が広がり、急な傾斜のドライブウェイの終わりに、老朽化したランチハウス様式の家が建っていた。ガレージに停まるピカピカの黒いベントレーは、これが典型的な事件ではないという警告だった。私はワゴンを停め、現場にいたふたりの科学捜査官とシェリーに仕事を割り振った。「よし、この流れで始めよう」と私は彼らに告げた。チームの面々はさっそく作業に取りかかり、家の外側の様子を記録し、侵入された形跡がないかドアや窓を調べ、靴跡や指紋を採取する準備を進めた。一方の私は、キャリアのなかでいちばん奇妙な事件に向かって歩き出していた。それは、二〇年以上たったいまもなお、悪夢のなかで私を追いかけまわす事件だった。

ブーンという妙な音

主任刑事から説明を受けたあと、シャッターが開いたままのガレージに行った。高級車のことはあまりくわしくなかったものの、ベントレーは超富裕層のみが手にできる贅沢品だと知っていた。ガレージからキッチンに通じる扉が少し開いており、ブーンという妙な音が聞こえてきた。電気系統の故障か何かだろうと考え、扉を開けて室内に入った。キッチンは小ぎれいで整理整頓されていた。棚に置かれたスキャパのスコッチウイスキーの瓶にメモが貼られ、手書きで「ドルイド教の所有物、手を触れるな。神からの盗みは、不運をもたらす！」と書かれていた。**なんておかしなメモだ。**

キッチンから中世風の大きな居間に行くと、ブーンという音がさらに大きくなった。壁は暗色の羽目板張りで、暖炉の上には聖杯が並び、窓には重厚な赤いベルベットのカーテンがかかっている。天井の照明具は、怪しげな仄暗い光しか与えてくれない。強烈な悪臭がただよっていたが、腐敗臭だとすぐにわかった。鼻を衝く、不快なほど甘いにおい。死臭だ。死臭が充満した場所に行くと、そのあと何日ものあいだ服、髪、さらには車内にもにおいが染みついてしまう。死体と同じ空間で過ごしたあとに誰かと接するとき、自分のにおいのせいで相手に不快な思いをさせているのではないかと心配になることがある。

右側を見ると、乱雑に広がるペルシャ絨毯の上に死体が仰向けに横たわっていた。そのまわりに、無数のハエが集《たか》っている。**なるほど、これが音の正体か。**額のほうにハエが飛んでくると、私は手で振り払った。死体の横の本棚と床に血が飛び散り、乾いてこびりついていた。被害者の服装に眼を引かれた。白いボタンダウンのワイシャツが、茶色のコーデュロイのズボンのなかにたくし込まれていた。茶色の編み革ベルト、古い革のハイキング・ブーツ。顔と手が青黒く変色していたため、三七℃以上の暑さのなか死体が数日にわたって放置されていたことがわかった。エモン・ボッドフィッシュだと思われる男性は、過剰なほど棍棒《こんぼう》で殴られていた。鈍器による頭部の外傷は苛烈で、歯の一部が折れてシャツの上に散らばっていた。

観察記録を書こうとしていたときだった――**ちょっと待て！**　遺体をまたいだとき、顔が引きつっているのが見えたのだ。横たわった体は微動だにしないものの、頰が動いていた。私は思わず体をうしろに引いた。**ありえない！　生きているはずがない**。一呼吸置いてから、ひざまずいて近くで見てみた。私が見た動きは、顔に湧いたうじ虫だった。殴られてできた頭の裂け目に、大きな青いハエが卵を産みつけていた。そのタイミングで私は、「心を決めて、やるべきことをやるしかない」と自分に言って聞かせた。

昆虫の幼虫の成長段階は死亡時期を推定する手がかりとなるため、昆虫学者による分析用に提出する試料が必要になる。私は遺体にまたがって片膝をついた不安定な姿勢になり、被害者の顔に自分の顔を近づけた。粘着シートを使って体の露出部から証拠の痕跡を採取し、それから幼虫と生きたハエをつかみ取り、異なる種の虫をべつべつの小さなガラス容器に入れた。

それらは一般にはけっして公開されることのない不快な詳細であり、この仕事の輝きをくすませるものだ。テレビドラマには、ＬＬ・クール・Ｊやクリス・オドネルが腐敗した死体から昆虫の幼虫を拾い上げる場面など出てこない。捜査官として働くあいだ私は、それを残酷な作業というよりも、研究所の実験のようなものだと考えていた。しかし、私の潜在意識のなかでは話はちがった。

いまでも繰り返し見る夢がある。ボッドフィッシュの家にいる私は室内を見まわし、絨毯を持ち上げ、床に跳ね上げ戸があるのを見つける。戸を引っぱり上げ、身を乗り出し、地下に何があるのかたしかめようとする。焦点が定まらないうちに、かち割れて虫が湧いたボッドフィッシュの顔が階段をこちらに駆け上がってくるのが見える。そして、自分のあえぎ声に私は眼を覚ます。

服を切り落とす

ボッドフィッシュ殺害事件の捜査は、最初から最後まで頭を悩ませるものだった。死体が遺体安置所に搬送されるまえに私は、服を切り落とす許可を検視局に求めた。通常は遺体をそのままの状態で搬送するのが決まりであり、それは異例の要求だった。しかし今回のケースでは死体の腐敗が進んでいたため、いわゆる「遺体袋効果」が起きるおそれがあった。

どろどろとした雑多な液体が遺体袋に流れ込み、衣服についた血液の証拠が汚染されるのを防ぎたかった。O・J・シンプソン事件では、殺されたニコール・ブラウンの服の背中についた（犯人のものかもしれない）血液が、遺体袋内での出血のせいで証拠能力を失った。真犯人を確実に特定できた可能性のある血痕が、鑑定不能になってしまったということだ。今回は、そのような事態をどうしても避けたかった。

同僚たちが証拠を記録するためにカメラを構えてまわりで待機するなか、私は服を切りはじめた。切断作業は、多くの点において遺体解剖の手順と似たものだった。病理医が体を切り開いて臓器を調べるように、両脚のズボンの前面、革のベルト、ワイシャツ、肌着を順に切り、服を開いた。それから一歩下がり、裸になった被害者の全身をたしかめた。「ちょっと待て」と私は言った。その体には膣にくわえ、乳房縮小手術か両乳房切除手術を施したような傷跡があった。

被害者がエモン・ボッドフィッシュではないとしたら、いったい誰なんだ？

調べてみると、ボッドフィッシュは二重生活を送るトランスジェンダー男性であることがわかった。

男性のエモンとして生活することもあれば、マーガレットという本名で女性として生活することもあった。場所や相手によって両方を演じ分けなければいけないことが彼にとってどれほど困難なものだったのか、私には想像もつかなかった。それは一九九九年の出来事で、トランスジェンダーの人々がカミングアウトしやすい社会環境が生まれるずっとまえのことだった。オリンダの邸宅は、ボッドフィッシュにとっての保養地だった。彼がおもに生活していた自宅は、オリンダから西に車で一時間ほど離れた、アメリカ随一の裕福な街のひとつであるミル・ヴァレーにあった。一族の資産を所有するだけでなく、彼自身もプール設置や配管事業で財を成していた。三軒の家を持つ以外は慎ましい生活を送り、たまに贅沢を愉しんだ。たとえば、二八万三〇〇〇ドルの一九九三年型ベントレーを現金払いで購入したこともあった。倒れていたときに下に敷かれていたペルシャ絨毯は、一〇万ドルもする代物だった（彼の弁護士は、証拠押収や現場検証のために絨毯の一部が切り取られたと知り、卒倒しそうになった。弁護士はのちに、オークションで売却するために絨毯をつなぎ合わせたという）。

ひとり息子のマックス・ウィリス

殺されるまえの数年のあいだに、ボッドフィッシュはますますオリンダの家に引きこもるようになった。そして、かつて家を訪れていた友人たちは徐々に姿を消していった。多くは、もう来るなと告げられた。ひとり息子であるマックス・ウィリスだけは、ボッドフィッシュの人生にとどまっていた。遠い親戚や元友人たちから聞いた話によれば、その親子関係はつねに複雑なものだったという。

まわりから「変わり者」と呼ばれるマックスは、いつまでも成長できないままの内向的で温和な男性だった。ボッドフィッシュはしばしば息子の金持ちのぼんぼん精神を厳しく非難し、甘ったれで、怠け者で、やる気がないと言い放った。

ボッドフィッシュは、三三歳のマックスにいまだ雑用を手伝わせていた。ボッドフィッシュが所有するサウサリートのコンドミニアムに住むマックスは毎週、車で一時間かけてオリンダの家に行き、歯を食いしばりながら草取りや洗濯をした。**おまえはいったいどこで道をまちがえてしまったんだ、**とボッドフィッシュはよく言った。同じ歳のころ、わたしは野心に満ち溢れていた。しかしおまえは、何もせずにダラダラと時《とき》を過ごすだけだ、と。

ボッドフィッシュは頭を激しく殴られていた。顔と頭蓋骨は押しつぶされ、もはや判別は不能だった。何度も殴打されて飛び散った血のパターンから、凶器に相当量の血が付着しているのは明らかだった。頭部を殴って死に至らしめるために使われたものがなんであれ、それはどこにも見当たらず、現場から持ち去られていた。本棚に垂直方向に跳ねかかった血の高さから判断するに、被害者は坐った状態で殴打されたと推察できた。めずらしいことに、防御創が見当たらなかった。棍棒で殴られることに気づいた人は通常、本能的にそれをかわそうとするものだ。

体をビニールシートで包み、安置所に運ぶために遺体袋に入れたときには、午後遅くになっていた。その時点で私はベントレーに注意を向けた。車にも語るべき物語があった。それまでに得た情報をつなぎ合わせると、ボッドフィッシュは六月二三日か二四日のどちらかにオリンダの家にやってきたと考えられた。

二五日に起きたと推定される殺人事件のまえに、ボッドフィッシュはクリーニング店と食料品店に立ち寄ったようだ。ハンガーにかかった服が、ビニールのカバーがついたまま後部座席の取っ手に吊り下げられていた。オーガニック食品店の茶色い紙袋が助手席に置かれ、そのなかに生野菜が入っていた。事件現場のすべてを記録することを習慣としていた私は、買い物袋のなかのすべての品にタグをつけ、レタス、キャベツ、カブなどをひとつずつ取り出して並べ、カメラで撮影した。袋のなかには一冊の本も入っていた。『実在の構造——並行宇宙の科学とその意味』というタイトルで、読んでいる途中のように見えた。ぱらぱらとめくってみると、らせん綴じノートの罫紙が挟まっているのを見つけた。折り畳まれた紙にはこう書かれていた。

最初にやる。運動。クモの巣を掃いて落とす。体は疲れ果て、筋肉がうまく連動せず、皮膚や関節が泣き言を言いつづけ、死にたがっている。暴力。体を起こし、席を立つ。箒《ほうき》をつかめ。泣き言と懇願をひたすら続けるあいだも、全身が痛む。ポーチとその脇の壁と天井のひさしの掃除を始めろ。一定の達成感。家をよく手入れし、修繕することをいつも夢見ていたのを思い出せ。子どものころの希望と夢が蘇る。わたしの小屋とその美しい環境への愛を感じる。幸せになれるかもしれない（いま、二倍の痛み、疲労、泣き言が体を巡る。よろめき、立っていられなくなる）。無視しろ。わたしはマグカップを手に取り、豆乳を飲もうとする。右手が言うことを聞かず、マグカップが落ちる。豆乳がこぼれる。店に車で行かなければ豆乳はなく、片づけもしなければいけない。わたしは右手を呪い、筋肉の痛みと疲労があるにもかかわらず、五分間にわたってマグカップをできるだけ強く握らせる。それからもっと呪いをかけ、さらに三倍も四倍も手を酷使し、水の入ったバケツを運び、二〇分にわたってごしごし洗う。趣味の悪い冗談を愉しんでいるか、とわたしは手に問いかける。

おまえなんて殴り殺されるべきクソ野郎だ、と体に伝えろ……この瞬間に自分が存在することについてどう感じているのか、本は問う。大嫌いだ。もう終わりにしたい。

買い物袋の残りの中身と手紙をいっしょに置き、私は考える。**ここでの物事は見かけとはちがうようだ。**

綴られた日記と「ドルイド祈禱書」

ボッドフィッシュの考えが綴られた文章を読むという貴重な機会が訪れなければ、彼についてここまで深く理解できたかどうかはわからない。ふだんの生活では寡黙なボッドフィッシュだったが、ペンを持つと饒舌になり、一七年前から日記をつけていた。この事件の当時、ベニシアのアパートメントに住んでいた私は、ひとりで過ごす自由を謳歌していた。夜になるとベッドや床の上で日記を眼のまえに広げ、何時間も読みながらメモを取った。そこには、愛に飢え、愛を手にしたことがないと感じる、葛藤を抱えた孤独な男の姿が描かれていた。

ボッドフィッシュは、〈北米再編ドルイド宗団〉と呼ばれる新異教主義の団体への関与についておびただしい量の文章を綴っていた。ドルイド教とは、古代ケルトの神や女神への崇拝と自然に根差した宗教的慣習だ。読み進めていくと、それが神秘主義、魔法の力、儀式の上に成り立つ信仰であることがわかった。ドルイド教では霊魂は不滅であり、ひとりの人間の体からべつの人間の体へと無限に移動すると信じられていた。

死の数年前までボッドフィッシュは、ドルイド教のコミュニティー内で積極的に活動していた。オリンダのコテージ裏の森には石とモルタルでできた祭壇があり、そこで儀式を執り行なうための集まりを彼は主催していた。ドルイド教の衣装をまとった自身の写真を保管し、女神ダヌに祈りを捧げることについて日記に文章を綴った。ところが徐々に被害妄想に取り憑かれて引きこもりがちになると、仲間の信者まで人生から追い払ってしまった。かつての友人たちについて彼は、「自堕落で、薄汚れた、不誠実な人間」「劣等女」「嘘つき男」と批判した。

数年のあいだボッドフィッシュは「ドルイド祈禱書」と題した会報誌を作成し、自身の名前で執筆を続けた。彼が綴った物語をとおして私は多くを学んだ。ボッドフィッシュは鋭い知性の持ち主で、ドルイド教の歴史に関する幅広い知識も有していた。「民話に登場するドルイド僧たちには、魔法の霧を作り出して身を隠す力が備わっていた……実際のところ、自分を見えなくする方法にはさまざまなレベルがある。第一のレベルは、静かに立ち去りつつ何かほかのものに注意を逸らすという露骨な心理的テクニックである。第二のレベルはメソッド演技法の俳優が用いる戦略で、感情の状態、態度、歩き方を変え、ほんとうの自分とは異なる誰かや何かに変わった（あるいは結果として変わった）かのように見せ、役のなかに消えるというものだ」

ボッドフィッシュは、「魔法の霧のなかに消える」ことを望んでいたのだろうか？

息子の行方

父親の遺体が発見されたあとに息子のマックス・ウィリスが行方不明となったため、この事件の最有力容疑者と目されていた。数日後に彼は、ロサンゼルス郡の遺体安置所にやってきた。ボッドフィッシュの死体が見つかった日の五時ごろ、元義母（マックスの祖母）がマックスに殺人事件について伝えた。サンタモニカの友人宅にいた彼は、自転車で近くの〈トラベロッジ〉に向かい、バスタブ付きの部屋を取った。そして翌朝、お湯が張られた浴槽に浸かっているマックスを清掃係が見つけた。カミソリで首と手首が切られていた。

ロサンゼルス検視局は、住宅地から離れた工業地帯のなかにあった。ボッドフィッシュ事件の主任捜査官を務める保安官とともに到着すると、ロサンゼルス市警の警部補が出迎えてくれた。「オリンダで奇怪な殺人事件があって――」と私は言った。「被害者の息子が自殺してここに運ばれてきたんです」

「検視官に遺体を運んできてもらっているところです」と警部補は言った。「しばらく時間がかかるかもしれません」。建物内にギフトショップがあるので、そこで時間をつぶすといいかもしれないと彼女は勧めた。「ギフトショップ?」と私は訊き返した。ロサンゼルスのその施設は、私が見たことのない種類のものだった。検視局の建物は巨大で、一階には死に関連したグッズが所狭しと置かれたギフトショップがあった。棚には、ミニチュアの棺桶や骸骨、低俗なキャッチフレーズが書かれたTシャツといった商品が並んでいた。私が気に入ったグッズには、殺人現場の死体の輪郭を表わすチョーク線のまわりに「あなたの人生が終わったとき、わたしたちの人生が始まる」というキャッチフレーズが書かれていた。劇作家のジョージ・バーナード・ショーは「人が死んでも人生は滑稽でありつづけ、人が笑っても人生は深刻でありつづける」という有名な言葉を残したが、どうやらそれは正解らしい。

警部補の予想どおり、マックスの遺体が運ばれてくるまで時間がかかった。遺体安置所に入ったときに、その理由がわかった。まるで映画のなかの世界のように、タイル床の長いトンネルのさきに冷蔵室があった。その室内は倉庫ほどの広さがあった。私が所属するコントラコスタ郡の遺体安置所ではいちどに一〇人分の死体を保管することができたが、満員になることはほぼなかった。一方こちらでは、ビニールシートに包まれて両端をロープで固定された数百体の遺体が、積み重なるように棚のなかに置かれていた。さながら絨毯の倉庫だった。

室内を見渡していると、『クインシー』を見ていた少年時代の記憶が蘇ってきた。このドラマに触発された私がトラヴィス空軍基地の図書館から最初に借りたのが、トーマス・ノグチの本だった。「スターのための検視官」として知られるロサンゼルス郡検視局の著名な医師であるノグチは、ジャック・クラグマン演じるクインシーのモデルとなった人物だ。著書のなかで彼は、検視台で出会った著名人たちについて語った。マリリン・モンロー、ナタリー・ウッド、ジョン・ベルーシ、ジャニス・ジョプリン、ロバート・ケネディ……。子どものころに本で読んだのと同じ場所に立った私は、それらの有名人がビニールシートに包まれ、ほかの死体といっしょに並んでいるところを想像した。死は誰をも差別しない。

ノグチの本の場面を回想しながらまわりを眺めているうちに、車輪付き担架に載せられたマックスの遺体が運び込まれ、検査のための準備が整った。ボッドフィッシュ殺人事件の主任科学捜査官を務める私はカメラを取り出し、遺体を調べはじめた。まず、マックスが解剖されていないことに驚きを隠せなかった。コントラコスタ郡の遺体安置所では、このような事例では遺体を解剖するのが当然の流れになっていた。マックスは三ページの遺書を残していたため、多忙なロサンゼルス当局としては、自殺と断定するにはそれで充分だったようだ。捜査らしいこととして彼らが唯一行なったのは、体内に薬物があるかを調べる肝生検だけだった。もし誰かを殺したくなったら、私はロサンゼルスで殺し、近くに遺書を置いて薬物の過剰摂取に見せかけるだろう。じつに簡単なことだ。

地元に戻るまえ、マックスの持ち物と遺書が入った袋を渡された。モーテルの部屋からは遺書の下書きの一部が見つかっており、彼が内容を熟考したうえで書いたことがうかがえた。「友人と家族」に宛てた別れの言葉からわかったのは、父親と同じようにマックスも長いあいだ鬱と自殺念慮に苦しんでいたものの、父が生きているあいだは実行に移すのをためらっていたということだった。マックスが父親の死に関して責任があるかどうかについて、この事件のほかの捜査官たちと私では（言い合いになるほどではないにしろ）意見の相違があった。彼らはみな、いちばん有力な手がかりとしてマックスに注目しつづけた。私としては、彼が関与しているとは思えなかった。

もちろん、疑わしい理由もあった。マックスの自宅から見つかった一枚の紙には、「死ぬべき」人物が手書きで十数人リストアップされていた。その一位が父親だった。さらにマックスには、ボッドフィッシュが殺された六月二五日のアリバイがなかった。彼がオリンダの家に最後にいたと確認されたのは、事件三日前の六月二二日のことだった。マックスは祖母に対し、オリンダから南カリフォルニアに直行してキャンプをしたと伝えていた。友人のひとりが、六月二六日からボッドフィッシュの遺体が見つかった六月三〇日までのマックスの居場所を把握していた。しかし、実際に撲殺が起きた日の彼の唯一のアリバイは、オリンダから南に車で六時間ほど離れた場所でひとりきりでキャンプをしていたというものだった。しかしアリバイがあいまいであるという以外に、彼と殺人を結びつけるものは何もなかった。

私が判断するところ、マックスは繊細で傷つきやすい男性だった。父親とときどき衝突することこそあったものの、ふたりはお互いを愛していたように見えた。彼の〝デス・リスト〟は、悪意を持ってボッドフィッシュの死を願う行為とはまったく異なるものに思えた。マックスが綴った言葉について私はこう解釈した。この人生の痛みと苦しみよりも死は望ましいものであり、父親は誰より苦しんでいると彼は考えた。リストに並んでいたのは、彼の愛する人たちばかりだった。

「死ぬべき」だとマックスはたしかに書いたが、それは愛する人々の安寧を願う行為のように私には読めた。マックスは遺書のなかで、何年ものあいだ自殺を考えていたものの、自分の死によって父親を傷つけることに耐えられなかったと綴った。私にはそれが本心に思えた。そしてボッドフィッシュが実際に亡くなると、彼はその重荷からついに自身を解放することができた。父親の死の願望をかなえてあげたいという気持ちが彼のなかにあったとしても、ボッドフィッシュを殴り殺したあと、車で六時間かけて南カリフォルニアに行って自殺しようとするのは合点がいかなかった。なぜ父親と自分自身を同時に殺さなかったのだろう?

「青い悪霊の良心」

私は、主観的なリストにもとづいた単純な結論に飛びつくよりも、墓場の父ボッドフィッシュの声に耳を傾けることを望んだ。彼は、悲惨な人生と希死念慮について事細かに綴った。日記のなかでボッドフィッシュは、B1DC（青い悪霊の良心）とみずから呼ぶ分身との壮絶な闘いについて記録していた。自身の悩める精神の内側に生きるB1DCに関する考察や記述は、日記の非常に早い段階で登場し、死の直前まで続いた。六歳のときから彼は悪霊と闘いつづけ、それから逃れることを猛烈に望んでいた。

読み進めるうちに私は、それらの文章を綴るあいだにボッドフィッシュがB1DCと肉体的なやり取りをしていることに気がついた。木の杖、棍棒、石などさまざまなもので彼は自分の頭を殴った。ある写真に写るボッドフィッシュの額《ひたい》の上部に線状の傷跡がついていたが、それも自身で頭を殴ったものだと思われた。声を鎮めるには殴打することしかない、そう彼は考えた。しかし、悪霊はかならずすぐに戻ってきた。

一九九一年五月、悪霊を黙らせようとするボッドフィッシュの妄執はべつの方向へと進んでいった。それまでの方法はどれもまちがっていたと彼は結論づけ、悪霊は生きつづけるために自分に頼っているのだと気がついた。「これは新しい観点だ」とボッドフィッシュは綴った。「B1DCが消え、あるいは黙り、あるいは学ぶことを望むのではなく、わたしが体から去る。〝わたし〟が去り、B1DCに体を受け渡せば、両方が〝腐る〟はずだ。この洞察／意思疎通は、わたしを幸せな気持ちにさせるものだった」

一九九五年六月、唯一の脱出手段は暴力的な予期せぬ死を遂げ、体とともに悪霊を置き去りにすることだとボッドフィッシュは書いた。

四年後、彼はそれを実行した。

偶然だろうか？　そうは思えなかった。この残忍な最期にまつわる謎の答えを、ボッドフィッシュ自身が教えてくれたも同然なのではないか？　それが私の立てた仮説だった。

彼はおそらく、自発的な共犯者――ひとり、または複数のドルイド信奉者――とともに自分の死を練り上げたにちがいない。興味深いことに、二枚の絵画がオリンダの家の壁から外されていた。どちらも日本風の絵で、同じ黒い額縁に入れられていた。事件現場の部屋の絵は、額縁から取り外されていた。まるで誰かが何かを探して板から絵を剝がしはじめ、途中でやめたかのように見えた。寝室の一室に飾られていたもう一枚の絵は、壁の額縁から完全に剝がされていた。ボッドフィッシュの本棚には『パッと消え、新しい人格を作り上げる方法』という本が置かれていた。そのなかの一ページの余白に、日本で銀行口座を開設してスイスの銀行に送金するという旨のメモが書いてあった。つまり彼は、金を隠す仕組みを作ろうとしていた。ボッドフィッシュは絵画の裏に銀行口座の情報を隠し、雇われた殺人者が現金を引き出せるよう準備しておいたのではないか？　それが私の推理だ。

ボッドフィッシュ事件は正式にはいまだ解決していない。しかし郡の殺人課は、捜査を棚上げすることにした。大方の見方はこうだ。ボッドフィッシュは死に、それは彼が望んでいたことであり、最有力容疑者のマックスも死んだ。だとすれば、この事件にこれ以上の労力をかける必要などあるだろうか？　私の見解はちがった。その死をボッドフィッシュ自身が望み、日記を読むかぎり彼がみずから死を計画していたのは明らかかもしれない。だとしても石をひとつ残らずひっくり返し、実際に誰が手を下したのかを特定するべきだと私は感じていた。

ボッドフィッシュには助けが必要だった。死ぬ必要はなかった。これは凶悪犯罪であり、致命的な打撃を与えた人物は誰であれ責任を負うべきだ。私の考えがまちがっており、マックスが実際に関与していたとしても、誰かほかの人物が現場にいてボッドフィッシュに打撃を与えたことを証拠は示している。その人物は特定され、逮捕されなければいけない。

私はいまでも、この事件について思いを馳せることがある。エモン・ボッドフィッシュとその息子マックス・ウィリスは自分たちが絶望的なほど不幸だと感じ、生き地獄から抜け出すには死ぬしかないと思い詰めていた。なんと悲しいことだろう。

生前にボッドフィッシュはこう書き残した。「悪霊を黙らせる、はるかに効果的な新しい方法。BIDCが騒ぎ出したら、黙り込んだほうがいい。話してはいけない……いちばん近くにある硬いもののところまで歩く。それを手に取る。戻ってくる……それから、頭のなかの悪霊を殴る」

14　連続殺人鬼たち

一〇件のうち四件が未解決

　二〇〇一年一月に私は、保安官事務所の科学捜査課全体を監督する管理職に昇進した。予算やプロセス改善について考えるのは嫌いではなく、新たな仕事の多くの側面は私の性格に合うものだった。しかし、服装規定違反や職場恋愛などの対処に多くの時間を割かれるとは想像していなかった。それは私が望んでいたキャリアでもなければ、満足感を与えてくれる業務でもなかった。

　ある日の私は、盗難車担当班の指紋専門家が車両置き場のレッカー車運転手と不倫しているという訴えに対応していた。その翌日には、郡の服装規定に違反していることを女性職員に知らせなければいけなかった。他人の個人的なことに口を出すというのは私にとって異質な行為であり、あたかも並行宇宙に降り立ったかのような気分になった。誰かのスカート丈が膝から七・五センチよりも短いかどうかなど、きちんと仕事さえしてくれれば私にはどうでもいいことだった。三月になると、不安症が再発した。自分がやりたくないこと、あるいはビクビクする業務ばかりが続き、プレッシャーを感じるようになったからだ。耐えられなかった。何かほかのことをしていないと、新しい豪華な机のうしろでこのまま死んでしまいそうだった。

一方でこの昇進によって、それまでこそこそと陰に隠れてやっていたことを追求できる自由を手に入れた。そう私はすぐに気がついた。つまり、未解決事件の捜査に打ち込めるようになったということだ。終わらせるべき管理業務がどれか考えて決めたうえで、誰に気兼ねすることなく未解決の殺人事件にも取り組めるようになった。予算的な問題から、どの機関も未解決事件専門の捜査官を雇うことはできなかった。未解決の殺人事件が年を追うごとに指数関数的に増えているにもかかわらず、それを専門とする捜査班はほぼ存在しない。最後に私が聞いた統計では、一〇件のうち四件の殺人事件が未解決のままになっているという。

しっかりと時間さえかければ解決できる殺人事件は数多くあるのに、未解決事件の数がみるみる積み重なっていくのが苛立たしくてたまらなかった。一九九八年にピッツバーグ事件が起きたときに私は、リサ・ノレルと売春婦たちの四件の殺人すべてが同じ犯人によるものであるという仮説を立てた(12章参照)。しかし、やがて捜査は膠着状態に陥った。それから年月がたち、略奪的な襲撃犯にかつて有利に働いていた状況は変わった。当時はまだDNA技術、行動科学、組織間の協力はどれも目新しいものだった。人々の行動も変わった。女性はめったにヒッチハイクをしなくなり、誰もが日常的に玄関の鍵をかけるようになった。にもかかわらず、レイプや殺人をしたいという犯罪者の衝動に変化はなかった。

私が見たある統計では、現在アメリカ国内で約二〇〇〇人の連続殺人犯が活動中だと指摘されていた。その多くは、孤立者でも社会ののけ者でもない。彼らは友好的な隣人として振る舞うことができ、実際にそのように生活している。自分の行動が倒錯したものだと認識しており、しばらくのあいだ犯行を止めることができるが、やがて殺しへの衝動が逮捕への恐怖を凌駕する。私の見立てによると、一九七〇年代から八〇年代にかけて、このコントラコスタ郡では少なくとも六人の連続殺人犯が活動していた。

なかでもひとりの名前が際立っていた。その男は、少なくとも一〇件の未解決殺人事件の容疑者として名前が挙がっているだけではなかった。比較的まだ若く、三人の女性を殺した罪で二一年間服役した現在、仮釈放審理を間近に控えていた。フィリップ・ジョセフ・ヒューズ・ジュニアは、まさに怪物のなかの怪物だった。

捜査ファイルには、彼の狂気を記録する何百ページもの心理レポートが含まれていた。幼稚園ではクラスメイトの人形の手足を切断し、八歳になると死体について妄想にふけり、それを「マネキンのようなもの」と表現した。やがて心理療法を受けるようになったが、彼自身も両親も時間の無駄でしかないと判断した。中学生になると小動物を殺しはじめた。高校時代には真夜中に裸で家を抜け出し、隣家に侵入してブラジャーを盗み、家に持ち帰って身につけて鏡のまえに立ち、胸のカップにナイフを突き立てる自分の姿に見入った。

彼の歪んだ性的嗜好は、二〇歳になるころまでにどんどんエスカレートしていった。SM的なセックスを好み、最初の妻スザンヌの首を絞めて失神させることもあった。それは深刻なことなどではなく、「血管が破裂しただけ」とのちに彼は語った。妻の体を吊るしたり、水中に頭を押し込んだりしたこともあったが、すべて彼女の許可を得ての行為だった。実際のセックスについては往々にして覚えていなかったものの、相手が死にかける場面は鮮明に記憶していた。

フィリップ・ヒューズは二〇代前半から、あるいはさらに早くからつぎの段階へと進んで殺人に手を染めるようになった。彼の最初の殺しと思われる事件が起きたのは一九七二年のことだった。地元のKマートに一九歳の元隣人モーリーン・フィールドがいるのを見つけ、ヒューズは車で家に送ってあげると申し出た。どこかの時点で彼はモーリーンをナイフで刺し、さらに首を絞めて殺した。それから妻の助けを借り、死体をディアブロ山の麓《ふもと》に遺棄した。そこは、行方不明だった一五歳のコゼット・エリソンの遺体が二年前に見つかったのと同じ場所だった。失踪する直前、スクールバスを降りたコゼットに話しかけた男の似顔絵が、お気に入りのフィッシング・ハットをかぶるヒューズのポラロイド写真と酷似していたが、コゼット殺しと彼を結びつける確たる証拠はなかった。

サディストに盲従する妻

一九七四年、ヒューズと妻スザンヌは一五歳のリサ・アン・ビアリーを誘拐してナイフを突きつけ、ふたりが留守番をしていた家に連れていった。ヒューズは少女をナイフで刺し、レイプした。スザンヌはふたたび死体を埋める手伝いをした。遺体は五年後、ヒューズの故郷の丘の中腹の浅い穴から発見された。

ヒューズはのちに三件の殺人で有罪判決を受けることになるが、その三つ目が一九七五年のレティシア・ファゴット殺しだった。スザンヌが働く地元の銀行の同僚であるレティシアとその夫は、サンフランシスコの治安悪化から逃れるために郊外に引っ越してきたばかりだった。レティシアは職場での会話のなかで、夫が出張に出かけ、新しい家ではじめてひとりで過ごすことになると話した。その情報をスザンヌはヒューズに伝えた。真夜中過ぎ、彼はレティシアの家に車で行き、彼女をハンマーで襲い、レイプし、首を絞めて殺した。

思うに、妻スザンヌも被害者だったにちがいない。ヒューズは完全に妻を支配しており、スザンヌは夫を恐れていた。著名な司法精神医学者パーク・ディーツの言葉を借りれば、私も彼女のことを「性的サディストに盲従する被害者」とみなしていた。常軌を逸したこの男は、空想に突き動かされた最悪の類《たぐい》の殺人鬼だった。

あるとき私は、彼の自宅から押収された写真を見つけた。さまざまな死の場面に写る女性たちの写真で、全員が全裸か半裸だった。なかには、体にナイフが刺さっているように見える写真もあった。紐で首を絞められているものもあれば、あるいは首が吊られている状態の写真もあった。よく見てみると、すべての写真にスザンヌが写り込んでいるのがわかった。さらに、そのなかで彼女はポーズを取っていた。

スザンヌはやがてヒューズのもとを離れ、良心の呵責にさいなまれるようになった。訴追免除を約束する司法取引に応じた彼女は、自身の知る三件の殺人事件の詳細について語り、ふたりの死体を遺棄する手伝いをしたことを認めた。殺しの現場で彼女がポーズを取ったのは、ヒューズにこう言われたからだという。殺人の衝動を実行に移すのを抑えるために、写真を手元に置いておく必要がある――。元恋人のひとりを殺すという衝動についてヒューズから告白されたあと、スザンヌはレティシア・ファゴットの情報を伝えた。「彼の動揺はますます激しくなっていきました。逮捕を恐れ、元恋人を殺すことをためらっていたんです」とスザンヌは言った。「だから、不安と緊張を和らげるために誰かほかの人を利用することを望んだ」。このとき、レティシアが生贄の子羊になった。

スザンヌの証言にもとづき、一九八〇年にヒューズは三つすべての殺人で有罪となり、懲役二一年から終身刑の同時執行が言い渡された。しかし法律にしたがえば、一九八六年から彼は仮出所申請の権利を得ることができた。以来ヒューズは五回にわたって仮出所を申請したものの、いずれも却下されてきた。とはいえ運が良ければ、五三歳になった彼が釈放される可能性がないわけではなかった。つぎの審理は、一カ月後の二〇〇一年七月二五日に予定されていた。専門家たちはフィリップ・ジョセフ・ヒューズ・ジュニアについて「屍姦症《ネクロフィリア》と反社会性パーソナリティー障害を持ち、妄想型統合失調症の疑いもあり」と診断したが、法的責任能力があるという点に意見の相違はなかった。「すべての殺人のあと、彼は多大な労力を払って死体を遺棄し、当局からその行為を隠そうとした。また、自身の意図に犯罪的な性質があることを充分に理解したうえで被害者を〝手配〟した……彼は、自分が満ち足りていると感じるために他者を無力にし、さらには死に至らしめることを必要とした」

べつの専門家は、ヒューズが「社会にとって最大級の脅威」だと結論づけた。

ヒューズの仮釈放審理

ヒューズのような男が更生することはない。彼の精神は錯乱しており、むかしと同じようにいまも危険であることに変わりはない。差し迫った仮釈放審理に参加する許可を私は刑務所に求め、それが認められた。実際にヒューズに会い、彼という存在の邪悪さを肌で感じてみたかった。審理の前夜、私はセントラル・コースト沿いを四〇〇キロ南下してサンルイス・オビスポに行き、ヒューズが服役中のカリフォルニア・メンズ・コロニー近くのモーテルに泊まった。駐車場での騒ぎのせいで眠れず、一晩じゅうごろごろと寝返りを打ちながら、それまで捜査ファイルをとおして多くを学んできた異常者とついに対面することについて考えた。翌朝早く、私は徽章をつけて刑務所に向かった。メンズ・コロニーがある場所の矛盾におおいに驚かされた。まるで、有刺鉄線のうしろに建設された巨大な軽量コンクリートブロック造りの建物が、自然のなかにぽとんと落下したかのように見えた。そのとき私が頭に思い描いたのは、あの猟奇的な連続殺人犯が独房の窓から外を見やり、鳥が飛び交う青い空を背景とする緑の丘を眺める姿だった。まわりの風景に見入っていると、サンクエンティン州立刑務所をふと思い出した。サンフランシスコ湾の風光明媚な海岸沿いの土地に、壁で囲まれたあの巨大建築物を造ろうとはじめに思いついたのは誰なのだろう？　そう私はいつも疑問に思っていた。

入口での受付を済ませると、待合室に案内された。被害者家族にくわえ、ヒューズの三件の事件のうち二件を起訴したコントラコスタ郡の検察官が室内にいた。三家族すべてのメンバーが揃っていた。モーリーン・フィールドの弟と妹、リサ・ビアリーの妹と父親、レティシア・ファゴットの夫。事件からこれほど長い年月が過ぎているにもかかわらず、ふたたびこの部屋に集まり、人生で最悪のあの恐ろしい時間を追体験しなければいけないというのは、家族にとってどんな気持ちなのだろうと想像しようとした。**遺族にこんな経験をさせてはいけない**。

遺族は私を受け容れてくれた。二九年前に姉モーリーン・フィールドが行方不明になったとき、弟のジョーはまだティーンエイジャーだった。当時の記憶をいまだ鮮明に覚えている、と彼は教えてくれた。モーリーンが姿を消してから三日後に自宅の電話が鳴り、父親が応答した。「こんにちは、ミスター・フィールド」と男はひどい雑音越しに言った。「あんたの娘は死んだ。殺したのはおれだ」。母親が父親の腕のなかに倒れ込み、「わたしのかわいい子が！　あの子が！」と泣き叫ぶ姿をジョーは覚えていた。自分が殺したばかりの少女の家族に電話をかけてわざわざ愚弄するとは、犯人はどれほど病んだ人間なのだろう？　逮捕後、ヒューズは電話をかけたことを認めた。

この殺人事件についてのヒューズ自身の説明は、妻スザンヌの証言とは大きく異なるものだった。彼はモーリーンに車で送ろうと申し出たわけではなかった。あるいは少なくとも、そう記憶してはいなかった。ヒューズが記憶しているのは、ナイフを持った誰かにモーリーンが追いかけられているという場面だった。車のなかにいた彼は、男がモーリーンの体を刺し、それから地面に押し倒して首を絞めるのを目撃した。そのタイミングで車を降りて男のほうに向かった、とヒューズは捜査官に話した。「男が走って逃げたから、おれも少しだけ追いかけようとした。それから、地面に横たわる女の子のところに走って戻った。体じゅう血まみれの彼女が、神の名のもとに殺してくださいと頼んできたんだ」。もちろん、彼はその願いに応じた。苦しませたくなかった、とヒューズは言った。モーリーンが息を引き取る直前、「女の子はおれを許すと言った」と彼は説明した。モーリーンの遺族は、彼の話のなかで最後のその部分だけが唯一の真実だと信じていた。

ヒューズを知る人々はみな、彼がいかに巧妙な嘘つきであるかを語った。ほかの巧妙な嘘つきと同じように彼は虚構に真実をいくらか織り込み、あたかももっともらしい話を作り上げた。モーリーンの事件では、彼女を脅して殺した獣《けだもの》ではなく、命を救おうとした英雄に自分を見せかけようとした。私が考える真実はこうだ。モーリーンはKマートでのバイトを終え、父親の迎えを待っていたが、約束の時間が過ぎてもやってこない。そこにヒューズが近づいてきて、送ってあげると申し出た。近所の顔見知りだったので、モーリーンは乗せてもらうことにした。道中のどこかの時点で、彼女は自分がトラブルに巻き込まれていることを認識した。怖くなったモーリーンは逃げた。ヒューズこそが、彼女を追いかけた男だった。

二年後、ヒューズと妻スザンヌは、オークランドの自宅近くでリサ・ビアリーを拉致した。その二年のあいだにも、べつの被害者がいたことはまちがいない。リサは身長一五〇センチ、体重四五キロの小柄な少女で、教会の聖歌隊に所属する高校二年生だった。母親に用事を頼まれた彼女は近くのコンビニに行き、小切手を現金化した。帰り道、リサはヒッチハイクをすることにした。場所とタイミングが悪かった。ヒューズとスザンヌ夫妻が近づいてきて、彼女にナイフを突きつけて誘拐した。仮釈放審理が始まるまえに話を聞いたリサの妹リンダは、遺体が見つかるまで五年かかったのが家族にとって拷問のようだったと語った。五年間、家族は人ごみのなかで全員の顔を見まわしながら暮らした。玄関の扉が開くたび、リサがひょっこりと姿を現わすのではないかと期待した。野外イベントに参加したときにリンダはいちど、姉によく似た少女を見かけたことがあった。うしろから駆け寄って肩をつかむと、見知らぬ他人が驚いて振り返った。「ごめんなさい」とリンダは言った。「人ちがいでした」

仮釈放委員会の魔法の杖

仮釈放委員会の準備が整い、私たちはみな審理室に案内された。委員会は三人のメンバーで構成されていた。**なんて強大な権力だ**、と私は顔を順に見ながら考えた。**彼らが正しく権限を行使することを期待しよう**。これまで私は、情に流されすぎた仮釈放委員会によって釈放された殺人犯が、社会に出てふたたび殺人を犯すケースを何度となく耳にしてきた。委員会が魔法の杖を一振りするだけで、ヒューズはまた残忍な行為を再開することもできる。脆弱な社会にとって、それほど恐ろしい不当があるだろうか？

その時点で私は、ヒューズという人間のことをよく知っているかのような感覚になっていた。彼の事件ファイルには、警察の報告書、裁判記録、精神鑑定の評価などが幾重にも重なっていた。ヒューズは感情をあらわにせず、体を切り刻んだり殴ったりして女性たちを殺したと説明するときでさえ、無感情で冷静だったという。私が読んだかぎり、淡々としているという表現がぴったりだった。取り調べのあいだ、彼は質問に質問で答えることが多かった。実際に何か答えるときにも、内容は腹立たしいほど漠然としていた。

「フィリップ、あの子はどういうふうに殺されたんだ？」

「よくわからないけど、ナイフが使われた」

「そのナイフはいまも家にあるのか？」

「あると思う」

「あの子はどういうふうに切られた？」

「さあね。でも、血だらけだった」

「体じゅう、血だらけだった？」

「ああ」

三件すべての殺人事件におけるヒューズの弁明は、殺しの部分を覚えていないというものだった。被害者と出会ったときのことは断片的に覚えていたものの、女性たちの命を奪った方法や理由についての記憶はないと主張した。細かいことは妻のスザンヌからあとで聞かされ、そのとおりだと信じたと彼は言った。権謀術数に長けた悪人、それがフィリップ・ヒューズという男だった。

現在はどんな姿をしているのだろう、と私は不思議に思った。いまも、逮捕されたときの顔写真のように薄ら笑いを浮かべているのだろうか？　顔を曇らせているのか？　ニコニコ笑っているのか？　無表情なのか？　衝動強迫が中毒のようなものだとすれば、殺しの渇望を満たすことのできない状況にどのように対処したのだろう？　身の毛がよだつ思いを経験したのか？　激しい気分の起伏に苦しんだのか？　癇癪を起こしたのか？　不安に襲われたのか？　いまはどのように感情をコントロールしているのだろう？　潜在的な憤怒をどう発散したのだろう？　仮釈放委員会ではどんな態度を取るのか？　疑問は尽きなかった。彼はすでに二一年近く収監されていたため、仮釈放の審理はなおさら大きな意味を持つようになった。ヒューズは明らかに、自分がすぐに出所できると考えていた。

審理室の扉がきしみながら開くと、全員がそちらに顔を向けた。アドレナリンが矢のように体を打ち抜き、うなじの毛が逆立つのを感じた。ヒューズの弁護士が、分厚いファイルを腕に抱えて大股で入ってきた。室内の緊張感が肌で感じられた。それから扉がぱたんと閉まった。私は遺族一人ひとりの顔を順に見やった。誰もが同じことを自問しているのはまちがいなかった。**あいつはどこだ？**

「ミスター・ヒューズは、出席する権利を放棄しました」と弁護士は言った。出席者の顔に、打ちのめされたような表情が浮かぶのが見えた。憤りと怒りがひしひしと伝わってきた。悲しき遺族たちは、この耐えがたい日のためにどれだけの時間をかけて準備をしてきたのだろう？　六回にわたって審理に参加し、愛する家族を拷問して命を奪った略奪者に立ち向かうために、どれほどの勇気が必要だったのだろう？　多くはいまもヒューズを恐れながら生きていたが、それでもここに来ることをやめなかった。彼らを突き動かしたのは、自分たちと同じ暗闇をほかの家族には経験してほしくないという思いだった。

彼らは日々の生活をなんとか送ってはいたものの、過去の苦悶が消えてなくなることはなかった。そして、ヒューズが仮釈放されるという絶えざる可能性のせいで、どんな人間も、どんな場所もほんとうの意味では安全ではないという思いから解放されることはなかった。

私は遺族たちの話に一心に耳を傾けた。

「あの子は、聖歌隊で歌うのが大好きなまだ小さな女の子だった」

「みんなに好かれていました」

「生きていれば、モーリーンはいまごろ結婚して子どもを産んでいたにちがいありません」

「わたしたちに孫がいないのは、あの男のせいです」

「レティシアは美しい妻だった」

彼らの物語のすべてがそのとき、私にとって現実のものに変わった。それはもはや、空いた時間に趣味で未解決事件を追求するという範疇に収まるものではなくなった。眼のまえにいるのは、悲しみという終身刑を宣告された実在の人々だった。彼らのことが気がかりでたまらなかった。これこそが私の天命だった。強欲な殺人衝動に駆られたサイコパスによって、彼らの人生という布地に慟哭の糸が織り込まれてしまった。犯人と同じように、彼らは予測不可能なシステムに翻弄されていた。しかし犯人とはちがい、彼らは何も悪いことをしていなかった。くわえて、犯人の男は被害者に向き合う勇気さえ持ち合わせていなかった。**なんて臆病者なんだ**。遺族と実際に会ったことによって、未解決事件に対する私の考え方が大きく変わった。打ちのめされた家族に犯罪現場で接することはあったものの、二〇年たっても同じ悲しみを抱えたまま苦しむ遺族と会ったのははじめての経験だった。彼らにとっては、事件が未解決のまま記憶から消え去ることなどなかった。

仮釈放は却下された。

四時間の帰り道のあいだに、私は基本計画を立てた。あの家族たちにとってヒューズという存在が過去のものとなるために、手助けできることはなんでもすると心に誓った。彼のつぎの仮釈放のチャンスは五年後。その時間を使えば、ヒューズが犯したほかの殺人を徹底的に調べることができるはずだ。あの男が同じ場所にとどまることを確実にするためには、べつの事件の犯人だと証明する必要があり、私はそれを探し当てようと考えた。その事実はてこ装置として機能する。カリフォルニア州では死刑執行が復活しており、死刑に該当する事件が見つかれば、てことしてそれを利用できる。州はヒューズにこんな司法取引を持ちかけるかもしれない。自白と引き換えに死刑の可能性を除外し、仮釈放なしの終身刑とする――。その場合、ヒューズはガス室送りになるまでの残り日数について心配することなく、刑務所の独房から鳥を眺めつづけられる。一方で被害者遺族たちは、二度と仮釈放審理に参加する必要はないと知り、癒しの道をさらに一歩だけ進むことができる。これはその年、五〇人以上を殺害した悪名高きグリーン・リバー・キラーことゲイリー・リッジウェイに対して、殺したすべての女性とその遺棄場所を告白させるために使われたのと同じ戦略だった。

アルミーダ・ウィルツィー殺人事件

つぎの仮釈放審理までの時計がチクタクと動き出すと、私はフィリップ・ヒューズについて本格的に調べはじめた。当然の流れとして、法執行機関が彼の犯行だと断定したものの証明できなかった未解決事件から再検討をはじめた。まず、一九七八年に起きたアルミーダ・ウィルツィー殺人事件から取りかかった。夫と子どもと暮らす四〇歳のアルミーダは、一一月一四日の朝、イースト・ベイのラファイエット貯水池のまわりをジョギングしていた。夫は出張で家を空けており、その朝アルミーダは一〇歳の息子を学校に車で送っていった。午後の下校時間になっても息子を迎えにやってこなかったため、アルミーダが行方不明になっていると隣人が警察に通報した。死体捜索犬による捜索が始まると、一般的なジョギングコースから二〇メートル弱離れた場所で遺体が見つかった。アルミーダは強姦・絞殺され、草むらのなかに放置されていた。息子は母親を失った。容疑者リストの最上位にはつねにヒューズがいた。

事件ファイルを調べていると、大きな助けとなる要素を見つけた。殺人現場をはじめに捜索した科学捜査官は、アルミーダの爪の内側に血痕がついていることに気がついた。おそらく彼女は抵抗して相手を引っ掻き、そのときにごく少量の犯人の血が爪の奥に入り込んだものと考えられた。当時の科学捜査官は、血液の量が少なすぎて検査はできないと判断した。しかし二三年たったいまでは、その程度の量の血液からでもＤＮＡプロファイルを作成できる高度な装置があった。アドレナリンが体じゅうを駆け巡っていた。血液の証拠がヒューズのＤＮＡと一致するという自信があった。それこそ、私が必要としていた単純明快な答えだった。

保安官事務所の保管室から血液試料のついた爪を回収すると、つぎなるステップについて計画した。まず、殺人課に事件の詳細を説明し、研究所での分析結果がわかり次第ヒューズを逮捕できるように手筈を整えておく。殺人罪で起訴されたら、ほかの殺人事件についての情報と引き換えに司法取引を持ちかけるべきだと検察官に伝える。そうすれば、アルミーダ・ウィルツィー事件を解決へと導き、ヒューズを永遠に刑務所に閉じ込めておくことができる。

すぐに爪の奥の血液と毛髪のＤＮＡ鑑定を依頼し、ハラハラしながら研究所の結果を待った。私はその任務をシェリーに託した。結果を待つ以外、ほかのことは何も手につかなかった。そしてついに、一枚の紙を手に彼女が私のオフィスまでやってきた。答えはわかりきっていると言わんばかりに、

「それで？」と私は尋ねた。

「一致しなかった」とシェリーは言った。

その瞬間、頭が真っ白になった。あまりの衝撃に、細かな情報は記憶からすべて消え去ってしまった。覚えているのは、そのときの圧倒的な感覚だけだった。アルミーダ・ウィルツィーと彼女の家族にはいまだ正義がもたらされることはなく、ヒューズのほかの被害者の遺族たちはまた仮釈放審理という地獄に耐えなければいけない――。そんな日の夜に自分の惨めさを癒してくれるのは、カベルネのワインボトルだけだった。

私は途方に暮れた。アルミーダ・ウィルツィーの爪に付着した男性のＤＮＡが、彼女を殺した犯人のものであることはほぼまちがいないとしても、それはフィリップ・ヒューズとは一致しなかった。**じゃあ、これからどうすればいい？** 鬱屈とした気分のまま私は、友人で同僚のロクサン・グルエン

ハイドに助けを求めた。保安官事務所の殺人課の刑事であるグルエンハイドは、強いブロンクス訛りの強健な女性で、未解決事件への私の情熱を共有してくれる人物だった。「がっかりだよ」と私は言った。「アルミーダ・ウィルツィー事件で、フィリップ・ヒューズが犯人候補から除外された」

グルエンハイドはため息をついて言った。「事件ファイルを見せて。何か気になることがないか、たしかめてみるから」

私は、ヒューズが犯人だと疑われる未解決殺人事件をまとめたリストをふたたび見直し、生物学的証拠が残るべつの事件を探した。もう一件あった。ファイルに記された名前は「シンシア・ワックスマン」。

消えたシンシア・ワックスマン

一九七八年四月二二日、陽光が燦々と降り注ぎ、地元の高校の野球の試合にはまさに絶好の一日だった。その土曜日、一一歳のシンシア・ワックスマンといとこのステファニーは、ステファニーの父親スティーヴとともに、キャンポリンドー高校の運動場で行なわれる野球の試合を観にやってきた。当時はいまとは時代がちがい、世界はより安全に見えた。子どもたちにはより大きな自由があった。自分の小さな娘や息子を学校、店、あるいは公園にひとりで行かせることをためらう親など誰もいなかった。

その日もステファニーの父親は、友人から聞いた野良猫を捜しに行くという娘たちを止めなかったが、それはめずらしい行動などではなかった。三人がいたモラガは、コントラコスタ郡でもとりわけ安全な街だった。自分の子どもに何か不吉なことが起きるなどと親たちは考えもしなかった。もちろん当時はまだ、共同体のなかに連続殺人犯が潜んでいることを誰も知らなかった。フィリップ・ヒューズはモラガによく出かけた。彼のお気に入りだったリーム・ヴァレー・ボウリング場は、球場の一ブロック南にあった。モラガはヒューズの〝猟場〟だったが、彼の妻が警察に寝返って事件について告白するのはまだ一年先のことだった。

少女たちは、人通りの多いモラガ・ロードを四〇〇メートルほど南に歩き、農場に通じる未舗装の私道に行った。友人が野良猫を見つけたと言ったあたりだった。シンシアは歩道で待ち、ステファニーは未舗装の私道を歩いて猫を探した。そこに、黒い子猫がいた。あたかも、ふたりが来るのを待っていたかのようだった。「見つけた！」とステファニーは大声を上げ、子猫を抱え上げた。シンシアは、いとこが私道を戻ってくるのをわくわくしながら待っていた。ステファニーはのちにこう振り返った。「もう、ステファニー！　あたしにも猫を抱かせて」とシンシアは言った。ステファニーはのちにこう振り返った。「その場で三回猫を撫でてから、シンディーのところに行ったんです」

歩道にステファニーと並んで坐って猫と遊んでいたシンシアは、猫がお腹を空かせているはずだと考えた。「ステファニー」と彼女は言った。「餌を買うために、お父さんにお金をもらってきてくれない？」。球場までは歩いて四分ほどの距離だった。「お父さん！　子猫を見つけた！」とステファニーは言い、父親に駆け寄った。「お腹を空かせているみたいだから、餌をあげたいの」。五ドル札をもらった彼女は、走ってモラガ・ロードに戻った。ところが、さきほどの歩道にシンシアの姿は見当たらなかった。

二時間ほどで野球の試合が終わったあと、スティーヴとステファニーは車でシンシアの家に行き、帰宅しているかどうかたしかめた。シンシアの両親は、下の娘のフィギュアスケートの発表会からちょうど戻ってきたところだった。いや、帰宅したときからシンシアはいなかったと彼らは言った。その時点でシンシアは三時間近く行方がわからなくなっており、それは緊急事態だった。みんなが手分けをして方々を捜しまわった。高校、猫の餌を買いにいく予定だった市場、スティーヴのアパートメント、シンシアの自宅周辺、未舗装の私道のさきにある農場……。午後三時一八分、シンシアの両親が娘の行方不明を警察に通報した。

助けが来るのを待つあいだに母親は、シンシアを最後に見た場所までもういちど案内してほしいとステファニーに頼んだ。付近をふたたび確認した彼女は、歩道脇の草むらの一部が倒れていることに気づいた。草をかき分けて一〇メートルほど進むと、茂みや低木に囲まれた小さな空き地があった。草木のあいだから二本の脚が突き出ているのが見え、それが母親を娘のもとに導いた。シンシアは仰向けに横たわり、首のまわりにきつくロープが結ばれていた。両手は胸のまえで組まれ、手首を縛られていた。緑のハイソックスは足首まで押し下げられていたが、赤、白、青の縞模様のワンピースは破れていないように見えた。母親は走って通りに戻り、「警察を呼んで！　あの子が殺された！」と叫んだ。

以降、モラガが安全な場所だとは誰も感じなくなった。

ステファニーはシンシア殺害の捜査に全面的に協力したが、取調官たちはある思惑を持って質問したため、彼らの誘導がそのまま証言に成り代わってしまった。当時の刑事たちは、同じ時間に近くにいた地元の一〇代の少年が犯人である確率が高いと踏んでいた。シンシアの遺体発見現場近くの茂みから怪しい男が出てくるのを目撃した、とみずから名乗り出た少年だった。捜査官たちはそれを陽動作戦だと考えた。自分への注意を逸らすために、ほかの誰かに責任を負わせようとしているのだ、と。何時間にもわたって誘導的な質問を受けつづけた一〇歳のステファニーも、同じ結論に達した——その一〇代の少年がいとこのシンシアを殺した。

高度な訓練を受けた取調官でなければ、心に傷を負った子どもから正確な証言を引き出すことはできない。子どもたちは世界を異なる視点から見ている。彼らの最大の関心事は「何か話したら、好ましくない影響があるのではないか？　両親に怒られやしないか」ということだ。もちろん、子どもたちから事実を聞き出す方法は存在する。しかし往々にして、心に傷を抱えた若者への取り調べ記録を読むのは、情報操作についての教科書を読んでいるようなものだった。

複数の悲劇

捜査官たちは地元の一〇代の若者に殺人の罪を負わせようと並々ならぬ努力を続けたが、捜査は暗礁に乗り上げた。警察の捜査は杜撰そのもので、シンシア・ワックスマン殺害のファイルは最終的に未解決事件の棚へと追いやられた。しかし、遺族が事件について忘れることはない。

ワックスマン事件は、複数の悲劇を生むものだった。まず、幼いシンシアが命を落とした。そして、母親が死体を見つけてしまった。親にとって、それ以上に残酷な仕打ちなどあるだろうか？　シンシアの父親は、娘が殺害されてから数年にわたって犯行現場の近くまでたびたび車で行き、ストレスボールをぎゅっと握りしめ、クラシック音楽を大音量で流し、「なぜだ？」と叫んだという。シンシアを失ったストレスだけでなく、その死に方が家族を引き裂いた。では、いとこのステファニーはどうなったのだろう？

未解決事件では、すべてがその時点で凍りついてしまう。しかし何十年もの時《とき》が過ぎ、顔は老け、記憶は薄れる。未解決事件のファイルをとおして登場人物について知り、それから実際に対面するというのはじつに奇妙な現象だ。ステファニーは私たちの望みを聞き入れ、ダウンタウンまでやってきて二三年前のその日の記憶について話してくれた。取り調べを録音したテープのなかで声を発していた一〇歳の少女――取調官に小さな声で答える怯えた様子の女の子――は、三〇代なかばの落ち着いた女性になっていた。

面会は、保安官事務所の事件捜査課の小さな会議室で行なわれた。その場に私も同席するというのは、スティーヴ・ウォーン巡査部長の提案だった。ウォーンとは古くから仕事上の良好なつき合いがあり、ワックスマン事件の情報も伝えていた。ファイルを読んだウォーンは、ステファニーから話を聞くべきだと助言してくれた。証人への聴取に科学側の人間である私を招いて参加させるというのは、きわめて異例のことだった。求められるスキルや性格が大きく異なる殺人課の刑事と科学捜査官は、ときに対立することもあった。オタクっぽい理系人間と鼻っ柱が強い刑事、そんな両者が意気投合することは少ない。しかし私はこれまで数多くの捜査にひそかに首を突っ込んできたため、刑事たちは私の意見を判断材料のひとつとして評価するようになっていた。

まず、ウォーンがステファニーに質問した。最初に彼は、事件に関して議論の余地のない事実を思い出してほしいと頼んだ。野球の試合。子猫。猫の餌を買うために父親にお小遣いをもらいにいったこと……。シンシア失踪についての記憶をステファニーがすべて話したあと、ウォーンはカセットテープを取り出してプレイヤーに差し込んだ。「これが、当時のあなたが話したことです」と彼は言い、再生ボタンを押した。

一〇歳のステファニーの声――柔和で、優しく、怯えた声――が流れてくると、大人になった彼女はぼんやりとプレイヤーを見つめ、自身の声に耳を傾けた。ステファニー少女が話を変え、地元の一〇代の少年の関与をほのめかす部分に来ると、大人のステファニーは首を激しく振った。「ちがう！」と彼女は声を上げ、両手で口を覆った。「ちがいます！　そんな男の人はいなかった」。ステファニーの涙が嗚咽に変わると、ウォーン刑事は停止ボタンを押し、彼女がふたたび落ち着くのを待った。少年が関与したと証言するつもりはなかった、とステファニーは言った。事件から数十年後、当時一〇歳だった女性は、いとこの殺人事件に無辜の少年を巻き込んだことの余波を理解しようとしていた。それを目の当たりにした私は、胸をえぐられるような思いに襲われた。

シンシアが殺されてから二年後、フィリップ・ヒューズが似たような三件の殺人事件で逮捕された段階で、一〇代の少年は最有力容疑者ではなくなった。ヒューズの連続殺人の詳細が明らかになると、類似する手口による殺人事件のすべてにおいて彼の名前が容疑者リストのトップに躍り出ることになった。それでも、シンシア殺しにおいて地元の少年への嫌疑が正式に晴れたわけではなかった。何年ものあいだ殺人という雲の下で生きなければいけない人生とは、彼にとってどんなものだったのだろう。その日はじめて、少年と犯罪を結びつけた唯一の人物が自身の主張を撤回した。これで、フィリップ・ヒューズをべつの事件で有罪に持ち込むための材料がさらに増えたことになる。

DNAが残っている可能性

シンシア・ワックスマン殺人事件のファイルを熟読した私は、証拠のどこかに犯人のDNAが残っている可能性が高いと判断した。現代のDNA技術をもってすれば、高度な科学技術がまだ発展途上だった二〇年前には見逃されていた手がかりが出てくるかもしれない。シンシアを拘束して絞め殺すために使ったロープに、犯人の痕跡が残っていることも考えられる。

凶器となったナイロン製ロープは、この殺人が計画的な犯罪ではないことを教えてくれた。犯人は現場にロープを持ってきていなかった。犯行に使われたロープは、草むらのなかの古い有刺鉄線の柵にくりつけられていたものだった。犯人は茂みに隠れているあいだにたまたまロープを見つけ、それを焼いて二本に切った。それぞれの少女のために一本ずつ用意されたのだろう。彼は両方を殺すつもりだったにちがいない。

私の推理はこうだ。モラガ・ロードを車で走行中だった犯人は、路傍でシンシアとステファニーが子猫と遊んでいるのを見かける。彼は車を停め、茂みを通ってこっそり近づいていく。しかし着いたときには、シンシアひとりになっていた。犯人は少女を茂みのなかへとおびき寄せ、ロープを使って腕を縛り、凌辱し、それからステファニーのために用意した二本目のロープで首を絞めた。事件現場の写真と検視報告書から、シンシアが膣に大きな外傷を負っていたことがわかった。だとすれば、犯人の精液や唾液の証拠が残っていてもおかしくはなかった。

私はふたたび研究所から八ブロック移動し、エスコバー・ストリートにある保管室のエンジェルのところに行った。シンシア・ワックスマン事件の証拠は大きな段ボール箱に入れられ、中身はすべて茶色の紙袋に収められていた。もともと箱に貼られていたガムテープは黄ばんで丸まり、何年ものあいだに何度も上からテープが重ねて貼られていたが、証拠は良好な状態で残っていた。私はシンシアの衣服――赤、白、青のワンピース、緑の靴下、白い下着、青と白の縞模様のテニスシューズ――を取り出し、正しい方向に進んでいるはずだと祈りながら自分のオフィスに戻った。それから証拠を研究所に送って鑑定を依頼し、結果を待った。これでフィリップ・ヒューズには四度目の殺人罪での有罪判決が下され、今回は仮釈放なしの終身刑となる。そう私は信じていた。計画どおり進めば、彼が刑務所から出てくることは金輪際なくなる。

シンシアの衣服の検査を進めたDNA分析者は、下着に精液痕があることを発見した。五センチ以上の大きな染みだったが、一九七八年には見過ごされていた。のちに私が知ったのは、当初も染みに対する酸性ホスファターゼ検査において陽性反応が認められていたということだった。しかし当時の担当科学捜査官は、証拠として採用できるほど強い反応ではないと判断した。思春期前の少女の膣液によく見られる、酸性ホスファターゼ活性の上昇である可能性が高いと考え、それ以上は追求しなかった。あらためて私は、過去に行なわれたことを当てにしてはいけない、つねに証拠を再検討しなければいけないのだと思い知らされた。今回の鑑定では、精液痕から簡単にDNAプロファイルを作成することができた。これで事件解決はまちがいないと考え、私は有頂天になった。こうして、この新たなプロファイルはCODIS（有罪判決を受けた犯罪者や未解決事件の容疑者のDNAプロファイルを地域、州、全国単位でまとめたFBIのデータベース）にアップロードされた。CODISの検索には時間がかかる。私はシンシア・ワックスマン事件を脳内のべつの区画に移動し、いつもどおり仕事を進めた。

それから数週が過ぎた。ある日、研究所に行くと、DNA解析班のリーダーであるデイヴ・ストックウェルに声をかけられた。

「やあ、ポール」と彼は言った。「ワックスマンの結果が出たよ」

心臓が胃に落ちてしまいそうになるという表現があるが、それはホルモンと神経伝達物質の奔流が体のなかで猛り狂う恐ろしい感覚のことだ。私の心臓は騒ぎ立ち、顔が紅潮して真っ赤になった。

「誰だった？」と尋ねた。ストックウェルは、身もだえする私を見ておもしろがっていたにちがいない。彼は椅子から立ち上がり、プリンターまでぶらぶらと歩いていき、一枚の紙をつかんで差し出した。いちばん上に書かれていたのは「チャールズ・ジャクソン」という名前だった。フィリップ・ヒューズじゃないって？　そんなことがありえるだろうか？　シンシア・ワックスマンを殺した犯人がフィリップ・ヒューズではない？　ヒューズの名前があらゆる場所に刻印されていた。冷酷さ。無慈悲さ。くわえて、現場は彼の行動範囲内にあった。これまで事件ファイルを見たすべての捜査官が、ヒューズが犯人であるという同じ無様な結論にたどり着いたというのか？　明々白々たる事実と思われたことが、誤りだったのはなぜか？　どうして私はこれほどのまちがいを犯してしまったのだろう？

お願いだ、もう一杯酒をくれ。

チャールズ・〝ジュニア〟・ジャクソン。名前にこれほど聞き覚えがあるのはなぜだろう？　ジャクソンはイースト・ベイ・スレイヤーとして知られていた。おんぼろのトラックで走りまわって雑用をこなす便利屋だった彼には、生涯にわたる犯罪歴があった。強盗、レイプ、暴行、児童性的虐待。シンシア・ワックスマンが殺される一カ月前、彼は仮釈放されていた。そして四年後の一九八二年、ジャクソンはアラメダ郡で女性を強姦・殺害した罪で有罪となり、終身刑を言い渡された。以来ジャクソンは、一九七五年から八二年のあいだにベイエリアで起きた七人の女性とひとりの男性の殺人の有力な容疑者として浮上した。なんとも不気味な話だ。連続殺人犯として知られるフィリップ・ヒューズが、シンシアが強姦・殺害された現場の一ブロック先をよくうろついていた。しかし実際に犯行に及んでいたのは、通りすがりのべつの連続殺人犯のほうだった。少なくとも警察が把握するかぎりでは、シンシアはジャクソンが殺した唯一の子どもだった。つい最近ジャクソンがフォルサム刑務所で心臓発作で死んだことを知り、私は落胆した。シンシアの家族にもたらされる唯一の正義は、誰が彼女を殺したのかという最終的な答えだけだった。

私はさきに進むしかなかった。

DNAが一致した

すぐに気持ちを切り替えてほかの未解決事件の手がかりを追っていると、ロクサン・グルエンハイドから電話がかかってきた。数カ月前、アルミーダ・ウィルツィー殺人事件の捜査ファイルを読んでみると約束してくれた仲のいい刑事だ。「やあ、ポール」と彼女はかすれ気味のブロンクス訛りで言った。「あの事件のファイルを読んでみたんだけど、このダリル・ケンプっていう男がおもしろそう」

ウィルツィー事件ファイルにケンプの名前が書かれていたことを私は覚えていた。殺人事件から二週間後、近隣の家々を窓の外から覗き込んだ疑いで逮捕され、ケンプは警察の取り調べを受けた。仮釈放中の彼を担当する保護観察官が、ケンプには性的殺人犯としての前科があり、事件との関連を調べたほうがいいと当局に内報した。しかし服役中の文通をとおして出会ったケンプの交際相手は、アルミーダ・ウィルツィーが殺された日に彼といっしょにいたと証言した。

ファイルを読むかぎり、捜査官たちはそのアリバイを信じてほかの容疑者を探したようだ。しかしその時点ですでに科学捜査官のジョン・パティーは、念には念を入れてケンプの毛髪試料を採取していた。驚くべき先見の明とはまさにこのことだった。

私はまたもや保管室に直行し、段ボールを一つひとつたしかめ、やっとのことでケンプの名前が書かれた箱を見つけた。紙袋のなかに数本の毛髪が押し込まれていた。その毛髪試料をＤＮＡ分析者に渡し、プロファイルを作成できるか試してほしいと頼んだ。やがて解明した毛髪のプロファイルは、アルミーダ・ウィルツィーの爪の内側から見つかった血痕のＤＮＡと一致した。これで、ひとつの未解決事件が解決した。

いますぐグルエンハイドに伝えたかった。私が電話をしたとき、彼女は法廷の外の廊下の椅子に坐り、べつの事件の裁判で証言台に呼ばれるのを待っているところだった。「ダリル・ケンプのDNAプロファイルが、アルミーダの爪の血痕と一致した」と私が言うと、開廷を知らせるベルが鳴るのが聞こえた。言うまでもなく裁判所は、一定の礼節が求められる場所だ。しかし、電話越しにグルエンハイドの歓喜の叫び声が聞こえてきた。「ファッキング、イエーイ!」

グルエンハイドが追跡すると、ケンプはいまテキサス州の刑務所におり、加重強姦の罪で服役中であることがわかった。彼は以前、ロサンゼルスで看護師を強姦・殺害した罪でカリフォルニア州の死刑囚監房に収容されていた。しかし、のちにカリフォルニア州最高裁判所が死刑を停止したため、執行を免れていた。そして一八年服役したのち、一九七八年にケンプは仮釈放された。その四カ月後に彼は、ジョギングコースを走っていたアルミーダ・ウィルツィーを待ち伏せして襲い、殺害した。しばらくしてテキサスに引っ越したあと一九八三年にケンプは、六人の大学生がシェアする家に押し入り、彼女たちの首を絞めてレイプした。ウィルツィー事件の犯人であることが発覚した二〇〇三年、ケンプは六七歳になっていた。

一八歳で成人して以来、彼が当局に身柄を拘束されていない期間は八年だけだった。それは、寛大な裁判官や仮釈放委員会からの贈り物だった。ケンプはまた仮釈放を申請しようとしていたが、今回はアルミーダ・ウィルツィー事件における殺人容疑を突きつけられることになった。

二〇〇三年、ケンプはコントラコスタ郡にふたたび送還された。裁判のあいだ彼はずっと居眠りし、二度目の死刑判決を受けた。アルミーダが殺されたのは、カリフォルニア州の住民たちが死刑制度の復活を投票で決めた一週間後のことだった。八五歳となったいまもケンプは、サンクエンティン州立刑務所の死刑囚監房に収容されている。おそらく今後も刑が執行されることはないだろう。

一方のフィリップ・ヒューズは七四歳となり、カリフォルニア・メンズ・コロニー刑務所にいまも収監されている。仮釈放の申請はことごとく却下されてきた。ヒューズは文通相手と結婚し、彼女がふたりの子どもを育てるのを独房から応援している。

フィリップ・ヒューズにまつわる多難な長旅は、私にとって貴重な学びの場となった。ヒューズの仮釈放を阻止しようと活動するなかで、彼が犯人だと思われた殺人のうち二件について逆に無実を証明してしまった。私はこんな教訓を学んだ。誰かが注目しているかぎり、事件解決の道が閉ざされることはない。たとえそれが、自分が最初に解決しようとしていた事件ではなくとも。

フィリップ・ヒューズをべつの殺人事件で追い詰められなかったことは悔しくてたまらなかった。はじめに私は、期待どおりの結果を得られなかったときにいつもすることをした——自分を疑った。しかし、こう考え直した。**ちょっと待て。結局のところ、行き着くところは同じなのか？　悪いやつを捕まえるという意味では同じなのでは？**　捕まえた相手が正しい悪人であるかぎり、そのとおりだった。幼いシンシア・ワックスマン殺害事件の捜査結果は、私が予期していたものではなかった。しかし少なくとも、ダリル・ケンプが仮釈放される可能性は排除された。遺族たちはもう彼の顔を見なくてすむ。それこそが真実だった。なにより大切なのは、真実を知ることだった。だとすれば、それほど悪くはない結果だった。

15 オリジナル・ナイト・ストーカー

強姦魔とストーカーの類似点

二〇〇一年、私がイースト・エリア強姦魔のDNAプロファイルを作成してから四年がたった。南カリフォルニアのオレンジ郡が追っていた連続略奪者について、科学捜査官のメアリー・ホンと意見を交わしてから同じく四年がたった。彼女たちがオリジナル・ナイト・ストーカー（ONS）と呼ぶ男とEARには類似点があることがわかっていた。

どちらも同じ時期に活動し、どちらも性的な動機による略奪者であり、就寝中の男女を襲った。しかし、私がより注目したのは両者のちがいのほうだった。EARは連続強姦魔で、被害者の背中に皿を置くという特徴があった。ONSはそのような行為をせず、強姦を続ける一方で、カップルを撲殺することもあった。

そのときはまだ、「これは絶対に同じ男だ！」と断言できる要素は何もなかった。私としては関連性をさらに掘り下げて調べてみたかったが、ONSを捜査した機関の一部は、私が未解決事件について尋ねるとあからさまに妨害しようとしてきた。さらに、オレンジ郡の高性能な機器を使ってホンが作成したDNAプロファイルと、当時のコントラコスタ郡の初歩的な検査能力のあいだには互換性がなかった。つぎにどこの角を曲がればいいのかわからなくなった私は、すでに何年もまえに襲撃をやめたと思われる強姦魔を追いかけるために、これ以上の時間を費やすのは妥当ではないと判断した。とくに当時は、リサ・ノレル／ピッツバーグ売春婦殺人事件が起きており、活動中の連続殺人犯が近くにいると考えられていた。これらの事件についての私の推理——少なくとも、いくつかの事件は同一犯によるもの——が当たっているとすれば、犯人は公共の安全を脅かす存在であり、ほかの何よりもこの事件の捜査が優先されるべきだった。

私はホンに対し、コントラコスタ郡の研究所の鑑定能力がオレンジ郡の研究所に追いついたら連絡すると約束した。何年も時間はかかったものの、こちらの研究所でもついに標準的なSTR法（縦列型反復配列、ショートタンデムリピート）でのDNA検査ができるようになった。連邦司法省の刑事司法計画局から助成金を受け取った私たちは、FBIが起ち上げたばかりのCODISのためにDNAプロファイルを作成した。助成金の額はそれほど多くはなかったものの、未解決事件にこれまで以上に積極的に取り組み、DNA検査手順を改善するための予算としては充分なものだった。

ある日、私を含めた数人でエスコバー・ストリートの研究所の廊下に突っ立ち、助成金を使うべき未解決事件についてブレインストーミングを行なった。一九九七年に袋小路に迷い込んで以来、私はイースト・エリア強姦魔についてあまり深く考えてこなかったが、なぜかその日は事件のことが頭にふと浮かんだ。「そうだ！」と私は言った。「EARに使うっていうのはどうだろう？」。議論が始まった。EAR事件は殺人ではなく、すべてのレイプ案件はすでに時効を過ぎていた。よって、たとえ犯人が判明したとしても起訴することはできない。つぎに頭をよぎった疑問はこれだった。「どうせどこへもたどり着かない事件に対して、助成金を使うことは現実的だろうか？」

独特のユーモアのセンスを持つDNA分析官のデイヴ・ストックウェルは、この提案に乗り気ではなかった。彼は規則を重視するタイプの人間だった。「あの事件が助成金の精神に合致しているとは思えませんね」と彼は言った。私にも彼の懸念は理解できたが、上司のカレン・シェルドンがストックウェルの意見を却下した。「いいと思う、やってみるべきよ」と彼女は言った。「誰かが何か文句を言ってきたら、わたしが責任を取る」。かくして、私はふたたびEAR事件の捜査に取りかかることになった。

「プロファイルが一致しました」

ストックウェルを担当に割り当て、一九九七年に私がDNAを分析した三件のEAR事件について、新技術での再鑑定をとおして最新プロファイルを作成するよう指示した。ストックウェルは、二年前に南カリフォルニアのサンバーナーディーノ郡保安官事務所の研究所からここに転属になった優秀な科学捜査官だった。彼は、この研究所における新しいDNA技術への移行を支えた頭脳の持ち主だった。何か疑問があるときは、誰もがストックウェルのところに行って相談した。すると彼は相手に数々の質問を投げかけ、新たな答えを導き出してくれた。

ストックウェルは、新しいSTR法を使ってEAR事件の証拠の検査を始めた。やがて彼は、三つの事件の犯人のDNAが同じSTRプロファイルを共有していることを突き止めた。予想どおりの結果ではあったが、それでも私はほっと安心した。STR法は私が作成した古いプロファイルよりもはるかに識別力が高いため、異なる結果が出てもおかしくはなかったからだ。検証結果が判明すると、私はストックウェルにメアリー・ホンに連絡するよう指示した。ついにEARのDNAの特徴とオリジナル・ナイト・ストーカーのプロファイルを比較し、この章を閉じる段階までやってきた。すべての調査には、つぎの段階に進むために実行すべき手順と確認すべき項目がある。オレンジ郡のプロファイルとの比較は、確認リストから項目をひとつ消すためのプロセスだった。それは、EARの正体を突き止めるという長い道のりのなかで、さらにもうひとつの可能性を排除するためのものだった。

指示を受けたストックウェルがメアリー・ホンに連絡を取るために研究所の奥に姿を消すと、私は鑑識報告書を確認して署名するという日課をこなした。同じ日の午後、机から顔を上げると、ストックウェルが私のオフィスの扉のすぐ内側に立っていた。「メアリーと話しました」と彼は言った。その口調には、街なかのデリカテッセンの今日のおすすめメニューを伝えるくらいの熱意しかこもっていなかった。「プロファイルが一致しました」

私は椅子から転げ落ちそうなほど驚いた。「なんだって？」とまだ信じられない思いで訊き返した。「プロファイルが一致しました」と彼は繰り返した。「イースト・エリア強姦魔とプロファイルが一致する犯人による殺人事件が、向こうには四件あるそうです。完全一致です」

ストックウェルは、興奮をあらわにするタイプの人間ではなかった。彼にとってこの一件は、報告書を作成すべき通常業務のひとつにすぎず、終わったらつぎのプロジェクトに移るだけだった。しかし私にとっては、連続犯罪者の追及に取り憑かれた人生が最高潮に達したことを意味するものだった。しかもそれは、強姦魔が殺人者へと移り変わっていく犯罪プロセスの典型例を示すものでもあった。

私は茫然として動くことができず、しばらくそのまま坐っていた。我に返ると、携帯を手に取ってメアリー・ホンに電話した。「メアリー、一致だって？」

ホンも同じくらい興奮していた。それから彼女は、オレンジ郡保安官事務所の主任刑事であるラリー・プールを紹介してくれた。プールは私と同じようにつねに冷静沈着な人物だったが、そのときばかりは声に幾何《いくばく》かの興奮が含まれていた。電話越しに彼は、犯人についてくわしく説明してくれた。

ＤＮＡで紐づけられた四件の殺人事件にくわえ、さらに二件の事件も関連している疑いがあるという。うち一件の事件では、被害を受けたカップルが逃げ出し、襲撃についての詳細を捜査官に伝えていた。彼らの証言のいたるところに、ＥＡＲという名前が刻まれているかのようだった。

地上の楽園に現われた覆面男

南カリフォルニアのサンタバーバラ郡にあるゴリータは、郡庁所在地のサンタバーバラ市に隣接した街だ。一九五〇年代まで農業しか産業がない場所だったが、のちに航空宇宙・防衛技術産業の拠点へと発展し、住宅建築ブームが巻き起こると、ホワイトカラー層の若い世代が流入してきた。ゴリータが「良い土地」という愛称で呼ばれているのには理由があった。緑豊かな山々に囲まれ、野生の花が所々で咲く岩の断崖から南カリフォルニアの太平洋の一角を一望することができた。真夏でも気温は二〇℃前後と過ごしやすく、冬には街の蝶保護区にオオカバマダラが渡ってくる。

一九七九年一〇月一日、そんな地上の楽園がぶち壊された。ゴリータのクイーン・アン・レーンの自宅のベッドで寝ていたカップルの足元に、覆面をした男が立っていた。時間は午前二時。男女の眼に向けられた懐中電灯のまぶしい光をのぞいて、室内は真っ暗だった。ふたりはどちらも三三歳で、コンピューター・プログラマーとして働いていた。上位中流階級地区にあるその家には二年前から住んでおり、まわりで大きな犯罪など起きたことがなかった。もちろん、その夜までは。

侵入者がベッドを蹴ると、女性がさきに眼を覚ました。つづけて、ボーイフレンドも懐中電灯のまぶしい光に気づいて眼を開けた。

「動くな、マザーファッカー」と犯人が声を変えて言った。「ぶっ殺すぞ。うつ伏せになれ。金をもらってく」

ふたりは命令にしたがった。

「男を縛れ」と侵入者は命じ、ナイロン紐と組紐《ブレードロープ》を女性のほうに投げつけた。

彼女は手を震わせながら、ボーイフレンドの手首と足首を――はじめは緩めに――縛った。

「もっときつく縛れ、死にたいのか」

女性は言うとおりにした。そのとき、彼女が命の危険を感じていたのはまちがいなかった。

つぎは女性の番だった。侵入者は彼女の手首をうしろ手に縛り、それから足首を縛った。女性が動けなくなると、犯人は室内を歩き、ドレッサーの引き出しを引っ掻きまわした。

それから寝室に戻り、「金はどこにある?」と唸った。「少しでも動いたら、わかってるだろうな」

ハンドバッグと彼の財布がキッチン・カウンターの上にある、と女性は言った。侵入者は女性の足首の紐を緩め、ベッドから引きずり下ろすように立たせた。いっしょにキッチンまで来い、と男は言った。

犯人は女性をリビングまで歩かせ、コーヒーテーブルの横の床に押し倒し、また足首を縛った。

「体をひっくり返して仰向けになれ」と彼は言った。レイプされると彼女は悟った。ふたたび男は部屋を離れ、家のなかを物色してまわった。しばらくしてテニスパンツを手に戻ってくると、それを女性の頭にかぶせた。しかし生地越しに彼女は、男が懐中電灯を当てて体をくまなく調べているのがわかった。それから犯人は女性の左肩の横にひざまずいた。「いまからおまえを殺す。咽喉を掻っ切ってやる」と彼は言い、その場からまた離れた。

女性は恐怖に震えつつ、犯人が台所を掻きまわし、廊下を行き来する音を聞いていた。「やつらを殺す。やつらを殺す。やつらを殺す」という男の台詞が少なくとも一〇回以上聞こえてきた。

女性は逃げ出そうと決意した。黙っていても死ぬだけ、なんとか逃げなければと彼女は考えた。犯人が近くを歩きまわるなか、女性は脚をぴくぴくと動かして紐を解き、それから叫びながら玄関から外に逃げ出した。寝室で裸のまま縛られていたボーイフレンドも、なんとかベッドの横に移動して立ち上がり、小さく飛び跳ねながらガラスの引き戸から裏庭に出ることができた。そのとき、懐中電灯の光が自分のほうに向けられるのが見えた。男性はオレンジの木のうしろに体を投げ出し、光が消えるまで微動だにせずじっとしていた。

玄関の外に出た犯人は、泣き叫ぶ女性にすぐさま追いついた。頭を覆われていた彼女は途中で方向がわからなくなり、家の横壁に衝突してしまった。もう何をしても無駄だった。犯人は女性をひざまずかせ、頭をうしろに引っぱり、親指を口のなかに押し込んだ。それから咽喉にナイフを突きつけ、歯を食いしばって言った。「黙ってろと言っただろうが」と彼は怒鳴り、女性を家のなかに連れ戻した。

近くに住むＦＢＩ特別捜査官のスタン・ロスと彼の妻は、誰かの叫び声に驚いて眼を覚ました。「いまのは何？」と妻は言い、ベッドの上で起き上がった。ロスは窓の外をたしかめたが、敷地を隔てる茂みの奥にある隣家は見えなかった。しかし何が起きているにせよ、それが深刻な事態であることはまちがいなかった。彼は保安官事務所に電話をかけて助けを求め、服をまとい、妻に銃を渡して言った。「おれが家を出たら鍵をかけてくれ。おれが戻るまで絶対に扉を開けちゃダメだ」。自身の拳銃を手に家を出たロスは、自転車に乗った男がドライブウェイから離れていくのが見えた。

「おい！」とロスは叫んだ。自転車の男は身をかがめ、ペダルをさらに強く踏み込んで逃げた。ロスが車を発進させて追いかけたときには、自転車はかなりさきまで進んでいた。ヘッドライトの光が一〇段変速の自転車の赤い反射板をとらえたその瞬間、男は自転車を乗り捨て、家々のあいだに消えた。

彼はすでにいなくなっていた。その自転車は、近くの家から盗まれたものだった。

ロスが自宅に戻ると同時に、保安官代理が到着した。そのとき、裸の女性がドライブウェイを走って近づいてきた。両手を後ろ手に縛られた彼女は、「彼が殺された！　彼が殺された！」と泣き叫んだ。ボーイフレンドが死んだと確信していたのだ。

ロスと保安官代理は女性の家を捜索し、それからドライブウェイに出、裏庭に通じる木製の門まで歩いていった。ロスは女性のボーイフレンドの名前を呼ばわった。「安心してください、近くに住んでいるスタンです。保安官代理もいっしょです」と彼は言い、庭の端から端へと懐中電灯の光を移動させた。ボーイフレンドはまだオレンジの木のうしろに隠れていた。「懐中電灯で保安官のバッジを照らしてください」と彼は言った。

カップルの証言には、侵入者の特定に役立つ情報はほとんど含まれていなかった。室内は暗く、犯人は目出し帽をかぶっていた。ふたりにわかったのは犯人が男性であり、「おそらく白人で、身長は一七五センチから一八〇センチくらい」ということだけだった。たいした情報ではなかったものの、この連続強姦犯の将来の被害者たちは、それ以上の情報を警察に提供することができなかった。EARはカリフォルニア南部に移ったが、その手口は同じだった。真夜中の奇襲、目出し帽、しゃがれたささやき声。男女を引き離し、ベッドの上で男性の手足を縛るという手順も同じだった。このゴリータでの犯行はリハーサル、あるいは作戦の失敗だったのだろう。しかし、EARは殺人の準備をすでに整えていた。二カ月後、クイーン・アン・レーンの犯行現場から一キロも離れていない場所で、連続強姦魔は連続殺人犯への見事な変身を始めた。一九七九年一二月三〇日の早朝、彼は整形外科医ロバート・オファーマンの家に押し入った。コンドミニアムのその寝室で、オファーマンにくわえ、最近つき合いはじめたばかりだった精神分析医のデブラ・マニングが撲殺された。その後は被害者の全員が殺されたため、犯人の特徴を証言できる者は誰もいなかった。

怪物についた新しい名前

イースト・エリア強姦魔とオリジナル・ナイト・ストーカーが同一人物であるというニュースは、二〇〇一年春に新聞の一面を飾った。サクラメント・ビー紙はこう報じた。「犯人は一九七六年から一九七八年にかけてサクラメント郡の東部を恐怖に陥れた。女性たちは陽が暮れるのを恐れ、男性たちは自宅にいるときも神経質になった……そしていまコントラコスタ郡の科学捜査官が、長年にわたって保管されていたDNA試料を使い、この犯人を南カリフォルニアでの殺人事件――一九七九年から一九八六年にかけてオレンジ郡、サンタバーバラ郡、ヴェンチュラ郡で四組のカップルとふたりの女性が殺された事件――と結びつけた」

この怪物には新しい名前がつけられた。EARONSだ。彼は、史上もっとも多くの被害者を出した凶悪な連続略奪者のひとりだった。

私は事件ファイル、証拠品、資料などをすべてまとめ、オレンジ郡のラリー・プール刑事に送った。できることはなんでも手伝うと私はプールに請け合った。この時点から私はサポート役にまわることになった。勝負の場はオレンジ郡に移った。プールたちが追うのは、時効のない殺人事件だ。二〇〇一年三月のその時点まで、プールを含む南カリフォルニアの捜査官たちは幽霊を追いかけていたも同然だった。被害者はみな死に、頼りになるのは生き残ったゴリータのカップルによるあいまいな証言だけだった。

しかし彼らはいまや、北カリフォルニアで起きた五〇件の事件の情報を利用できるようになった。

その被害者たちは犯人についてのありとあらゆる詳細を証言してきた。背格好、発言、行動、小さなペニス……。EAR特別捜査班は長年にわたって、容疑者候補の長いリストを作り上げてきた。プールはそれらの大量の情報と、南カリフォルニアの殺人事件の情報を照合することができる。もしかすると、EAR事件ファイルに書かれた名前のひとつが、プール側の容疑者リストの名前と一致するかもしれない。

私としては、オレンジ郡がこの連続犯罪を解決してくれるはずだと信じていた。少なくとも一定の役割を果たすことができたと感じ、不承ながらもEAR事件のことは頭のなかから追い出し、つぎのチャレンジを探しはじめた。

16 検視

〈2003年4月〉

訪ねてきたジャコメッリ

確定申告締め切り日の火曜日、顔を上げると、エスコバー・ストリート研究所の受付に立つジャコメッリの姿が見えた。ふたり組のひとりだけを眼にするのは、どこか奇妙に思えた。それまで私は、片方しかいない場面に遭遇したことがなかった。

「よう相棒、元気かい?」とジャコメッリは言ってサングラスを外し、受付に向かって歩く私のほうに笑みを向けた。

「元気だよ。今日はどんなご用かな、レイ」

コナティーの母親が急逝し、その日はひとりで大きな事件に取り組むことになったのだとジャコメッリは説明した。私の意見を聞くためにやってきた、と。ピッツバーグでの殺人事件(12章参照)をとおしてコナティーとジャコメッリと親しくなってから、四年近くがたっていた。三番目の車輪として受け容れられたことを、私は誇りに感じていた。私たちはまったく異なる種類の人間だった——控えめな未解決事件マニアと大胆不敵な花形刑事。にもかかわらず三人のあいだでは、説明のつかない人間同士の化学反応が起きた。私は彼らの捜査能力に畏敬の念を抱き、殺人事件の科学についてふたりは私の意見を尊重してくれた。「いいかげんにしろ、ホールズ」とコナティーはよく言った。「おれたちはただの街の刑事だぞ。幼稚園児に説明するように話してくれ」

「街の刑事」が捜査のコツを教えてくれると言ったとき、私はそのチャンスに飛びついた。彼らは私を戦場へと連れていき、刑事の仕事の不快な側面を包み隠さず見せてくれた。それは、殺人事件の捜査技術についての特別講座を受けつつ、同時にスタンダップ・コメディーに参加しているようなものだった。仕事が終わったあとの夜遅くや、研究所をこっそり抜け出せるときなど、彼らの車に同乗できる機会があればいつでもそうした。スモークガラスの黒いセダンをコナティーが運転し、ジャコメッリが助手席に坐った。こんな車内を想像してみてほしい。まえの席にはダークスーツと濃いサングラス姿のブルース・ブラザースがいて、後部座席には幼い弟のように体を丸めて坐る私がいた。

コナティーが実際に口にしたように、ふたりは私を「おちょくる」のが大好きだった。ある日のこと、殺人事件の再現検証からの帰り道だった。コナティーは熱弁モードに入っていた。物語の途中で彼は突如として頭を振り、混み合ったウィロー・パス・ロードの真んなかで乱暴に片輪だけでUターンした。つぎの瞬間、車は反対方向に向かっていた。後部座席の私は、首振り人形になった気分で茫然としていた。コナティーは右に曲がって脇道に入り、ゆっくりと縁石に近寄っていった。そこには電信柱に寄りかかる女性がおり、明らかに買春客を待っている様子だった。バックミラー越しに、コナティーの目玉がサングラスの上から前方を覗き込んでいるのが見えた。「彼女を覚えているか？」と彼は訊いた。ジャコメッリはうなずき、窓を開けて言った。「やあ、アマンダ！　いま捜してるやつがいてね。ポール・ホールズって男を知っているか？」。私は後部座席で体を縮こめた。女性の眼は半開きで焦点が合っていなかった。「知らない」と彼女は答えた。「もしその男に出くわしたら、警察が捜していると伝えてくれ」とジャコメッリが言うと、コナティーは車を発進させた。ふたりが大笑いするあいだ私が考えていたのは、ピッツバーグ署が捜す買春客として私の名前が人々のあいだに広まってしまうということだけだった。「最低だよ」と私は言った。「なんてことをしてくれたんだ？」

「ハンサムさん、ごめんよ」とコナティーは言った。

私の仕事の多くは、研究所の室内か机の上で行なわれるものだった。しかしコナティーとジャコメッリは実際に現場に行き、物騒な地域を車で巡り、相手の違法行為を見逃すのと引き換えに危険な犯罪者や売春婦から情報を引き出した。管轄地域で実際に活動する、ほんものの殺人課の刑事だった。私は接着剤のようにふたりにくっついてまわり、彼らがどのように人々とかかわり、相手がどう反応するのかを観察した。ふたりは、人々の信頼を得て情報を引き出すことに非常に長けていた。違法行為に関与し、本来なら警察と話すべきではない人々が相手でも、造作なく信頼関係を築くことができた。捜査の戦略以上に大切だと彼らが身をもって教えてくれたのは、捜査官と情報源の関係が事件にどのような影響を及ぼすのかという点だった。いかにも警察官らしく傲慢に振る舞って相手を動物のように扱うのではなく、人間対人間として話を聞くときのほうが、はるかに多くの協力を得ることができた。コナティーとジャコメッリは必要とあらば強硬な姿勢を取ることもあったが（とくにコナティー）、相手が売春婦であれ、ギャングの親玉であれ、殺人犯であれ、人々とはじめに接するときの態度はつねに誠実で敬意に満ちたものだった。

ふたりに同行したすべての時間が勉強だった。暴力的かつ不利な条件下での経験や苦労話をとおして、私は多くのことを学んだ。どれほど好ましくない状況でも、彼らは一連の決められた流れに沿って捜査を進めることができた。ジャコメッリの性格はより「良い警官」に向いており、コナティーは

「悪い警官」を演じる達人だったが、ふたりは役割を入れ替えることもできた。彼らは互いにふざけ合っているように見せつつも、巧みに自白を引き出すことができた。私はふたりのように犯罪捜査の第一線で活動していたわけではなかった。それでも、彼らがそれぞれの性格をうまく利用して捜査を進める姿を見ていると、私自身のカメレオンのごとき性質が未解決事件の捜査に適しているのではないか、とすぐに感じるようになった。私はふたりとはちがい、筋金入りのギャングの大物のところに行き、彼らと同じ言葉を使って渡り合えるタイプの人間ではなかった。その一方で、ひどく用心深い被害者のもとを訪れ、彼らが過去に体験し、忘れたいと望む耐えがたいトラウマについて話をしてもらうことができた。それが私の強みだった。被害者の気持ちを理解し、安心して物語を語るような気がすることができた。私にとってそれらの物語こそが、取り組んでいたすべての事件においてすべての石をひっくり返そうとする原動力になった。

頭から血を流した男の謎

ジャコメッツリがやってきたその火曜日の時点で私は、ふたりが署の警ら隊員の捜査ミスに対処している最中だと知っていた。現場に呼び出されるまえに、コナティーは電話で私に事情を説明してくれた。一週間前の昼間、ピッツバーグのアボット・アベニューの家で男性が重傷を負っていると警察に通報があった。警ら隊員が現場に到着すると、二一歳の男性エリック・ルイス・ハフマンが頭から大量の血を流し、意識もなく横たわっていた。現場にいた姉の話によると、男性はその状態で彼女の家の玄関先に現われたとのことだった。どのようにしてそこにたどり着いたのかは謎で、歩いてやってきたのか、あるいは車から降ろされたのかもわからないという。近くのアンティオックで殴られたと男性は姉に伝えた。姉に導かれて室内に入ると、男性はソファーに倒れ込んだ。

この殴打事件が殺人事件に発展しそうになると、コナティーとジャコメッリが呼び出された。退勤時間が間近になりジムに行こうと準備をしていたそのとき、警部補がふたりのオフィスにやってきた。「この住宅に出動してほしい」と警部補は言った。「男性が殴られたという通報があったんだが、被害者はどうやら助からないようだ」。現場に到着すると、警ら隊員が玄関のドアのすぐ内側に立っていた。その警察官が、被害者の姉から聞いた話をふたりに伝えた。シャーロック・ホームズではなくとも、その説明の矛盾に気づくはずだとコナティーは言った。

被害者は、頭から真っ赤な血を流しながら姉の家まで歩いていった。にもかかわらず、外には血痕がいっさい残っていなかった。「一滴の血も落とさずに、家のまえまで歩いていける人なんていない」とコナティーは言った。ところが、室内の様子は真逆だった。居間のソファーのまわりは、まさに血の海だった。何が起きたにせよ、それが室内で起きたのはまちがいなかった。

瀕死の重傷を負った男性が死ぬまえ、病院は頭蓋骨のレントゲン写真を撮影していた。結果、頭の傷は殴打によるものではないことがわかった。男性は眼を銃で撃たれていた。その小さな詳細によって、姉の説明は瓦解した。よって彼女は容疑者、あるいは少なくとも従犯者になった。コナティーとジャコメッリは姉を署に連れていって尋問した。ふたりは弟に対する忠誠心に訴えかけたが、彼女にそんなものは通用しなかった。姉は性根がすわっており、さらに妊娠していた。「あんたが自分でやったか、あるいは誰がやったのかを知っているかのどちらかだ」とジャコメッリは言った。弟から聞いた話しか知らないと彼女は言い張り、ふたりを鼻であしらった。弟の死についての説明を刑事たちがまったく信じていないことが明らかになると、彼女は腹をさすり、陣痛が始まったと言い出した。賢い作戦だった。取り調べはそこで打ち切りになった。コナティーは受話器を取り、「救急車を呼んでくれ」と言った。姉の逮捕状を請求できるほどの証拠はまだなかった。

殺人が家のなかで起きたことを証明するためには、犯行現場を再現するしかない――。そう考えたコナティーは、私に協力を求めてきた。目標は、再現によって玄関付近に血痕がない理由を証明することだった。そのあとの流れはこうだ。弟は室内のソファー近くで殺された、と私が専門家として意見を言う。すると容疑者候補の数は劇的に減る。コナティーとジャコメッリは姉を逮捕するに充分な理由を得、それを武器として姉に知っていることを告白するよううながす。

翌朝、ふたりがピッツバーグ署でつぎの一手を模索していると、コナティーの父親から電話がかかってきた。

「母さんが死んだよ」と父親は言った。コナティーは狼狽した。母親は以前から病気がちではあったものの、死の知らせは青天の霹靂だった。

「どうしたんだ?」とジャコメッリは尋ねた。

「母さんが」とコナティーは、まだ信じられない気持ちを抑え込みながら静かに言った。「死んだ」

コナティーは絆の強いイタリア系一家の出で、母親にとってまさに自慢の息子だった。毎日母親を訪ねるのがコナティーの日課だったが、仕事に追われて前日だけは行っていなかった。そのタイミングで母親が亡くなってしまい、彼は悲しみに打ちのめされた。ジャコメッリもまた、パトリシア・コナティーにとってもうひとりの息子のような存在だった。ジャコメッリは母親に会うたびに愛情いっぱいに接し、コナティー家の集まりで彼女とダンスを踊ったこともあった。

「行け!　やるべきことをするんだ」とジャコメッリは相棒にうながした。

研究所にやってきたときにジャコメッリは、事件現場の写真の束を腋に抱えていた。彼はそれを私のまえのカウンターに並べた。すでに家主に連絡し、室内にふたたび入って捜索をする許可は取ってあるという。高度な機器を持つ科学捜査班も手配済みで、事件直後の捜索では見落とされていたおそれのある証拠を探す手筈が整っていた。最初の捜索のあと、死んだ男性の姉によって血痕はすべてきれいに拭き取られていた。実際の現場に関して残っている証拠は写真だけだったが、それも鮮明ではなく、発砲によって後方に飛び散るはずの一定量の血痕も確認することはできなかった。

失われたものを復活させるにはどうすればいいのか、とジャコメッツリは問うた。「ルミノールを使うことはできないかな？」。ルミノール反応とは、眼に見えない血の飛び散りを検出するために犯罪現場で使われる手法だ。この反応を調べることにより、血液が洗い落とされてからしばらく時間が経過していても、赤血球に含まれるタンパク質へモグロビンの存在が明らかになる。

「できると思う」と私は言った。「でもルミノールを試すまえに、まずは徹底的に目視で調べたほうがいい。眼に見える血液のパターンを発見するには、画質のいい写真が必要になる」

ジャコメッツリはうなずいた。これから現場の家に行き、ピッツバーグ署の犯罪現場捜査班と落ち合うという。地方組織のＣＳＩが、このような技術的に困難な事件を扱うのはめずらしいことだった。

「室内に入って捜索したら、連絡してくれ。つぎのステップをいっしょに考えよう」と私は言った。

ジャコメッツリは写真を積み重ね、巨大な手のひらを差し出して握手を求めてきた。

「きっと大丈夫」と私は言った。

ジャコメッツリはいつものように小さくうなずき、微笑み、サングラスをかけなおしてから出ていった。

待ち伏せ、処刑

「警察官が撃たれた」と上司から電話があったのは昼過ぎのことだった。現場に科学捜査官が必要だから急行してほしいと彼女は言い、住所を教えてくれた。ピッツバーグ市アボット・アベニュー。**お願いだ、勘弁してくれ**。「撃たれた警官は？」と訊くと、上司は「名前はジャコメッリ」と答えた。

世界が止まった。

ジャコメッリは予定どおり、ＣＳＩ班と合流するために事件現場の家に向かった。途中、近くのガソリンスタンドで家主のアール・フォスター・シニアと会って鍵を受け取った。ＣＳＩ班の到着が遅れていた。ジャコメッリはしびれを切らし、応援を呼んだ。「いま向かっています」と通信指令係は言った。応援の車両があと一ブロックのところまで近づいてきたとき、べつの要請にその車がまわされることになった。ジャコメッリは待つのではなく、ひとりで家に入ることを決めた。見たところ家は空《から》で、室内は静まり返っていた。彼は居間を抜け、廊下を歩いて寝室に向かった。殺人犯は、寝室のドアのうしろに潜んでいた。ジャコメッリに反撃するチャンスはなかった。彼は待ち伏せされ、顔を撃たれた。そのまま倒れると、犯人は体の上にまたがり、息の根が止まるまで撃ちつづけた。待ち伏せ攻撃、そして処刑――。ジャコメッリは銃を抜くことさえできなかった。

犯人は常習犯のアール・フォスター・ジュニアだった。家主の息子で、一週間前にその場所でエリック・ルイス・ハフマンを殺したのと同じ人物だった。ハフマンの姉はフォスター・ジュニアの恋人で、彼氏を守るために弟の殺人について嘘をついていたのだ。なんと複雑に絡み合った糸だろう。

コナティーは父親と妹とともに生花店に行き、母の葬儀のための花を選んでいた。そのとき、相棒の死について知らされた。彼は取り乱し、時速一六〇キロで街の通りを駆け抜けてアボット・アベニューに向かった。最初に駆けつけた警官たちによってジャコメッリの遺体はすでに家から搬出され、遺体安置所に運ばれていた。

私はコナティーよりさきに現場に到着し、室内を一通り確認した。奥の寝室は血まみれだった。撃たれたときに折れたジャコメッリの歯が、弾丸の薬莢に交じって床に転がっていた。私は経験豊かな科学捜査官を担当に割り当て、この事件がどれほど重要なものか彼が充分に理解していることを確認した。家の外に出ると、コナティーがやってくるのが見えた。ひたすら泣きつづけ、かろうじて正気を保っているような様子だった。「いったい何が起きた?」と彼は繰り返し尋ねた。私たちは抱きしめ合った。ジャコメッリが彼にとってどんな存在だったのか私は知っており、その苦しみは想像だにできないものだった。私はふたりが大好きだった。

陽が暮れ、私はその場を離れなくてはいけなかった。べつの大きな事件が待っていた。翌朝早くに遺体安置所に行き、レイシーとコナー・ピーターソンの検視に立ち会う必要があった。しかし、私の意識は混乱していた。

その夜、車で家に帰った道中のことを私はいっさい覚えていない。

スコット・ピーターソンの秘密

そのニュースは世界じゅうを駆け巡った。健康的な美しい臨時教師で、妊娠八カ月だったレイシー・ピーターソンが、クリスマス・イブにモデストの自宅から失踪した。化学肥料メーカーで営業マンとして働く夫で三〇歳のスコット・ピーターソンは、最後に妻を見たのは、バークレー・マリーナに釣りに出かけるために家を出たときだったと警察に説明した。しかし、夫スコットには秘密があった。妻が姿を消す一カ月前に出会ったアンバー・フライという女性と不倫関係にあったのだ。当然ながら、スコットが第一容疑者と目されていた。

ジャコメッツリが殺害される前日の二〇〇三年四月一四日の月曜日、四カ月近く行方がわかっていなかったレイシーのひどく腐敗した遺体が、イースト・ベイに打ち上げられた。その前日には、彼女の八カ月の胎児が一・五キロほど離れた岩場で発見されていた。最初の検視では、レイシーがいつどのように殺されたのかについてほとんど明らかにならなかった。私たちの研究所の病理医は、絞殺あるいは窒息死の可能性があると推察したが、遺体の状態のみから死因を確定することはできなかった。彼女の遺体には頭、首、脚、前腕がなかった。

私は、アリソン・ギャロウェイ博士を呼ぶことを提案した。難解な殺人事件の捜査でいっしょに仕事をしたことのある法人類学者だった。ギャロウェイ博士なら、レイシーの体に付着した海洋生物から死亡時期を断定することができるかもしれない。彼女がいつ死んだのかを正確に特定することができれば、事件の捜査はまちがいなく前進する。

四月一六日の水曜日、私は遺体安置所でギャロウェイ博士を出迎えた。手続きを済ませると、彼女はまず観察室に入った。安置台に載せられた母レイシーと息子コナーの遺体が、横に並べられていた。ギャロウェイ博士が検視を始めたとき、知り合いの捜査官たちがむっつりとした表情で次々と隣の検視室に入っていくく姿が見えた。**レイ**。ふたつの部屋を仕切る壁には窓があり、開いたブラインドの隙間から向こう側が見えた。ジャコメッツリの遺体が運ばれてきた。見知らぬ人の解剖に立ち会うのと、親友であるジャコメッツリの解剖に立ち会うのはまったく異なることだった。わずか一週間ほどまえ、ある事件のために彼といっしょに遺体安置所に来たことがあった。そのときジャコメッツリは、もし自分の身に何かあっても体を切り開くことは絶対にしないでくれと病理医と私に乞うた。

その会話を思い出しながら突っ立っていると、ボブ・ホール地方検事代理が声をかけてきた。ホールは、私たちが常日頃から密接に協力していた人物だった。「やあ、ポール」と彼は言った。「レイについて気になることがあるんだ。ちょっと見にきてくれないか?」。隣の部屋に行くと、検視台のうえに裸で横たわるジャコメッリがいた。私は自分が得意なことをした――脳の奥深くでそれを区分けし、分析モードに入った。彼の体の損傷を調べているあいだ、室内はまったき静寂に包まれた。

ピッツバーグ署の警官たちは世間話を交わすこともなく、いつものブラックジョークも今日ばかりは封印された。あまりに生々しすぎた。私はジャコメッリの眼を見つめた。前日まで生き生きと輝いていたのと同じ眼だったが、その活力は失われていた。彼の声が聞こえてきそうだった。「約束してくれ、ドクター。二度とこんなことはしないでくれよ」。そんなふうに考えておかなければ、いまにも涙が溢れてしまいそうだった。


同じころ、ギャロウェイ博士によるピーターソン事件の鑑定結果が出た。母レイシーの体からは何も判明しなかったが、息子コナーの体が多くを物語っていた。胎児はレイシーが死んだあともしばらくのあいだ母親の体のなかにとどまっていた。実際のところ、胎児は子宮内で外部の影響から守られていたという。彼の体は母親よりもはるかに状態が良かったため、ギャロウェイ博士はコナーの脚の骨を使って死亡した日を特定することができた。コナーが死んだのは、レイシーが失踪したのと同じ一二月二四日だった。

スコット・ピーターソンは妻レイシーを殺害し、サンフランシスコ湾に遺棄した。レイシーは海のなかを四カ月にわたって漂流した。やがて体から放出された胎児は、たった一人岸に打ち上げられた。

17 変化

〈２００４年〉

聖書への疑念

ローリーと別れてから六年が経過した。そのあいだ、シェリーと私はつき合ったり別れたりを繰り返していた。交際していない期間は、シェリーがほかの誰かとつき合うことを決めたときだった。そんなことが何度も繰り返されたのは、真剣な交際について私がどこまでも慎重だったせいだ。家族の崩壊に対する私の罪悪感は、ここ二年のあいだに和らいでいった。二年前のその日、子どもたちに会いにむかしの自宅に行くと、ドライブウェイに赤いピックアップ・トラックが停まっているのを見つけた。「こちらはジム」とローリーは言った。「教会のお友だちなの」。自分でも驚いたが、私は嫉妬心を抱いた。ほかの男が子どもたちと時間を過ごすようになり、自分が脇に追いやられることを恐れたのだろうか？　たんに自尊心が傷ついただけなのか？　別居前にローリーが抱えていた最大の問題のひとつは、私が教会を離れたことだった。いま彼女はずっと望んでいたこと、私では代わりになれないものを手に入れた。自身と同じくらい信仰に熱心なパートナーだ。

時《とき》とともに私のほうはむしろ、宗教という考えからますます遠ざかっていった。私は敬虔なカトリックの家庭で育ち、両親の信仰は揺るぎないものだった。けれど、心から宗教を信じたことはなかった。幼いころから形式的に毎週日曜日のミサに出席し、告解、公教要理、堅信といった儀式にもすべて参加してきたものの、宗教について真に理解したと感じたことはなかった。教会にまつわる思い出といえば、弟のデイヴと私が互いを小突き合って遊んでいると、「やめろ！」という仕草をした父親の手が横から伸びてくるというものだけだった。

高校生になると、通っていた教会が土曜日の夕方の礼拝を始めた。ミサが終わったあとにはきまって家族で夕食に出かけるようになり、それは私たち兄弟にとっては喜ばしい展開だった。いつも、デイヴと私がレストランを選ぶことができたからだ。あとで美味しい食べ物が待っていると思うと、説教もより愉しく感じられた。車の免許を取ったあとは、自分だけでミサに行くことが許されるようになった。私はあえて、両親が参加しないミサを選んだ。ふたりはドライブウェイから車を出す私を見守り、善きカトリック教徒の息子が今日もミサに出かけたと安堵した。彼らが知らなかったのは、私がミサをサボり、代わりに墓地を歩きまわっていたということだ。墓石に刻まれた名前の人物に何が起きたのか思いをめぐらし、若くして命を落とした故人の写真があると悲しい気持ちになった。

神による天地創造は驚嘆すべきことだったが、証明されていない事実に私はいつも疑いの眼を向けた。私にとって旧約聖書の創世記は、歴史的な記録というよりもサイエンス・フィクションに近いものだった。中学時代に私は考古学に夢中になり、ノアの箱舟の発見を目指す考古学探検隊についての本を図書館で借りて読んでみた。いまだに箱舟が発見されていないというのが、どうしても腑に落ちなかった。何千もの動物を運べるほどの大きさの船だというのに、その痕跡がまったく残っていないなど考えられるだろうか？　私が疑いを持つ理由の一例として箱舟の話を持ち出すと、ローリーはいつも苛立ちをあらわにした。「信仰っていうのは、ただ信じなきゃいけないってこと」と彼女は言ったが、それは私の両親がよく言った台詞でもあった。「証拠があれば、おれも信じるよ」と私は答えた。

自身の仕事をとおして、聖書への疑念はさらに募っていった。二〇年以上にわたって想像を絶する悲劇の数々を目の当たりにしてきた私は、全能の慈悲深い神が存在するという考えに対してますます冷ややかになった。子どもの誕生を祝っているはずのレイシー・ピーターソンが、息子のコナーとともに検視台に横たわっていた。アンティオックのふたりの少女は、愛する父親の手によって命を奪われた。一一歳のシンシア・ワックスマンは、そもそも刑務所から釈放されるべきではなかった連続殺人犯に強姦・絞殺された。惨憺たる犯罪現場から車で離れるとき、私はときどき自問した。**信じるべき神が、どうしてこんなことが起きるのを許すのだろう?**

シェリーと私の共通点のひとつが、宗教に対する考え方だった。私が神を信じないことは、彼女にとって問題ではなかった。シェリーは科学者であり、事実や証拠にもとづいて物事を判断することが多かった。信仰を実践していないユダヤ人家庭で育った彼女は、人と異なる考えを持つことを恐れていなかった。シェリーにとって宗教とは、知的に議論されるべきものだった。彼女は特定の信仰というフィルターをとおして人生を見ることがなく、そのようなシェリーの姿勢によって私の眼のまえにまったく新しい世界が広がった。彼女といると、私はリラックスすることができた。

三〇代なかばになり、私はようやく自分らしく生きていいのだと感じるようになった。彼女が聞き飽きるのではないかと心配せずに、事件の話をすることができた。気が向けば、夕食のときに酒を注文した。レストランにいっしょに行ったときに精液や血液についての話で盛り上がり、まわりのテーブル客からじろじろと見られることもあった。ほかの人々にとって政治や芸術がそうであるように、それらの話題は私たちにとって刺激的なものだった。外で会話したとき、まわりの人たちがなぜ耳をそばだてるのかは理解できた。ある晩、レストランで夕食中に私たちは、ピッツバーグ連続売春婦殺害事件に関連するべつの殺人事件について話し合っていた。その界隈では名の知られた売春婦だったクリスティン・ハバードが頭を二発撃たれ、ピッツバーグの廃品置き場の私道に遺棄された。そこは、五年前に三人の売春婦の遺体が発見されたのと同じエリアだった。複数の人が、死体が見つかる四五分前までクリスティンがまだ生きているのを目撃していた。シェリーが担当に割り当てられ、レイプキットでの証拠収集を行なった。「口腔内から精液が見つかったんだけど、精子の尾部がまだ残ってたの」と彼女は言い、捜査の結果を嬉々として私と共有した。

「つまり口腔性交を強制されたか、あるいは売春客にフェラチオをしていて、その直後に撃たれて殺されたってわけか」と私は言った。

「DNA鑑定をするには充分な量がないの」とシェリーは悔しそうに言った。

「遺体安置所に戻って、口からもっと試料を採取したほうがいい」と私は言った。

隣のテーブルのカップルが席を移動したいと店員に頼んだが、それも致し方ないことだろう。

シェリーとの交際

シェリーといると、自分が偽物のように感じることはなくなった。心が軽くなり、希望を持てるようになった。元妻のローリーと私は、お互いが二五歳になるまでにふたりの子どもをもうけた。私たちの人生は、義務と責任に満ち満ちたものだった。両親との実家暮らしからそのまま家庭を持った私には、そのあいだに真の自分を知る時間がなかった。結婚生活が破綻したあとになって、ひとりで過ごすべき時間があるのだと学んだ。マウンテンバイクに乗って凸凹の山道を駆け抜けたくなったら、私はそうした。ジープでピズモ・ビーチ周辺をドライブしたくなったら、そうすることもできた。シェリーは私がひとりで過ごす時間を作ることを後押しし、彼女自身もひとりの時間を謳歌した。私たちは交際していたが互いに独立しており、それが正しいことのように思われた。

つき合って間もないころから、シェリーこそが、私がいつも求めていたソウルメイトのように感じられた。が、急いで再婚をしたくはなかった。ローリーとの結婚生活が終わってしばらくたっても、子どもたちに会いにいったときにこう考えることがあった。**ここが私のいるべき場所だ**。なぜそう感じるのか、自分でもよくわからなかった。

父親として子どもたちにつねに寄り添えないことに対する罪悪感なのか？　あるいはシェリーと一定の距離を保つための私なりの方法なのか？　別居後、私は自由気ままな人生を送り、正直なところその現状に満足していた。長いあいだ、離婚を正式なものにする気になれなかった。シェリーが「なぜ？」と訊くと、私は口ごもりながら漠然とした答えに終始した。そんな話し合いが何度も続いたあと、あるとき彼女は「この話はもう忘れて」と言った。シェリーは保安官代理になるための試験を受けることを決めていた。それは、警察学校で半年間の訓練を受けることを意味する。私たちは別れ、そして彼女はいなくなった。

警察学校がどのような場所か、私は知っていた。学生たちはみな大きなストレスにさらされ、しばしば互いに安らぎを見いだす。私も経験済みだった。夜、むさくるしいワンルームのアパートメントのエアマットレスで私は何度も眼を覚まし、シェリーがいま何をしているのか、誰といっしょにいるのか考えをめぐらした。つらい時期だったが、それは私が安全地帯から抜け出さなければいけないという合図でもあった。ローリーと私は正式に離婚届を出すことに同意した。幸運にも、シェリーはまだほかの恋人を見つけていなかった。警察学校を卒業した彼女は、私をまた人生に迎え入れてくれた。

シェリーとの正式な交際が始まると、そろそろ子どもたちに会わせるべきタイミングだと感じた。それは、私にとって意義のある前進だった。この重要な集まりが開かれたのは、ウォルナット・クリークの私のアパートメント近くにあるショッピングモール内のハンバーガーチェーン〈ファドラッカーズ〉の店舗だった。レネーは九歳、ネイサンは六歳で、ふたりともまだ幼く、何か意見を言ったり、「どこで出会ったの?」「いつからつき合ってるの?」などと詮索したりすることもできなかった。その食事でなにより記憶に残っているのは、レネーがふざけて犬の真似をし、皿のフライドポテトを犬のようにがつがつ食べたことだった。さすが、わが娘だ。シェリーに子どもがいなかったことを思えば、彼女はじつにうまく適応してくれた。子どもへの訪問日が変わったときも予定変更に柔軟に対応し、誕生日や休日といった大切な日に私がそばにいられないときも理解を示してくれた。私が優先すべきは、子どもたちだった。レネーとネイサンに充分な愛を捧げ、彼らの生活のなかで訪問者以上の存在でありつづける必要があった。それをシェリーは受け容れてくれた。子どもたちが遠い場所に行ってしまうのはいやだった。その時点では、シェリーは私たちの交際について多くの点において寛容だったと思う。私が優柔不断な態度を何年も続けた末に、やっとふたりで将来の計画を立てることになった。

ローリーはローリーで、新しい生活のための計画を進めていた。ふたりで購入したヴァカヴィルの家を売ったあとに彼女は、私の実家から数キロしか離れていない町に新しい家を購入した。彼女とジム――赤いピックアップ・トラックを運転する友だち――は結婚することになっていた。どこまでも想像力に乏しい私は、以前の家と同じように、ローリーの新しい家の居間で何時間も子どもたちと遊べるのだと思い込んでいた。しかし、彼女が決然とそれを断わった。教会の知り合いがこう助言したらしい。新しいパートナーと再出発しようとしているいま、彼女の新生活に元夫が無遠慮に踏み込むべきではない。

ある日のこと、いつものように私が家に上がり込んでカウチに腰を下ろすと、ローリーがきっぱり言った。「もうわたしの家に遊びにくるのはやめて。公園とかレストランに子どもを連れていくことだってできるでしょ？　ご両親が近くに住んでいるんだから、そこで会ったらどう？」

「そっか……そっか」と私は言葉にならない言葉をつぶやいた。しごく妥当な要求だった。私の行動は身勝手だったが、「ああ、もうふつうの父親がするようなことはできないのか」と気がつくと心が痛んだ。その後は、両親が住む実家で子どもたちと会うようになった。ときどき、ウォルナット・クリークの散らかったアパートメント――浴室にカビの生えたワンルームのマンションで、電化製品の多くが故障し、以前の住人が飼っていた猫の嘔吐物の染みがカーペットに残っていた――にふたりを連れていくこともあった。子どもたちがトランポリン代わりに飛び跳ねたせいで、エアマットレスには穴が開いていた。寝るまえに空気を入れなおしたが、夜中に眼が覚めると床に寝ていることに気づき、また空気を入れなおさなくてはいけなかった。

同僚たちの憤り、非難の視線

シェリーと私は別々に住んでいた。私には自分のアパートメントがあり、彼女にはマーティネズの職場近くに持ち家があった。しかし、それ以外の場所ではいつもいっしょだった。研究所で時間が空くと、私たちは近くに坐って事件のことを話し、鑑定結果について相談し合った。事件が起きれば、犯罪現場用車両にいっしょに乗って現場に行った。暇ができれば、近くの山道をハイキングし、あるいはラスベガスや海沿いに出かけて羽を休めることもあった。しばらくすると、職場の同僚たちが私たちについて噂話をするようになった。保安官事務所では伝統的に職場恋愛を推奨しない方針があり、とくに上司と部下のあいだの交際は避けるべきだとされていた。つき合いはじめてから四年のうち三年のあいだ、シェリーは私の直属の部下として働いていた。職場ではプロとしての仕事に徹し、私情を挟まないよう慎重に行動してきたつもりだった。それでも親密になるにつれ、研究所のなかだけの関係ではないことが誰の眼にも明らかになっていった。

私たちの関係に対するすべての疑惑は、二〇〇四年はじめのある晩に一掃された。子どもたちを訪ねた帰り道、シェリーの家に立ち寄ろうとふと思い立った。数週間前に合鍵をもらったばかりだった。部屋の電気がついていたので、立ち寄っても問題ないだろうと考えた。玄関に続く階段を上がり、鍵を差し込んでまわし、室内に入った。何人かの声が聞こえたときには、もうこっそりと逃げ帰るには遅すぎた。私が居間に入ってきたのに気づき、シェリーが「ポール！」と言った。みんながこちらを振り返った。職場の友人ふたりとその妻たちが坐っておしゃべりをしていた。「おっと」と私は言葉に詰まった。顔が赤くなり、言いわけの言葉が頭のなかをぐるぐるまわった。**ちょうど仕事が終わったところでね。いま同じ犯罪現場を担当しているから**。囚われた動物のような気分だった。シェリーがいっしょに坐るよう私に勧め、友人らは私たちについての話題は避けつつ談笑を続けた。シェリーは冷静さを保っていたが、私は両手を揉み合わせ、どうすれば目立たないように上唇の汗を拭き取ることができるか考えていた。長居はせず、部屋を出るときにはなるべく平静を装った。その後はもう隠しとおすことなどできなかった。翌朝オフィスに行くと、私の背中を追う視線が感じられた。シェリーもまた、まわりのよそよそしさを感じ取った。

交際が非公式に公式なものになると、同僚の一部が憤りをあらわにした。私たちはルールを破っており、ほかの職員に対して公平ではないと彼らは訴えた。なかでもふたりの科学捜査官が、シェリーが優遇されているとあからさまに苦言を呈した。上司である私と敵対することはみな避け、非難の矛先はシェリーだけに向けられた。それから彼女は日々、心得顔やひそひそ声に耐えなければいけなかった。ときに私のオフィスにやってきて、扉を閉め、急に泣き出すこともあった。同僚たちから咎めるような視線を向けられ、グループ内で無視されている気がすると彼女は訴えた。とくにシェリーにとってはつらい時期だった。諍いを避ける達人である私は、とにかく仕事に専念するしかなかった。諍いに巻き込まれると蕁麻疹が出てしまう私としては、見ざる、聞かざるを貫くしかなかった。

ヨセミテ国立公園へ

二〇〇四年二月のその時点で、私はシェリーに結婚を申し込む心づもりができていた。真剣に交際を始めてから二年がたち、良いタイミングに感じられた。**さらに歩みを進め、ふたりの関係を正式なものにしよう**。約束していたヨセミテ国立公園への旅行に出発するまえ、私はウォルナット・クリークの自宅近くの宝石店に行った。

ヨセミテに到着したときは雪が降っていた。ミラー湖周辺のハイキングに出かける準備中、私はダイヤモンド・リングをポケットに入れた。ずいぶんと長いあいだ歩きまわったものの、完璧と思える場所はなかなか見つからなかった。つぎに拓けた場所に出たとき、行動を起こすことにした。

私はシェリーのほうに向きなおり、ポケットから指輪を取り出し、「結婚してくれますか?」と尋ねた。私をロマンチストだと呼んだ人などこれまで誰ひとりいない。花を贈ったり、サプライズで夕食を作ったり、型通りのことはやってきた。が、飛行機を借りて空に文字を描いてプロポーズするタイプの男ではなかった。「愛」という言葉を口に出すのは、私にとっていつも気まずいことだった。

それは、身動きが取れなくなるほどの過度の献身、あるいは腸《はらわた》がちぎれんばかりの拒絶の可能性を示すものだった。「愛してる」という言葉を実際に口にしたのは、人生で数えるほどしかなかった。そのように自分をさらけ出す自信がなかった。

シェリーも同じように控えめな性格だった。彼女は自分なりのタイミングを慎重に選んだ。そんなシェリーでも、プロポーズはきちんとするべきだと主張した。私はその場に突っ立ち、震える手で輝く指輪を差し出した。シェリーはにこりと笑いかけ、「片膝をついたほうがいいと思わない？」と言った。私は雪の上に膝をつき、もういちどプロポーズした。彼女はイエスと答え、私は片膝を濡らしたままハイキングを続けた。

職場に戻って私はなによりさきに、上司のカレン・シェルドンに婚約について伝えた。シェリーが左手にダイヤモンド・リングをつけて研究所に出勤してくることも踏まえ、早めに報告するのが得策だと思われた。しかし婚約が発表された直後も、職場の環境が改善されることはなかった。私もはじめのうちは室内の緊張感を無視していたが、そのうち耐えられなくなった。同じ月、自分のオフィスに戻るときに会議室を通りかかると、チームの部下たちが室内に集まっているのが見えた。シェリー以外の全員がそこにおり、シェルドンがテーブルのいちばん奥に坐っていた。私は招かれていなかった。

これはいやな予感がする。会議のあとにシェルドンがオフィスにやってきて、デスクのまえの椅子に坐った。苦虫を嚙み潰したようなその表情から、ほんとうはこんな会話をしたくないという気持ちが伝わってきた。「あなたがシェリーを優遇してる、そうみんな思っているのよ」と彼女は言った。シェルドンはいちど、研究所の奥でシェリーといちゃいちゃしていた私を叱責したことがあった。今回はもっと深刻だった。私は自分の認識について説明した。シェリーを特別扱いなどしていないどころか、依怙贔屓《えこひいき》していると思われないように彼女にはより厳しく接してきた。ほかの誰も行きたがらない深夜の犯罪現場にシェリーを送り込み、研究所でほかの誰もしたがらない仕事を彼女に割り当てた。シェリーはそれらの業務をしっかりとやり遂げた。私にはきちんとした方針があった。そう訴えた。「あなた方には離れて仕事をしてもらう」とシェルドンは言い、それが彼女の上司の指示であることを示唆した。

このことを伝えたとき、シェリーは肩をすくめた。「そうする必要があるなら、仕方ない」と彼女は言ったが、不満を感じ、さらに傷ついているのがわかった。

シェリーは引きつづき同じ研究所で働き、私は彼女に仕事を割り当てることができた。しかしシェリーの直属の上司は、街の反対側にあるべつの研究所の責任者に変わった。苦々しい思いだった。これまでずっと、部下とはフレンドリーで良好な関係を保ってきたという自負があった。にもかかわらず、私を通さずに彼らがシェルドンに直談判したせいで、背後から刺されたかのような気分になった。私はずっと、部下たちの皮肉な発言や嘲りの眼を無視してきた。噂話などそのうち忘れ去られ、時間がたてばすべて解決すると考えていたからだ。明らかにそういう展開にはならず、私の婚約相手は苦しみ、私は仲間に裏切られたかのように感じた。自分で彼らの不満に対応できたらと願ったが、立場上、口を出すことは許されなかった。ただ歯を食いしばり、仕事に集中するしかなかった。

二〇〇四年五月、シェリーと私は結婚した。義父母が近くのカントリークラブで小さな式を開いてくれた。シェリーも私も正式な結婚式をするつもりはなかったが、義父母はそれを聞き入れようとしなかった。シェリーは初婚であり、義父母はきちんとした形で結婚を進めることを望んだ。

結婚式は、家族と親しい友人たち三〇人ほどが集まる小さなものだった。息子のネイサンはスーツ姿だった。典型的なおてんば娘のレネーも、この日ばかりは観念してドレスを着てくれた。シェリーといると、私は真のパートナーを見つけたと感じることができた。ふたりでの生活が愉しみでたまらなかった。新婚旅行から戻ると、シェリーはべつの仕事を探しはじめた。ふたりで話し合い、それが最善という結論に達していた。職場でつねに詮索されるストレスなど味わいたくなかった。それに、たとえすべてを正しく行なったとしても、不平を言う人はかならず出てくる。それは、管理職になった早い段階で学んだ教訓のひとつだった。

それから一年のうちに、シェリーは民間企業のDNA研究所で働くようになった。そして、私たちは最初の子どもを授かった。

18　パメラ・ヴィタール殺人事件

狂気的なほど野蛮な暴行

自分がこの仕事に向いていると悟った、あるひとつの瞬間があった。それは二〇〇五年一〇月一五日に起きた事件の捜査中のことだった。場所はラファイエットの殺人事件現場で、ウォルナット・クリークやディアブロ山を一望できる丘の上の高級住宅地のなかにあった。ラファイエットの基準からしても、ハンサカー・キャニオン・ロードに建つそのイタリア風の邸宅は並外れて豪奢なものだった。弁護士でテレビ・コメンテーターのダニエル・ホロウィッツと彼の妻である映画プロデューサーのパメラ・ヴィタールは、そこに夢のような家を造り上げていた。しかし、その夢はパメラ殺害とともに終わりを告げた。

この殺人事件は、凶悪な犯罪など起きるはずがないとされていたラファイエットの地域社会を震撼させた。くわえて、パメラの死に方が衝撃的だった。彼女は、狂気的と言ってもいいほど野蛮な暴行を受けて死んだ。激しく殴られたあと、犯人はパメラの背中に悪趣味な署名のようなものを刻んだ。夫のホロウィッツは、担当する殺人事件の裁判の準備のために自身の法律事務所で一日を過ごしたあと、帰宅したときに妻の撲殺体を見つけた。家の建設中、ふたりは敷地内のトレーラーハウスで暮らしていた。パメラは、そのトレーラーの扉のすぐ内側に倒れていた。彼女は徹底的に抵抗していた。パメラは家具をひっくり返して犯人を撃退しようとしたが、やがて男のほうが優位に立った。もはや何もできずにただ横たわるパメラに対し、犯人は常軌を逸したように何十回も執拗に殴打を繰り返した。

トレーラーの室内に立つ私の眼のまえで、そのすべてが展開していった。

殺人事件捜査のはじめの段階では、変動要素の多さに圧倒されてしまうことがよくある。初日、科学捜査官は犯罪現場の状況を記録し、ほかの証拠を損なわないよう留意しつつ一定の手順で証拠を収集・保存する。やるべきことは多く、たくさんの問題が出てくる。それでも科学捜査官は冷静さを保ち、複数の作業を同時にこなす術《すべ》を心得ていなければいけない。つねにさまざまな方向に引っぱられるような状況のなか、少しでも注意が逸れれば、重要な手がかりを見逃してしまうおそれがある。同じ部署の経験豊かな同僚のひとりに、深刻な現場に車でやってくるなりパニックになる科学捜査官がいる。「ああ、くそ」と彼はきまって小声でささやく。「ああ、くそ」。作業を始めるまえから彼は息を詰まらせる。「これを小さな塊に分けてください」と私は指示を出しつつ、そわそわと歩きまわる彼を見守ってなんとか落ち着かせようとする。

私は、その環境とプレッシャーを苦としなかった。これまでの経験をとおして、この作業を論理的で管理しやすい段階に分けることを学んだ。運のいいことに私には、犯罪現場の再現や外傷の病理学に関する専門知識があり、それが大きな助けとなった。捜査官の多くは標準的な手順にしたがうだけで、わざわざ時間を割いて何が起きたのかを調査しようとはしない。何が起き、なぜ起きたのかを評価するまえに彼らはすぐさま動き出し、目撃者や手がかりを追おうとする。多くの場合、ＣＳＩは刑事の指示にしたがって作業を進め、証拠が仮説と合致するかどうかに疑いの眼を向けることはない。私はどの現場でも一歩下がり、時間を取ってこう自問した。「この犯罪現場は私に何を伝え、そこから被害者と加害者についてどんな情報を得ることができるだろう？」

小柄な人物である可能性

今回のパメラ・ヴィタールの事件でするべきは、物的証拠と血痕のパターンを理解し、それらを体の外傷と関連づけるというプロセスの組み合わせだった。私はそれを一本の映画のように展開していった。どこかの時点で彼女と犯人が最初に出会う。パメラがTシャツに下着姿で倒れているということは、犯人がいきなり侵入してきて彼女を驚かせたのだろう。証拠を見るかぎり、そこから事態が加速していったことがわかる。血まみれの手形や染みが各部屋にあることから判断するに、パメラはトレーラーのなかを移動して激しく抵抗したようだ。彼女は玄関へと走るが、鍵が閉まっている。ドアの内側は、血まみれの手形でひどく汚れていた。あと一歩で逃げ出せるところだったにちがいない。防御創を見ると、致命的にもなりかねない脚や腕への殴打を彼女が十数回にわたって回避していたことがわかる。しかしやがて、ドアのすぐ内側で息絶えた。頭を棍棒で殴られたとき、パメラはすでに床に倒れていた。**なるほど。この男――もし男なら――は、彼女を抑え込むのにずいぶんと苦労したようだ**。

私はすでに頭のなかで犯人のプロファイルを構築していた。それが男性だとすれば（女性が誰かを殴り殺すことはめったにない）、おそらく小柄な人物である確率が高い。大柄な男であれば、この混沌とした犯罪現場が指し示すよりもはるかに迅速に主導権を握っていたはずだ。「誰が犯人であるとしても、あまり屈強な男ではないようですね」と私は主任刑事に伝えた。「大柄でたくましい男性による仕業とは思えない」。それはあくまでも私の推測だったが、事実と経験にもとづくものだった。そんなことは想像もしていなかったと言いたげに、刑事は肩をすくめてみせた。いずれにしろ、このような手がかりが役に立つのはもっとあとになってからのことだ。

パメラの足裏の試料をしっかりと採取するよう頼んだとき、べつの科学捜査官も主任刑事と同じような反応を示した。私が気づいたのは、パメラの片方の靴下が破れているということだった。もちろん、たんに摩耗したせいかもしれない。しかし、私が頭のなかで再現した犯罪現場では、パメラは犯人にパンチやキックを繰り出して抵抗しており、そのせいで靴下が破れて足の一部が露出したと考えられた。だとすれば、犯人の血液や唾液の痕跡がそこに隠れているかもしれない。つまり、DNAだ。

そのような付随的な観察結果がときどき、より大きなパズルの周辺部にある重要なピースを与えてくれる。それまでのキャリアのなかで私は、多くの殺人事件の解決において何が役立つのかを予測し、それを実行してきた。その種の小さな勝利を積み重ねてきたことによって、自身の直感を信じていいのだと考えるようになった。勝利するたび、自信は増していった。同じ研究所のシェリーやほかの仲間たちは、それを「シャーロック・ホームズの魔法」と呼んだ。私は何度となくこう訊かれることがあった。「どうしたら、そんなことが思いつくんですか？」

それまでの一五年のあいだに私は、多種多様な科学捜査の領域で働き、とりわけ複雑怪奇な犯罪現場に送り込まれてきた。知らないことがあれば、かならず自分で調べた。私はいつも本に顔を埋めていた。被害者学、殺人事件の特徴、あるいは興味深い犯罪に関する書籍など、さまざまな本を読み漁った。その知識をすべて頭のなかの図書館に詰め込み、新しい事件の捜査や古い事件の再検討のために利用した。コナティーはいつもこう言った。私の頭のなかには書類整理棚があり、ファイルがアルファベット順に並んでいるかのように参考資料を自由に取り出すことができる、と。

やがて私は、その事件で何が起き、どんなタイプの犯罪者による犯行かを深く理解する生まれつきの能力が自分に備わっているのだと認めざるをえなくなった。科学、技術、そして自分の直感を信じる（あるいは信じない）本能と組み合わせることによって、私はその能力にさらに磨きをかけていった。殺人事件を解決するアプローチとしては型破りなものであり、つねに魔法を生み出すわけでもなかった。それでも充分に機能したため、自分なりのこのプロセスを疑問視したことはなかった。

パメラ・ヴィタールの足から犯人のＤＮＡが見つかる可能性は低かったが、少しでもチャンスがあるなら逃したくはなかった。長年のあいだに私が学んだ教訓のひとつは、たとえ重要な結果を生み出す確率が低いとわかっていたとしても、直感がそうしろと言うのであれば、その余分な作業をけっして省いてはいけないということだった。被害者のためにも、そのような考え方を忘れてはいけない。多くの科学捜査官は、定石どおりの手続き以上のことを試す価値などないと考える。そんなのは時間と労力の無駄だ、と。彼らは「自分はこの車線にとどまらなければいけない」と自制する。ある意味、それは正しい行動だとしても、可能性は狭まってしまう。私は、どの車線でも自由に進んでもいいと自分に言いつづけてきた。ある推理を証明あるいは反証するためにリスクを冒し、結果としてまちがっているとわかったとしても、少なくともその説を排除して新しい考えに切り替えることはできる。

パメラ事件は、私にとっては岐路となる出来事だった。なぜなら、ほかの捜査官たちが気づいていない点に自分が気づけているとと理解できたからだ。**自分はまわりとはちがう見方をしている。ほかの人々は私のように包括的に事件を見ていない**。ほかの捜査官たちは深く潜ろうとはしなかったが、私は「この眼で見てみないとわからない」と言いつづけた。

「銃は人を殺さない、おれが殺す」

パメラ・ヴィタールが殺された四日後、近くに住むティーンエイジャーが逮捕され、殺人罪で起訴された。一七歳の誕生日を目前に控えた、スコット・ディレスキという名の少年だった。身長一六五センチ、体重五〇キロと小柄なディレスキは、爪に黒いマニキュアを塗り、ゴスを自称していた。

彼の寝室で見つかった品々は、どれも暴力や死をテーマとするものだった。斬首された頭部と血のついたナイフを持つ男性。口をXの文字で縫われた顔。ロングコートをまとってナイフを持つフィギュアには、「銃は人を殺さない、おれが殺す」の文字。ディレスキが友人たちに語った言葉は邪悪なものだった。パメラ殺人の話題が会話のなかで持ち上がると――ラファイエットじゅうがこの話題で持ちきりだった――夫が著名人だったから彼女が選ばれたにちがいない、とディレスキは推理してみせた。誰かを殺したければ銃で撃つのがなにより慈悲深い方法であり、痛みを与えたければ殴り殺すのがいいと彼は言い、童謡の歌詞を引用した。「リジー・ボーデンは斧を手に取り、母親を四〇打った。自分がしたことに気づいた彼女は、父親を四一打った」

ディレスキは物静かな少年から問題を抱えたティーンエイジャーへと劇的に変わったが、パメラ・ヴィタールを殺してしまうほど深刻な問題を抱えているとは誰も思っていなかった。母親も、父親も、親友も――。しかしその親友は、ディレスキがパメラのトレーラーにたどり着くことになった経緯について彼なりの考えを警察に伝えた。ふたりはマリファナを栽培することを決め、盗んだクレジットカードを使って専用の器具をインターネットで購入した。その品がパメラの住所に誤送されたと考えたディレスキは、荷物を取りにいった。その後に何が起きたのかは、推測することしかできない。彼は殺意を持ってそこに行ったのか？　ディレスキは手袋をしていた。パメラに性的暴行を加えようとしたのか？　強盗に入ろうとしたのか？　彼女が抵抗し、事態が悪化した。相手を押さえつけることができず、ディレスキは棍棒で殴ることにしたのだろうか？

二〇〇六年九月六日にディレスキは第一級殺人で有罪判決を受け、仮釈放なしの終身刑が言い渡された。その知らせを聞いた私はオフィスの椅子に坐り、頭のなかを整理した。この事件への私のかかわりは事件現場での捜査初日に終わっていたが、自分がそこにいた限られた時間のなかで大きな貢献ができたことに満足していた。

ディレスキは一貫してパメラ・ヴィタール殺害へのいっさいの関与を否定してきた。二〇一七年、彼は裁判所に減刑を求めた。「ぼくはパメラ・ヴィタールを殺していません」とディレスキは言った。「事実、ぼくの手に血はついていなかった」

しかし、ＤＮＡは嘘をつかない。彼の血は、パメラの足の裏についていた。

19　ジェイシー・リー・デュガード誘拐監禁事件

また新たな管理職に

二〇〇九年、科学捜査課長の職が空席になった。七二人の職員と一二〇〇万ドルの予算を差配する管理職だ。上層部に応募するよう勧められたとき、私は「興味ありません」と答えた。前回の昇進によって、デスクワークにまつわる教訓を学んでいた。くわえて、国からの助成金を使ってEAR事件を追うことをシェルドンが許可したのは、たんなる幸運にすぎなかった。課長職に応募する誘いを断わり、私としては弾丸をよけたつもりだったが、やがて上層部からお達しがあった。保安官自身が私の応募を望んでいるというのだ。私はやっかいな立場に立たされることになった。つまり組織のトップにいる男が、私の昇進を求めてきたということになる。上司の意向を無視するというのは、けっして礼儀正しいことではなかったし、今後のキャリアにも悪い影響を与えるかもしれない。私がずっと決めかねているのを察したのか、科学捜査課長の直属の上司となる指揮官がこんな甘言で誘惑してきた。「いいだろ、ポール」と彼は言った。「この仕事を引き受ければ、未解決事件を扱えるようになるんだぞ」

その言葉を聞いて、引き受けないでいられるだろうか？　私は元妻ローリーと子どもたちに養育費を毎月支払っていた。さらにシェリーは、私たちのあいだに生まれた子どもふたりの育児に専念するために仕事を辞めた。その分の収入を補う必要があった。昇進すれば給料が一気に増えるだけでなく、さらなる大幅な昇給への道が拓けることになる。その機会が最初に訪れたときに私は、家族を養うために仕方なく仕事を引き受けようとしているのではないかと不安になった。しかしいま、未解決事件を捜査してもいいという上司のお墨付きまで得ることができた。不本意ながらも、私は誘惑に屈した。

「わかりました、応募します」

かくして、また新たな管理職に就くことになった。私の任務は、研究所を根本から改革し、拡大と成長をうながすことだった。それは、職務内容を見直し、最新の設備を導入するよう働きかけ、時代遅れの古いやり方から脱却することを意味した。研究所の成長を推し進めるのと同時に、私たちは国際標準化機構（ＩＳＯ）の認証を受けるための取り組みを強化していた。それだけでも相当の労力を要し、とても息苦しいものだった。そのような大きな課題を進めるあいだにも、私は保安官事務所や科学捜査研究所の認定監督機関にたびたび呼び出された。どちらの機関も、自分たちの組織のほうが優先されるべきだと考えていた。

私の日々は、事務処理をこなし、職員の苦情に対処し、官僚組織の複雑な層を切り抜けることに費やされた。私はそれを「くたびれ仕事」と呼んだ。すると、長いあいだ抑え込まれていた不安症にふたたび襲われるようになった。なんとかイライラを解消するために、ジムに通い、マーティネズの丘陵地帯をジョギングした。それでも私は憂鬱になり、この仕事を引き受けるべきではないという内なる声に耳を傾けなかった自分に怒りを覚えた。未解決事件を捜査できるという約束だけが唯一の支えだった。しかし「約束はそれを約束した人にだけ有効である」という諺《ことわざ》を地で行くかのように、昇進して数カ月たったころ、それまで私の眼のまえにニンジンをぶら下げていた指揮官がケガをして、早期退職することになった。

とはいえ人生とはじつに不可思議なもので、この新しい仕事に疑問を持ちはじめた矢先、現代史上もっとも悪名高い誘拐事件のひとつが私のオフィスの扉のまえに現われた。まさに、私は生まれ変わったかのような気持ちになった。

一八年間、行方不明だった少女

一九九一年六月一〇日、一一歳のジェイシー・デュガードはサウス・レイク・タホ郊外の田舎町のバス停に向かっている途中に誘拐された。それから一八年、少女の行方は杳《よう》として知れぬままだった。そのあいだ彼女はずっと、私たちの研究所の目と鼻の先にあるコントラコスタ郡アンティオックのウォルナット・アベニューにいた。そこは、ジェイシーの自宅から二五〇キロ以上離れた場所だった。彼女が生活していたのは、前科持ちの性犯罪者フィリップ・ガリドーと妻ナンシーの家の目立たない裏庭にあるテントと掘っ立て小屋のなかだった。

身の毛もよだつこの事件には、スティーヴン・キングの小説の要素がすべて含まれていた。監禁中にジェイシーはガリドーの娘をふたり出産し、家の裏の粗末な一画で育てていた。ある日ガリドーは、一一歳と一五歳になったジェイシーの娘たちを連れてカリフォルニア大学バークレー校を訪れ、キャンパス内で宗教イベントを開く許可を得ようとしていた。ジェイシーの居場所がついに発覚したのはそのときだった。二〇〇九年八月下旬にこの事件の真相が明るみに出たとき、ジェイシーが自分たちの管轄区内にいたことを法執行機関の職員は誰ひとり知らなかった。それは当局にとって信じがたく、かつ恥ずべきことだった。

犯人のガリドーは長身痩軀の風変りな男で、青い眼は皿のように丸く、頬はこけ、『アダムス・ファミリー』のラーチのような見かけだった。彼は自身の教会を設立したと言い、神自身から授けられた驚異の力を有していると主張した。大学に勤める注意深いふたりの職員たちが、ガリドーの異様な行動にくわえ、超能力や政府の陰謀に関するとりとめのない話に警戒感を募らせた。しかし、それ以上に彼らが注目したのは、灰色がかった肌と虚ろな眼をした奇妙な少女たちだった。

捜査を担当した警察官のひとりは、年下の子どもはどこか不気味で、相手の魂を穿つような鋭敏な眼をしていたと振り返った。警察がガリドーの身元調査を行なうと、犯罪歴があることがわかった。暴力的なレイプ事件で有罪判決を受けて服役し、のちに仮釈放となった性犯罪者だった。警察から連絡を受けたガリドーの保護観察官は、「彼に娘はいません」と言った。ガリドーは、翌朝に仮釈放事務所に出頭するよう命じられた。すると、家族全員が事務所にやってきた――妻、アリッサと呼ばれる若い女性、ふたりの少女。二九歳のアリッサは最終的に、一八年前にサウス・レイク・タホで誘拐された、当時一一歳の少女ジェイシー・デュガードであることが判明した。このニュースは世界じゅうで大々的に報じられた。

ガリドーは、前科を持つ危険な性犯罪者だった。管轄内の未解決事件に関係しているかもしれないと私は考え、彼について調査を始めた。ガリドーはまちがいなく加虐的なストーカー型の人間だった。さらに彼の地理的プロファイルは、リサ・ノレルと撲殺されたピッツバーグの売春婦たちの死体が見つかった工業地帯（12章参照）とぴったり重なるものだった。

ガリドーはそこで印刷業を営み、売春婦ひとりの死体が遺棄されていた自動車解体場の怪しげなオーナーと親密な関係にあった。一九七二年に彼は、一四歳の少女に薬物を飲ませて繰り返しレイプしたものの、被害者が証言を拒否したため処罰を免れた。四年後、ガリドーは二五歳の女性を誘拐・強姦した罪で有罪判決を受けた。裁判所の依頼で精神鑑定を行なった精神科医は、ガリドーが慢性的な薬物乱用者かつ性的倒錯者であると診断した。この裁判では五〇年の刑を言い渡されたものの、わずか一一年だけ服役したのちに仮釈放され、故郷の郡の仮釈放当局に身柄を引き渡された。つまり、このコントラコスタ郡だ。三年後、ジェイシーが誘拐された。

私はコナティーに電話をかけ、ピッツバーグ事件とガリドーを関連づける証拠がないか調べるために自宅を捜索するべきだと伝えた。FBIが撤収すると、私たちは捜索令状を取って現場に入った。ジェイシーとふたりの娘たちが生活していた状況を目の当たりにし、衝撃を受けた。三人は掘っ立て小屋やテント、あるいは防水シートの下で眠っていた。そこは二エーカーの敷地の奥の封鎖されたエリアで、母屋の裏庭のさらにうしろ側にあり、高い塀と植え込みによって隠されていた。廃品置き場のようなその場所には、壊れた自動車や古い馬小屋が放置されていた。

ジェイシー・デュガードが18年にわたり監禁されていた小屋の室内。発見から5日後

居住区域にはゴミが散乱していた。服がローンチェアにかけられ、タンスの上に食品容器が置かれ、地面に掘った穴がトイレとして使われていた。電力源は、家から伸びる電源コードのみ。その場所にいると、ジェイシーとふたりの子どもたちがなぜそれほど長いあいだ発見され

なかったのかよく理解できた。母屋の裏にあるその小さな土地は、人目につかないよう隠されていた。私とシェリーとのあいだに生まれたベンとジュリエットはその当時まだ幼児だったが、この不潔で野放しの環境のなかでふたりが走りまわっている姿など想像だにできなかった。あの不幸な少女はどうやってすべてをやり遂げたのだろう？　水道設備もない倒壊寸前の野営地のような場所で、自身の誘拐犯かつ強姦犯である男に孕まされた子どもふたりをどうやって育てたのだろう？　そのうえ、育てはじめたときには彼女自身もまだ子どもだったはずだ。

その現場のど真んなかに立ち、私はコナティーのほうを見やった。それまで彼が言葉に詰まるところを見たことはなかったが、見るからに絶句していた。ずいぶんと長いあいだ私たちは黙ってそこに突っ立っていた。自分がいま何を目撃しているのか、すぐに咀嚼することができなかった。それは、子ども時代が奪われるという悲劇だった。コナティーと私にはともに娘がいた。彼が私と同じ無力感と憤りを抱いているのがひしひしと伝わってきた。「こんなクソみたいなこと、信じられん」と彼はついに口を開いた。その嫌悪の表情は、私が胸の内で感じていたことと一致するものだった。仕事柄どちらも悪魔のような人間たちを見てきたが、ガリドーの邪悪さは峻烈だった。

その日の夜、自分の子どもたちがサイコパスにさらわれるという夢を払いのけようとして眼を覚ました。悪夢はつねに私の敵だった。気を散らすものがなくて集中できず、恐怖が過熱状態になるとき、きまって悪夢にうなされた。親としての被害妄想は、この仕事にはつきものの副作用だった。くわえて私はそのとき、すべての親にとっての最悪のシナリオとなる現場から逃げ出してきたところだった。明らかに、私は自分の子どもに対して過保護だった。家にいるときでさえ、子どもたちから眼を離すことはなかった。裏庭で遊ぶときにも、眼の届く範囲から出ないよう注意した。アイスクリーム・トラックに子どもだけで行かせるなど、もってのほかだった。児童虐待者はつねに、子どもたちがいる場所を探しているのだ。

「これはきみの仕事じゃない」

複数の機関の職員からなる私たちのチームは、それから数週にわたってガリドーの自宅にとどまり、敷地内の隅から隅まで捜索した。ほかにも被害者がいる可能性は高く、私が担当する未解決事件においてガリドーを犯人だと特定できれば、それはますます好都合だった。裏庭をブルドーザーで掘り起こして岩盤をむき出しにし、警察犬と地中探知レーダーを使って被害者の痕跡を探した。土という土がひっくり返された。捜査官が来ては去っていった。私は寝るためだけに家に帰った。もう何も隠す場所が残っていないように思われたとき、ふと私は金属製のゴミ箱を開け、なかにVHSのビデオテープが詰まっているのを見つけた。そのビデオテープは違法な性行為の生々しい証拠であることがわかり、のちにガリドーの裁判で大きな役割を果たすことになった。ほかにも何か見逃していないだろうか、と私は不安になった。

毎日のように現場に通いつづけていると、ついに上司から注意を受けた。「ポール、これはきみの仕事じゃない」と彼は言った。「きみは科学捜査課の主任だ。管理者なんだぞ」

なんだか悪い予感がした。自分の仕事をしつつ、現場の捜査をとおして事件にかかわることができるという約束は、いまのところ棚上げされていた。指揮官の言うとおり私はいまや管理者であり、組織として目指すべき具体的な目標があった。そこで私はオフィスに戻り、事務仕事をこなし、報告書を書いた。結局、ガリドーの自宅の捜索からピッツバーグの未解決殺人事件につながる証拠は何も出てこなかった。それでも私は、時間が許すかぎりそのような未解決事件について調べつづけた。上司のオフィスが別棟にあったため、私には自分の望むように研究所を使う一定の自由があった。

その年、私の直属の指揮官は昇進し、二年間で三人目となる新たな上司のもとで働くことになった。研究所の元同僚であるその上司は優秀な管理者で、職場環境の改善方法についての具体例を部下たちによく話した。私が未解決事件を追っているという評判は研究所内ではよく知られていたので、新たな上司もそれを把握していた。私は何年ものあいだ、古い事件の証拠のDNA鑑定を部下たちに指示していた。しかし気づいていなかったのは、誰もが同じように未解決事件の解決に熱意を持っているわけではないということだった。職員たちは新たな指揮官に対し、仕事量が多すぎてストレスを感じていると訴えた。彼らには日々捜査すべき事件があった。未解決事件について新たな情報が見つかると私はたびたび、興奮気味に研究所に戻って彼らの仕事の流れを中断してしまうことがあった。職員たちは陰で私のことを「ハリケーン・ホールズ」と呼んでいた。

部下からの苦情という武器を手にした新たな上司に、ビデオチャット会議に呼び出された。「きみの未解決事件を、研究所にこれ以上持ち込まないでくれ」と彼は言った。それから上司は命令を下した——すべての未解決事件の捜査を中止する。上司はどれほどの熟慮の末にこの決定を下したのだろう、と私は感じざるをえなかった。つねに進化しているDNA技術を使えば、古い殺人事件の少なくとも一部を解決できる見込みは大きい。その事実について上司は考慮したのだろうか? 未解決事件の捜査を打ち切ることにともなう、公共の安全への影響について斟酌したのだろうか? 危険な犯罪者が自由の身となり、その何人かはまちがいなく近くに潜んでいる。彼らはカチカチ動く時限爆弾のようなもので、その殺人の衝動をいつかまた満たそうとする。そう上司は考えたのだろうか? しかし、妥協の余地はもうなかった。ホールズは正しい軌道から外れている、と上司は判断を下したのだ。

危うい立場

新しい上司に自分の立場について厳重に注意されてから数カ月後、私はべつの部署から助けを求められた。常軌を逸した強盗が頻発しており、その犯人は明らかに室内に住人がいる家を狙いはじめているという。それは危険な行動パターンの変化であり、このまま犯行がエスカレートする確率が高かった。被害者がこれ以上出るまえに犯人を捕まえるためにも、緊急でＤＮＡ分析を行なってほしいという要請だった。以前であれば二つ返事で引き受けていたものの、そのときの私は危うい立場に立たされていた。

通常、緊急調査は殺人事件と性的暴行にのみ適用され、この事件は少なくとも現時点ではどちらでもなかった。私は指揮官に要請について伝えることにした。「これは公共の安全にかかわる問題です」と私は言った。研究所のガイドラインに適合しないと上司は主張し、要請を拒否した。**私の未来はここにはない。このままでは、官僚主義的なお役所仕事に息の根を止められる**。それは私のキャリアにおける転機であり、かつ警鐘のように感じられた。二〇年にわたって犯罪解決のさまざまな分野で経験を積んできた私は、この世界のなかでもユニークな〝雑種〟へと成長していた。殺人の科学にいまも挑みつづけていたが、私は同時に有能な捜査官でもあると自負していた。ただデスクワークをして過ごすのは、自分の能力の無駄遣いに思われた。現場に出て殺人事件の解決を手助けするほうが、私ははるかに役に立つはずだった。

オフィスの椅子に坐っていると、部屋の隅に置かれたままの金属製の書類整理棚にふと注意を引かれた。私は視線を落とし、「ＥＡＲ」というラベルが貼られたいちばん下の引き出しを見やった。オレンジ郡のラリー・プールに捜査を委ねてから八年が経過していた。当時は、オレンジ郡が犯人を逮捕するのも時間の問題だと思い込んでいた。そのためEAR事件のことは、その後にかかわってきたほかの殺人事件の下へと押しやられ、潜在意識の奥に埋もれてしまっていた。しかし、いまになってふと気がついたのだった。**ちょっと待て、事件はまだ解決していないじゃないか。**

上司から叱責された直後に未解決事件の調査に取り組むのは危険なことだった。私には守るべき家族がいた。経済的な責任もあった。椅子から立ち上がり、引き出しのところに行きたかったが、自制した。上司とのビデオ会議のために使ったパソコンのモニター上のカメラを見、私は考えた。**上司に見られているのだろうか？　もし勝手に行動したら、バレるのだろうか？**　書類整理棚は眼のまえにあり、こっちに来いと私を誘惑した。ピカピカの模造チェリー材の机を指で叩きながら、思考は行きつ戻りつを繰り返した。一九九四年に犯罪資料図書室ではじめてEAR事件ファイルを見つけたとき、私が望んでいたのは、科学捜査の専門家として自分に何ができるのかを探ることだった。しかし、アバナシー、ピッツバーグ、フィリップ・ヒューズなどの難事件を経験したいま、この捜査スキルを利用して何か貢献できるのではないかと私は考えた。**そうするべきだろうか？**　書類整理棚から視線をパソコン画面に移し、さらに上に取りつけられたカメラを見た。私は椅子から立ち上がり、また坐った。**ノー、イエス、ノー。起こりえる最悪の事態は？　クビになるかもしれない。でも、もし……？**

もし事件を解決することができたら？

くそくらえだ。私は立ち上がり、机をまわって金属製の書類のまえに行き、いちばん下の引き出しを開けた。

20 社会病質者——ソシオパス

〈2009年夏〉

何千ものページに隠されていた情報

私は数週間オフィスに引きこもり、EARファイルを読みなおした。仕事でも私生活でもその時点で私は、ほかにも多くの責任を負っていた。そのため、家族と過ごす時間と研究所での事務仕事のあいだにEAR関連の作業を組み込むつもりだった。ところがファイルに描かれた内容があまりに衝撃的で、すぐさま事件へとふたたび吸い込まれていくような感覚に襲われた。ひとつの襲撃からつぎの襲撃へと、ページを繰る手が止まらなくなった。

EARは一九七六年から一〇年にわたって犯行を繰り返し、その回数は少なくとも五〇回に及ぶと考えられていた。彼は何年ものあいだ、一流の捜査官たちを出し抜いてきた。しかし、そのときの私には、自身の犯罪解決能力を駆使すればこの略奪者の正体を暴くことができるという自信があった。研究所での鑑定、犯罪現場での分析、さらには事務仕事も含め、私のキャリアのすべてはこのための準備だったにちがいない。もはや、この事件を追求することを思いとどまらせるものは何もなかった。仕事を失うという脅威さえ、私を止めることはできなかった。それはつまり、またこそこそと隠れて行動することを意味した。

　事件ファイルの何千ものページに隠されていたのは、犯人のプロファイルを構築するために必要となる細かな情報だった。それをチェックリストのように使えば、長年のあいだに構築されてきた容疑者名簿をそぎ落とし、再調査すべき人物だけに絞り込むことができるはずだ。まず要約シートを作り、それまで捜査の対象となったすべての人物についての情報を打ち込んだ。対象者は数百人にのぼり、ひどく時間のかかる作業だった。そのあいだ、アシスタントの職員がなにかと手助けしてくれた。私のオフィスのドアが閉まっている理由について誰かが尋ねると、彼女は「会議中です」と答えた。

　私は分厚い事件ファイルを読み込むことに没頭し、ここ何年も忘れていた詳細を思い出し、八年前にオレンジ郡に事件を引き継いだときにはまだ知らなかった事実を学んだ。多くの捜査官は、仕事のこの部分——ひとつの事件の捜査において、全関係者の長々とした証言内容が含まれた膨大なファイルを調べる——を退屈だと考える。しかし、私にとっては刺激的な作業だった。すべてのピースが揃わなければ、パズルを完成させることはできない。EARファイルの記述は長年のあいだに分析され、その多くの部分には重要性がないと判断されてきたが、私は以前の調査結果を信用していなかった。私としては、すべてを自分自身の眼でたしかめる必要があった。よって、それまでの取り組みを繰り返し、同じ結論に達するかどうか調べなければいけなかった。それを傲慢だと感じ、苛つく人もいるにちがいない。しかし私にとっては、自分では制御できない反応だった。それこそ、私がこの仕事を得意としている理由のひとつなのだろう。私の几帳面さは、もはや強迫観念に近いものだった。それはホールズ家に代々伝わる、強迫観念を引き起こす遺伝子の一部だった。母親は摂食障害、弟のデイヴは強迫性障害に苦しんできた。

　EARファイルの全ページを精読すると、犯人の人物像が部分的に見えてきた気がした。一見するとわからなくても、細部にヒントが隠されていた。彼が及ぼした被害の範囲は広大だった。サクラメント郡東部での一九七六年六月の最初の犯行から八回の襲撃を経て、当局はやっとすべての事件が同一の危険な略奪者によるものである確率が高いと認識するようになった。当時この地域で活動していた連続略奪者は、ＥＡＲだけではなかった。真夜中から夜明けにかけて犯行に及んだ「アーリー・バード強姦魔」がいた。女性を暴行するときにウールの手袋をしていたことから名づけられた「ウーリー強姦魔」がいた。そして、その名がすべてを物語る「ヴァンパイア殺人鬼」がいた。彼らはみな、ＥＡＲが家々に忍び込んだのと同じ時期に活動していた。ほかの犯人たちは捕まったが、ＥＡＲだけは逮捕されなかった。それは、捜査側の努力が足りなかったからではなかった。

複雑な難敵

ＥＡＲは、挑戦的で複雑な難敵だった。人々が寝静まった街を徘徊し、目出し帽で覆面し、紐と武器で完全武装し、家にこっそりと侵入し、眠る住人の眼に懐中電灯の突き刺すような光線を当てて驚かせた。これまで、何十人もの熟練した捜査官たちが彼を追いかけてきた。私はその犯人像を頭のなかで描こうとした。どんな容姿なのか？　犯人の見かけに関する被害者たちの証言はてんでんばらばらだった。長身。中背。筋肉質。でぶ。平均的な体重。細い脚。がっしりとした太腿。ブロンドの髪。茶色の髪。髪の色に関する被害者の証言の一部は、予想でしかなかった。皮膚の色にいくつか証言があったが、それも手袋と袖のあいだのわずかな皮膚が見えただけだった。

犯人は深夜に襲撃し、そのうえ目出し帽をかぶり、ゆったりとした服を着ていた。そのとき被害者たちは怯えていた。相手の特徴を記憶してあとで証言するには、理想的な状況ではなかった。私は、犯人の特徴にまつわるすべての証言をスプレッドシートにまとめた。結果としてわかったのは、犯人が平均的な白人男性であるという点だけで、たいした情報とはいえなかった。

犯人には、周囲に溶け込む才能があった。妻子はいたのだろうか？　いたとすれば、彼の影の側面に気づいていなかったのだろうか？　毎週土曜日に芝生を刈る隣の住人がEARだとしても、なんら不思議ではなかった。フィリップ・ヒューズのように冷たい眼をし、邪悪なオーラをまとう不吉な悪魔だったのだろうか？　もしかしたら、知的な職業に就いていたのかもしれない。ビジネスマンや会計士として、日々ネクタイをしめて働いていたのか？　あるいは職を転々とする建設作業員で、その時々の現場のまわりで獲物を探していたのか？　犯人はどのように生贄を選んだのだろう？　多くの襲撃は、綿密に計画されたものに見えた。間一髪で逃げ切った数回をのぞけば、犯人の現場からの去り方には非の打ち所がなかった。

根っからのサディストであるEARは、犯行をおおいに愉しんでいるようだった。支配力を誇示し、被害者の手足を縛り、目隠しし、性的に満足させるよう命じた。犯人は歯を食いしばりながらあえて高い声で話し、卑俗な言葉を使い、殺すと繰り返し脅した。縛られて体を震わせる被害者をベッドに残し、ゆっくりと家のなかを物色し、化粧ダンスの引き出しを漁り、紙幣、硬貨、宝石、写真を盗んだ。あるいは台所の椅子に坐り、食べ物を食べ、ビールを飲んだ。EARは被害者の背中に皿を載せ、カチャカチャと音が聞こえたら殺すと脅した。犯行の最中に泣くこともあり、被害者の一部はそれが誠実な言葉に聞こえたと証言した。ある襲撃のあと、犯人はしくしく泣いて自分の「ママ」に乞うた。**ごめんね、ママ。ぼくを助けてくれ。こんなことはしたくないよ、ママ……ニュースになると、ママが怖がっちゃうから**。性的暴行に及んだあと、部屋の隅にうずくまってすすり泣いたこともあった。これほど堕落した男の行為であることを踏まえると、その行動の異様さはさらに増した。犯人の涙は、自分自身に向けられたもののように私には思えた。

さまざまな情報を集めて行動特性の記録をつけているうちに私は、EARが怪物であることはまちがいないとしても、精神病質者《サイコパス》の臨床的定義を満たすには不充分だと考えるようになった。どちらかというと社会病質者《ソシオパス》に近く、わずかながらも良心を持ち合わせた人物に思えた。襲撃のいくつかには共通点があり、それは彼が少なからず罪悪感を抱ける人間であることを示すものだった。その典型例として、被害者が少しでも個人的なことを言うと、犯人は怒って「黙れ！」と命令した。ある女性は自分が妊娠中だと打ち明けた。「黙れ！　黙れ！」と男は言った。ある女性は自分がクリスチャンであり、彼の行動を許すと言った。「黙れ！　黙らないと、ぶち殺すぞ」と男は言った。彼が相手を黙らせようとしたのは、罪悪感が頭のなかに入り込み、悪意に満ちた意図を邪魔してきたからではないのか？　ますます進化していくこの犯人像が、リストの一部の名前を取りのぞき、一部の容疑者候補の調査をさらに進めるためのカギとなった。

ソシオパスやサイコパスと同様、EARにとって共感は無縁のものだった。彼の無情さは、子どものまえでさえ変わらなかった。とくに驚いたのは、子どもの存在にほぼ無関心に見えたことだ。なかには、子どもが家にいることを知らなかったケースもあったにちがいない。しかし子どもが室内にいることに気がついたときでさえ、彼は躊躇することなく犯行を続けた。ある事件では、七歳の少女が夜中にトイレに行く途中に犯人と出くわしたことがあった。そのときEARは、廊下のいちばん奥にある台所の戸口に立っていた。目出し帽と毛糸の手袋を身につけていたが、下半身は裸だった。「ママとパパといたずらごっこをしているんだ。ほら、こっちに見においで」と男が話しかけると、少女は寝室に戻った。

べつの事件では、EARは一〇歳の少年の手足を縛って頭に毛布をかぶせ、すぐ近くで母親に性的暴行を加えた。「おまえが少しでも動くたびに、母親の命はどんどん縮むぞ」と彼は恫喝した。少年は何時間ものあいだ、身じろぎひとつしなかった。事件後の少年の人生がどんなものだったのか、私は考えずにはいられなかった。たとえＥＡＲによる襲撃から生き延びたとしても、誰もがなんらかの傷を負っていたはずだ。

　ＥＡＲは子どもを利用して親を操り、自分の望むとおりのことをさせた。ある襲撃のあいだ、彼はこう被害者を脅した。「言うとおりにしないと、子どもの耳を斬り落として、ここに持ってきてやる。子どもたちの体を切り刻んでやる」。べつの事件では、三歳児を抱きながらベッドで寝ていた母親に襲いかかり、腕から子どもを奪った。男は少年の手足を縛り、取り乱した母親に「子どもを黙らせろ」と命じ、そのままレイプした。言われたとおりにしなければ「子どもを殺す」と彼は凄んだ。母親と息子はなんとか生き延びはしたが、精神的ダメージが癒えることはなかった。

　事件ファイルを読みながら、私は頭のなかのメモ帳に書き留めた――「自衛本能の強い男」。ＥＡＲは捕まることを避けるべく、正体を隠すためにありとあらゆる努力をした。つねに顔を覆い、懐中電灯で被害者の視界を遮った。自分のほうを見ようとした被害者には、殺すと脅した。耳障りなささやき声に変えて話し、手袋をして指紋が残らないようにした。忍び込み泥棒のような機敏さで動きまわり、部屋から部屋へと音もなく徘徊した。被害者たちは、犯人がどこにいるのか、いつ襲いかかってくるのかほとんど把握できなかった。ＥＡＲは相手をつねに不安にさせ、緊張状態に置くことを望んだ。彼の沈黙は逃走計画の一部だった、と私は結論づけた。この作戦によって、彼は逃げる時間を確保することができた。被害者たちは犯人がまだそこにいるのではないかと恐れ、動くことができなかったのだ。

　そして実際に、ときどきＥＡＲはまだそこにいた。

出かけた夫、侵入してきたＥＡＲ

一九七七年二月七日の朝六時、カーマイケルのヒースクリフ・ドライブは眼を覚ましはじめていた。六二六九番地の家は、この住宅団地のなかでいちばん新しい建物のひとつだった。築二年の勾配屋根のランチハウスで、ガラスの引き戸は公園に面していた。三〇歳の妻カレンは、会社に行く夫ジョージを起こしたところだった。ガラス製造会社で働く夫は、六時四五分に家を出て、車で二〇分かけて出勤するのが日課だ。夫が身支度を始めると、妻は朝食を作り、昼食用の弁当を用意した。六歳の娘は、廊下のさきの子ども部屋でまだ寝ていた。

夫は朝食を食べ、そのあいだ夫婦は話をした。それから妻は玄関で夫を見送り、別れのキスをした。彼女が扉を閉めようとしたとき、夫が「カレン！」と呼ばわった。近くに不審なバンが停まっている、と彼は言った。一カ月ほどまえに空き巣に入られて以来、ふたりとも神経をとがらせていた。家のカギをしっかりかけておいたほうがいい、と夫は伝えた。

ジョージが出発すると、カレンは家のなかを歩きまわってドアと窓をすべて施錠した。それから台所で家事をして一〇分ほどたったとき、誰かが近くにいる感覚がした。**きっとジョージが戻ってきたんだ。何か忘れ物かな？**　そう思って振り返ったカレンは、朝食カウンターを挟んで目出し帽をかぶった男と対峙することになった。彼女の視線のさきには、男が握るピストルの銃身があった。

「大声を出すな。叫んだら撃つぞ」と男はドスの利いた声で言った。「金が欲しいだけだ。おまえを傷つけるつもりはない」

カレンはパニックに陥り、わなわなと震えはじめた。彼女の脳裏に最初によぎったのは、このまま撃たれてしまい、幼い娘を守る人が誰もいなくなるという考えだった。**どうしたらいいのだろう？　抵抗するべきなのか？　したがうべきか？**

覆面男は彼女を居間まで連れていき、椅子に坐るよう命じた。「体を縛る」と男は言った。「言うとおりにしないと、命はないと思え」

犯人は、カレンの震える手を紐らしきもので縛った。彼女には、それが靴紐のように感じられた。手を縛りおえると、男は咽喉にナイフを突きつけた。そのタイミングでカレンは口を開いた。

「黙れ。ぶっ殺すぞ」と男は言った。「立て」

「いや！」と彼女は答えた。

「銃を持ってるんだぞ。言うとおりにしろ。おまえをベッドに縛りつける」

カレンが立ち上がると、男は彼女を連れて廊下を歩き、娘の寝室を通り過ぎて主寝室に行った。娘の部屋の扉は閉まっていた。侵入者が事前に閉めておいたにちがいない、とカレンは思った。娘はいつも寝室の扉を開けて寝るからだ。主寝室に入ると、男はベッドにうつ伏せに寝るようカレンに言いつけた。彼は足を縛ろうとしていた。

カレンは抵抗した。心臓が口から飛び出しそうなほどバクバクしていた。「いや！」と彼女はふたたび言った。

男は無理やりカレンをうつ伏せにさせ、靴紐で足首を縛り、頭に枕をかぶせた。息ができなくなったカレンは枕を振り落とした。犯人がドレッシング・ルームに行き、タオルを引き裂く音が聞こえてきた。カレンは男に話しかけようとした。しかし口を開こうとするたび、男は「黙れ！」と言った。「黙らないと、ぶっ殺すぞ」

戻ってきた男は、「目隠ししてやる」と言った。

「いや!」とカレンは叫んだ。「出ていって!」

カレンは勇敢だった。手首を後ろ手に縛られたままだったが、それでも彼女は体を小刻みに動かしてベッドから逃げようとした。しかし、犯人の動きのほうが速かった。男の全体重が背中にのしかかってくるのを彼女は感じた。手袋をした手で口を塞がれたにもかかわらず、カレンは飼い犬に呼びかけた。「捕まえて!」と彼女は絶叫した。「捕まえて!」

「黙れ」と男は言った。「黙るんだ!」

カレンは叫びつづけた。彼女は自分自身であるまえに母親であり、子どもを守るべく自然と体が動いた。どんな犠牲を払ったとしても、子どもを守ることがなにより大切だった。カレンは縛られた手を慎重に片方へと動かし、侵入者のズボンの右側の前ポケットにある銃に触れた。彼女はなおも叫びつづけて犯人の注意を引き、それから銃をポケットから引っぱり出そうとした。しかし完全につかむことはできず、タイミングも遅すぎた。男も銃に手を伸ばし、ふたりはもみ合いになった。彼女が引き金を見つけて撃とうとした直前、男は銃をつかんでポケットのなかに戻した。激情に駆られた犯人は、カレンの頭を何度か殴った。

「おれの言うとおりにしろ! 黙らないと、娘を殺すぞ」と男は歯を食いしばって言った。「おれの言葉を信じてないなら、娘の体を切り刻んでやる。いますぐ子ども部屋に行って、耳を斬り落としてここに持ってきてやる」

カレンは犯人の言葉を信じた。

それから男は、タオルの切れ端で彼女を目隠しした。カレンの耳に犯人の足音が聞こえ、さらにタオルが引き裂かれる音が聞こえた。ベッド脇に戻ってきた男は、彼女の口にタオルを詰め、体のすぐ横のマットレスにナイフを突きつけた。このまま刺されてしまうにちがいないとカレンは確信したが、それからすべての動きが静止した。犯人は去ったように思われた。いっときが過ぎた。「聞こえるか?」と男は尋ねた。

カレンはうなずいた。

犯人は彼女の頭にさらにもう一枚タオルを巻き、耳まで覆った。それでもカレンは、男が寝室のガラスの引き戸を開け閉めする音を聞くことができた。いまこそがチャンスだった。彼女はベッドの上で体をくねらせて横に移動した。娘の部屋に行き、いっしょに走って隣家に逃げることができるかもしれない。ベッドの端までたどり着いたとき、顔にナイフの刃が当たるのを感じた。「少しでも動いたら、殺す」と男は食いしばった歯の奥から言った。「動いたり、話したりしてみろ。おまえの足の指を斬り落としてやる。一回動くたびに、一本ずつだ」

男はカレンの体を仰向けにし、ジーンズのファスナーを開けて脱がせた。それから一〇分から一五分、心が張り裂けそうな待ち時間があった。カレンの耳に、犯人がベッド脇で自慰行為をしている音が聞こえてきた。それから、男は彼女をレイプした。それはあっという間の出来事で、犯人のペニスが非常に小さいことをカレンは記憶していた。男は彼女の体の上にとどまり、上下に動いた。

犯人がとつぜん動きを止め、室内が不気味なほどの静寂に包まれた。カレンは娘の気配を感じ取った。

「いますぐバスルームに行け。そこで手足を縛ってやる」と男は六歳の娘に言った。

子どもは泣き出した。「やだ、やだ、やだ!」と少女は叫んだ。「殺される! 殺される!」

「ケガさせたりはしない」と男は言ったが、子どもは悲鳴を上げつづけた。

「その子に手を出さないで!」とカレンは猿ぐつわの奥から叫んだ。

EARは少女をベッドまで連れていき、母親の隣に坐らせた。それから母親の足首の紐を縛りなおすと、部屋を出て歩きまわり、壁から電話コードを引きちぎった。戻ってくると、男は少女の両手を後ろ手に縛り、母娘の体に毛布をかぶせた。

「体を縛ったら、あとは金を奪って出ていくだけだ」と男は言った。「約束する。約束する」

カレンと娘には、犯人が部屋を出て、家のなかを歩く音が聞こえた気がした。まわりが静まり返るなか、ふたりは耳をそばだてた。**神さま、お願い。**五分が経過した。一〇分が経過した。何も起きなかった。

「大丈夫？」と母親は娘にささやいた。

「シーッ、ママ。静かにして」と少女はささやき返した。

そのときカレンは、マットレスがぐいっと押し下がるのを感じた。聞こえるのは、男の呼吸音だけだった。ＥＡＲはずっとそこにいた。

21 新たな容疑者

〈2011〜2012年〉

犯人の頭のなかに入り込む

一九七〇年代末のセントラル・ヴァレーでのイースト・エリア強姦魔の動きを追ったあと、州道一二号線の風力タービンの横を過ぎて家に帰ろうとしているときだった。新しい上司から携帯に電話がかかってきた。**くそ。**「もしもし、ポール」と彼女は言った。「郡保安官代理といっしょにスピーカーフォンで話してるの。いま、ちょっと時間ある?」。**くそ、くそ。捕まった。禁止されているEARの捜査をしているのがついにバレてしまった。**

「どうも!」と私は努めて陽気な声で言い、ハンマーが振り降ろされるのを待った。「研究所移転のあいだの、緊急の法医学検査の計画について聞きたいんだが」と郡保安官代理は言った。私は大きく安堵のため息をついた。そのとき研究所は、エスコバー・ストリートの現住所から街なかのより大きな新施設に移転することになっていた。私たちは関係機関に対し、移転の作業が始まったあと数週は証拠の検査ができなくなると通知していた。保安官代理が電話を寄越したのは、この件について話し合うためだった。上司たちは私が自分のオフィスにいると思い込んでいたため、私もその思い込みを打ち砕くようなことは何ひとつしなかった。まわりで車が通り過ぎる音を聞かせるわけにはいかなかったので、州道を降りて横道に入った。それからシフトレバーをパーキングに入れ、計画について説明した。上司のいるオフィスは街の反対側にあり、そこに大きな利点があった。建物のあいだを移動していると見せかけて、イースト・エリア強姦魔事件を追跡するためにこっそり外出するという自由を手にすることができたのだ。私は日常的に研究所の自分のオフィスを離れ、ＥＡＲが襲撃した人々や場所を訪ねた。それこそ、私がその日にしていたことだった。

ＥＡＲが襲撃した場所を訪れるのは、彼について知りたいという私の願望をかなえるための行動だった。犯行場所や被害者を選んだとき、彼が何を見ていたのかを見たかった。夜の闇に紛れて塀を飛び越え、錠前をこじ開け、家に侵入し、眠る男女を驚かせたときに犯人が感じたアドレナリンを感じてみたかった。私は彼の立場になって考え、特定の人や場所を選んだときの犯人の思考を理解しようとした。そのころまでに、必要に応じて彼の頭のなかに入り込めるほど、ＥＡＲのことをよく知っているような気になった。悪事を企てて実行するときに犯人が感じていたはずのことを、私自身も造作なく感じられるようになっていた。しかし連続略奪者の心に入り込むのが得意になるあまり、夜ベッドの上で事件について考えていると、自分自身が境界線を越えてしまったのではないかと不安になった。警官と犯罪者のあいだに紙一重のちがいしかないとすれば、自分が生涯をかけて追いかけてきた怪物に私はどれだけ近づいてしまったのだろう？

どんなに平静を装っていても、自身で招き入れた闇に心が揺すぶられるときがあった。理性が遠ざかり、汗をかき、心臓が早鐘を打ち、またパニック発作を起こしそうになった。そんなときは、彼らのように下劣な犯罪を行なう衝動など私にはないと一心に精神を集中させ、なんとか正気を取り戻した。狂気という塹壕のなかで日々暮らしていると、ときに頭が混乱することがあるものだ。

犯人の頭のなかに入り込むという私の捜査手法は、ピッツバーグ売春婦殺害事件（12章参照）のあいだ――三件の事件のなかでも、とりわけ凄惨な事件を捜査していたとき――に始まったものだった。被害者のヴァレリー・シュルツは、殺されるまえに体を切断された。遺体は、この連続殺人事件のほかの被害者たちが遺棄されたのと同じ工業地帯にゴミのように捨てられた。不気味な事件現場の写真を見ているうちに私は、殺人犯の精神の内へと導かれていった。一枚一枚を見ながら、彼の立場に自分を置いてみた。犯人が女性にまたがり、片手を首にかけ、もう片方の手でナイフを握っているのを感じる。相手にまだ意識があるうちに、犯人は顔に深い溝を刻む。女性は悶え苦しみ、助けてくれと乞う。傷口から血が噴き出すのを見つめる犯人の心臓の鼓動が速まり、呼吸が荒くなる。残酷な行為の締めくくりとして彼は、女性の意識が薄れて死へと近づくなか、ナイフを顎の下に突き立て、猟師が鹿の内臓を取りのぞくように胃まで下ろしていく。私は犯人が抱いた解放感を察知し、その行為が終わったのだと悟る。これは怒りに駆られた殺人ではない。犯人は空想を実現している。被害者が悲鳴を上げながら身悶えするのを見るのが彼の嗜好であり、女性が苦痛を感じる姿に興奮するのだ。犯人が何者なのか、私ははっきりと理解できる。同時に、ほんの一瞬だとしても彼の精神のなかに入り込んだという事実に震えが止まらなくなる。

　自分自身を殺人犯の立場に置くこと、それが私の捜査手法の危険なところだった。ＥＡＲの頭のなかで長い時間を過ごすうちに、不吉な考えが脳裏をよぎるようになった――もしも、そこから抜け出せなくなったら？

二四人に絞り込まれた容疑者

セントラル・ヴァレーを訪れた二〇一二年のその日までに、私は三年にわたって秘密裏にＥＡＲの調査を進めていた。自分でも、どうしてそんなことができたのかわからない。なんとかクビにならずに済んだのは、一日分の事務仕事を午前中でしっかりと終わらせ、残りの時間でＥＡＲの捜査に取り組んでいたからだろう。

事件当時の特別捜査班のファイルをもとに六〇〇の要約シートを作成することから始まった作業は、さらなる調査が必要だと考えられる重要人物リストを作り上げるという非常に困難な捜査プロセスへと発展していった。その過程で容疑者の数は二四人にまで絞り込まれた。ここ二年にわたって私はすべての容疑者について調査を進め、その人物像や過去三〇年の動向を調べてきた。

まず、それぞれの名前をデータベースと照合し、運転免許証番号や住所履歴などの基本的な情報を見つけ、それを利用してさらに深く掘り下げた。同姓同名が多い名前の場合、より時間がかかった。第一段階を終えると、捜査のつぎのレベル――犯罪歴とＤＮＡプロファイルが複雑に絡み合う段階――へと進むことができた。これまで何度も、事件捜査の基礎固め作業がいかに退屈なことか捜査官たちがぶつくさ文句を言うのを耳にしてきた。しかし私は、段階を踏んで捜査を進めていくプロセスが好きだった。私はよく、それを木工細工にたとえた。まず粗目の紙やすりで磨きはじめ、つぎに中目でさらに作業を続け、最後に細目で仕上げる。私にとってそれは、現場の刑事としての仕事の一部だった。ＥＡＲが襲撃した街、地域、家を訪ね歩き、親戚や友人を探し出し、事件ファイルに記載された目撃者から話を聞き、事件から数十年たってもなお心に傷を負った被害者の男女に同情を示すことがなにより大切だと考えた。ＥＡＲを捕まえるためにこれまで多くの機関が多くの労力を費やしてきたことを踏まえると、どこかの時点で法執行機関がすでに犯人と接触している可能性が高いと考えられた。それが、二四人にまで絞った容疑者リストをさらにランク付けするために使った基準だった。

すると、ひとりの名前がいちばん上に浮上してきた。ここでは、その男をロバート・ルイス・ポッツと呼ぶことにする。

二〇一一年はじめにポッツについてくわしく調べはじめると、すぐさまイースト・エリア強姦魔の特徴を要約したかのような情報にたどり着いた。不気味なほど類似点が多かった。ポッツは、ＥＡＲの拠点であるサクラメント郡で育ち、人生の大半をそこで過ごしてきた。鉄道制動手として働く彼は、ＥＡＲと同じ長いルート――同じ場所、同じ管轄区域――を転々と移動しながら生活していた。さらにその移動は、各地でＥＡＲが襲撃を繰り返していたタイミングとも重なっていた。私が作り上げたポッツの地理的プロファイルは、ＥＡＲのものと非常に近かった。ポッツの移動経路を示す地図上の黄色い十字は、北カリフォルニアでのＥＡＲの動きをトレーシングペーパーで写し取ったかのようだった。一五ページに及ぶ時系列図を見つめながら、私はこう思わずにはいられなかった。**この男がＥＡＲではないことなどありえるだろうか？**

移動経路が明らかに似ていることにくわえ、それ以外の一致も繰り返し登場したため、ポッツが犯人であるという私の直感はさらに強まっていった。ＥＡＲと同じようにポッツは、自身の母親に異様なほどの愛慕を抱いていた。内縁の妻を殴った家庭内暴力容疑での逮捕を含めたポッツの暴力史は、犯罪プロファイラーのレスリー・ダンブロジアが早い段階で示したＥＡＲについての予測と一致するものだった――「犯人はパートナーに対して暴行あるいは虐待行為をした経歴があるはずだ」。さらに、ＥＡＲによる襲撃のうち二件が、ポッツがわずか数年前まで通っていた学校がある場所と隣接する地域で起きていた。

ポッツは、イースト・エリア強姦魔の捜査とまったく無関係の人物というわけではなかった。一九七八年にEARがサクラメント郡から一三〇キロ移動してイースト・ベイで犯行を始めた直後、コントラコスタ郡の特別捜査班はポッツに眼をつけていた。その年の一二月の夜中、覆面の男が、ダンヴィルの自宅で寝ていた三二歳の女性にまたがってナイフを突きつけるという事件が起きた。典型的なEARの襲撃だった。犯人は女性の手首と足首を縛って目隠しし、騒いだら殺すと脅した。「ファックは好きか?」と男は訊いた。「いいえ」と彼女は答えた。「チンポを勃たせるのは好きか?」という質問に、「いいえ」と彼女はまた答えた。「じゃあ、なんでおまえを見るたびにおれのチンポは勃つんだ?」と犯人の男は言い、彼女を二度レイプした。その二カ月後にポッツは、この事件現場と同じ地域で逮捕された。

一九七九年二月三日の早朝、ダンヴィルの街をパトロール中だったコントラコスタ郡保安官代理カール・ファブリは、道路脇に停まる不審な車を見つけた。一二月にEARが襲撃したリベルタ・コートから一キロも離れていない場所だった。そのプライマー塗装された一九六八年型ポンティアック・ルマンは、一時間前にファブリがそこを通りかかったときには停まっていなかった。車を停車するにはずいぶんと奇妙な場所だった。何かがおかしかった。

ファブリは前日から警戒を強めていた。前夜、すぐ近くで覆面をかぶった不審者を見つけ、彼はあとを追いかけた。が、高い塀の向こうに逃げられ、姿を見失ってしまったのだ。例の強姦魔がまた街に戻ってきたのではないか、とファブリは疑った。

彼は無線で本部に状況を報告し、不審車のうしろにパトカーを停めた。誰も乗っていないように見えたが、用心しながら助手席側のドアに近づき、懐中電灯で車内を照らした。男が後部座席で寝ていた——ポッツだ。ファブリが窓を叩くと、男は驚いて眼を覚ました。「車から降りてください」とファブリは言った。その男はイースト・エリア強姦魔の大まかな特徴に合致していた——身長一八〇センチ弱、体重七〇キロ前後。しかしファブリがそれ以上に眼を引かれたのは、免許証の住所だった。男は、はるか北のカーマイケルに住んでいた。そこはまさに、サクラメント郡でのEARによる襲撃の中心地だった。こんなに南に離れたダンヴィルで何をしているんですか、とファブリは尋ねた。フリーモントにある鉄道車両基地での仕事から自宅に戻る途中だ、とポッツは答えた。疲れていたので州間高速を降り、残り一五〇キロの道のりを進むまえに仮眠を取っていたのだ、と。ファブリはその話を信じなかった。高速道路はその道路の数キロ先にあった。車を停めるのにもっと便利な場所が近くにあるはずなのに、この男はなぜこんな遠くまで車でやってきたのだろう？

若い鉄道制動手のポッツにとって、状況はさらに悪い方向に向かっていく。無線で身分照会するあいだ、ファブリはポッツに車内で待機するよう伝えた。すると彼には逮捕状が出ていることが発覚する。軽微な交通違反に対するものではあったが、それでも彼の身柄を拘束するには充分な理由だった。ファブリはポッツの車に戻り、「あなたを逮捕します」と言った。

パトランプを点滅させ、サイレンを鳴らした応援のパトカーが到着した。ポッツは比較的落ち着いていた。しかめ面で不満を漏らしはしたが、彼のような微妙な立場に置かれた人間にとってそれはめずらしい行動ではなかった。ところが奇妙なことに、警察官のひとりがカメラを取り出して顔写真を撮ろうとすると、ポッツは突如としてパニック状態になった。彼は怒り狂って撮影を拒んだ。**やめろ！　眼のまえから失せろ！**　脚を蹴り出して暴れながらポッツは叫んだ。正当な理由もなく、なんでこんなクソみたいな扱いを受けなきゃいけないんだ。家に戻る途中で眠たくなって、車を停めて仮眠していただけなのに。ただ家に帰りたかっただけなんだ！

警官たちは力ずくでポッツを制圧して手錠をかけ、パトカーの後部座席に乗せた。留置施設までの二〇分の道中、彼は独り言を言いつづけた。「おれをバカにするやつがいたら、眼をえぐり出してやる。舌を噛み切ってやる……おれが逃げようとしたら、撃つのか？……ほんものの犯罪者は捕まらない。いつだって逃げ切るものさ」。ファブリはそれを録音し、特別捜査班に引き渡した。

ポッツは、マーティネズの古い留置場に連行された。午前七時に彼は、母親に電話する許可を求めた。やがて母親がやってきて一一五ドルの保釈金を現金で支払い、同日の午後一時四五分にポッツは釈放された。彼はふだんの生活に戻り、自宅と職場の行き来を繰り返した。州間高速道路八〇号線と六八〇号線を北はデイヴィス、南はサンノゼまでたびたび移動し、EARが襲撃のために使ったのと同じ出口を通過した。

午前四時のガサガサという音

ダンヴィルでポッツが警察に逮捕・釈放されてから四カ月のあいだに、EARはフリーモントで夫婦を襲い、さらにウォルナット・クリークでふたりのティーンエイジャーを襲撃した。六月、EARはふたたびダンヴィルに姿を現わし、州間高速道路六八〇号線にほど近いアレゲニー・ドライブに住む夫婦を襲った。この動きは、すでに襲撃した場所に舞い戻るという彼のパターンを踏襲するものだった。

EARは七月五日にも犯行を繰り返した。今回の標的になったのは、ポッツが仮眠を取っていた場所から一キロ弱離れたシカモア・ヒル・コートに住む夫婦だった。午前四時、ガサガサという音に夫は眼を覚ました。眼を開けて寝室の鏡を見ると、目出し帽をかぶる男の姿が映っていた。夫がベッドの上で体を起こすと、男と眼が合った。「いったい何者だ？」と彼は侵入者に向かって叫んだ。「ここで何してる？」。覆面男はあっけに取られたかのように後ずさりした。夫はそちらに突進した。体格がよく屈強な夫は、侵入者を部屋の隅へと追い詰めることができた。眼を覚ました妻は部屋を飛び出し、階段を下り、外に出て大声で助けを求めた。夫は、自分がいま対峙しているのがあの恐るべきイースト・エリア強姦魔なのではないかと考えた。「いま出ていくなら、このまま逃がしてやる」と彼は侵入者に言い、自分の命が助かることをただ祈った。夫が振り向いて走り出すと、侵入者も暗闇のなかに逃げていった。

ＥＡＲの手口をポッツの特徴に照らし合わせようとしていた私は、ふたつがぴったり一致することに気づいた。同一人物だとすれば、その男は数カ月前にも同じ場所にいた。いちどは逮捕されるが、怖気づくことはなかった。サクラメントで何度もそうしてきたとおり、自分を罠にかけようとする警察のパトロールを嘲笑うかのごとく犯行を続けた。しかし、今回だけは失敗してしまう。この事件は、ダンヴィルでのＥＡＲの最後の襲撃となった。

その後、イースト・エリア強姦魔は動きを止めた。七月から一〇月にかけて住民たちは息を凝らして状況を見守り、ＥＡＲが永遠にいなくなることを願った。ある意味、彼はいなくなった。つぎに噂が聞こえてきたとき、男は六五〇キロ近く南に離れた場所におり、殺人鬼へと変身しようとしていた。イースト・エリア強姦魔はすぐに、オリジナル・ナイト・ストーカーとして知られるようになった。

コントラコスタ郡地方検事局のハル・フランクリン捜査官は、ＥＡＲの犯行が続くさなか、ダンヴィルでの襲撃について八ページの報告書をまとめて特別捜査本部に提出した。ファブリ保安官代理がポッツと遭遇した出来事も付記されたその報告書では、ポッツをイースト・エリア強姦魔だと断定するのに充分な状況証拠があると結論づけられていた。フランクリンは、ポッツが犯人だと確信していた。ポッツは数カ月にわたって当局の要求をかわしつづけたが、一九七九年八月八日についに唾液検査に協力することに同意した。

唾液分泌型、非分泌型

二日後に出た検査結果にもとづき、彼は容疑者リストから外されることになった。それから四カ月後、オリジナル・ナイト・ストーカーが州南部で殺人を始めた。私の脳裏に最初によぎったのは、「やれやれ、ＥＡＲをいったん逮捕したのに逃がしてしまったのでは？」という考えだった。ポッツの唾液試料は、コントラコスタ郡保安官事務所の科学捜査研究所に持ち込まれ、分泌／非分泌型の判定が行なわれた。分泌型とは、唾液や精液などの体液にみずからの血液型抗原を分泌する人のことを指す。一方、非分泌型の人々の体液のなかには、血液型抗原がほとんど、あるいはまったく含まれていない。後者の非分泌型は、全人口のわずか一〇パーセント程度しかいない。

ポッツの唾液はA型の分泌型と判定され、唾液などの生理液に（ABO式血液型に一致した）ABH型物質が分泌されていると考えられた。ＥＡＲは非分泌型だったため、当時の捜査ではポッツはＥＡＲ容疑者リストから除外された。私が考えるところ、この検査結果にもとづいて彼を除外したのは大きな誤りだった。これまで複数の研究によって、一部の人の体液間のABH型物質の分泌に異常があることが証明されてきた。要するに、この検査はあまり当てにならないということだ。私としては、分泌／非分泌型の判定によって容疑者リストから誰かを排除するというのは容認できないことだった。

そこで私は、著名なイギリス人血清学者で、カリフォルニア州にある血清学研究所の所長を務めるブライアン・ラクソールに相談してみた。古い血清学的メソッドに関する研究において数多くの成果を残してきたラクソールは、この分野の泰斗とみなされていた。彼は、容疑者から採取された唾液試料に対してコントラコスタ郡の研究所が行なった吸収阻害の検査手順について再確認し、やり方が誤っていたと断定した。ラクソールへの相談にくわえ、さらなる文献の調査を進めた私は、コントラコスタ郡科学捜査研究所の分泌／非分泌型判定にもとづく容疑者リストからの排除はどれも疑わしいものだと結論づけた。よって分泌型検査によってシロとされた有力な容疑者については、再調査するべきだと主張した。言うまでもなく、リストからのポッツの除外も見直されるべきだった。

その一方で私は、何かほかの方法を見つけて彼がＥＡＲだと証明する必要があった。

22　ポッツを追った二年間

地図上から消えたポッツ

イースト・エリア強姦魔のDNAプロファイルは一〇年にわたって事件ファイルに保存されていたが、一致する人物は見つからなかった。私がしなければいけないのは、ロバート・ルイス・ポッツのDNAを入手して同一人物だと証明することだけだった。ただし、彼の消息は杳として知れなかった。私が追跡することができたのは、ポッツが家庭内暴力の罪で有罪判決を受けた二〇〇四年の時点までだった。その後、彼は地図上から忽然と消えた。

それから七年のあいだ、ポッツはクレジットカードの申請もせず、運転免許証の更新もせず、住所変更もしていなかった。調べられる範囲では彼は仕事にも就いていなかったし、生活保護を申請したこともなかった。驚くべきことに法執行機関と接触した記録はいっさい残っておらず、前科者としてはきわめてめずらしいケースだった。「これらすべてから判断するに、ポッツはすでに死亡しているか、見つからないよう必死の努力を続けているかのどちらかだと考えられる」と私はメモに書いた。「彼が容疑者である可能性は消えておらず、DNA試料を直接入手するための努力を続けることは妥当」

私の直感は「ポッツはどこかに隠れている」と言っていた。彼が姿を消したのと同じ年にカリフォルニアでは州法案六九の改正によってDNA関連の制度が大幅に見直され、遺伝子鑑定が可能な犯罪の種類が拡大された。この新しい法律により、有罪判決を受けた重罪犯だけでなく、重罪容疑の逮捕者のDNA鑑定を行ない、その結果を州のDNAデータバンク内のCODISにアップロードできるようになった。ポッツには家庭内暴力での前科があったため、新法によって危うい立場に追い込まれるおそれがあった。DNA鑑定を受けると連続略奪者として特定されてしまうと考え、それを避けるべく彼は姿を消したのではないか？　皮肉にもこの法案が成立した背景には、EARの被害者のきょうだいのひとり——一九八〇年八月、オレンジ郡の自宅でキース・ハリントンとその妻が撲殺された事件の遺族——が主導および資金提供した活動による後押しがあった。ハリントン夫妻の殺害は、一九七九年から一九八六年のあいだに起きたオリジナル・ナイト・ストーカー襲撃事件のうち、DNAによってEARと結びつけられた六件の事件のひとつだった。

ポッツの捜査を進めた時期はちょうど、シェリーがもっと個人的な時間が必要だと考え、母親としての役割以外のことを追求すると決めた時期と重なっていた。子どもたちは六歳と七歳になり、だんだん手がかからないようになってきた。シェリーはとても手先が器用で、裁縫に興味を持ちはじめた。私は彼女を応援し、家の多目的室を裁縫室に変え、新品のミシンを買った。それまでは子どもたちが寝静まると、私たちはソファーに坐ってくつろぎながらいっしょにテレビを見ることが多かった。しかし次第に彼女は裁縫に勤しみ、私はノートパソコンとにらめっこして新たな手がかりを探すようになった。

いつものように夜遅くに調査を進めていたある日のこと、事件当時の特別捜査班による報告書の脚注に書かれたある文章をふと見つけ、私は思わず二度見した。ポッツが有力な容疑者として捜査線上にあがっていた一九七九年、彼が友人宅に置き忘れた黒い目出し帽が証拠として回収されていたというのだ。**待て！** 隣の部屋ではミシンがガタガタと音を立てていた。**目出し帽だって？** はじめて知る情報だった。

ＥＡＲはすべての襲撃において目出し帽をかぶっていた。報告書には、将来的に毛髪の鑑定が必要になる場合に備え、ニット帽に付着していた毛髪が証拠として採取・保存されたと書かれていた。しかし、そのような検査が必要になったことはなかったという。一方、帽子についてそれ以上の説明はなかった。まだ保存されているのだろうか、と私は考えずにはいられなかった。ポッツのＤＮＡが最初からあったというのか？ 目出し帽には事件解決の可能性が秘められていた。存在するとすれば、生体物質がまだ残っている確率は高かった。**信じられない**。イースト・エリア強姦魔の正体につながる情報が、その目出し帽に隠れているかもしれないとは。

私はとても興奮していた。誰かに話したかったが、そのころまでにシェリーは、事件について言及するときまってあきれ顔をする段階へとたどり着いていた。その晩はほとんど眠れなかった。ずっと時計を見やり、起きて研究所に行ってもおかしくない時間になるのを待った。マーティネズまでの道中、独り言を繰り返した。**事件は解決した。事件は解決した。事件は解決した**。

自分のオフィスから証拠保管室へと向かうあいだも、冷静さを保つのがやっとの状態だった。まず、古い証拠カードに慎重に眼を通した。「目出し帽」と書かれた七・五×一二・五センチのカードを引き抜いたときには、当選した宝くじを手にしているかのような気分だった。保管室の新しい管理者であるリッチ・ワラが証拠の箱を取りにいった。目出し帽が入っている保証などないとわかっていた。この三〇年のあいだのどこかの時点で廃棄されていてもおかしくはなかった。

戻ってきたワラは、抱えていた箱をカウンターの上に置いた。その瞬間が私にとって何を意味するのか、彼が知るはずはなかった。不安と興奮で心臓が口から飛び出してきそうだった。箱をさっと開くと、そこに目出し帽があった。丁寧にビニール袋にくるまれ、金属クリップで封がされていた。**捕まえた**。ポッツの行方はわからなかったが、私は彼のＤＮＡを手にしていた。

「鉄道敷設用地から回収」

箱をオフィスに持っていき、中身をさらにくわしく調べてみた。底にはビニール袋が置かれ、なかに折り畳まれた紙が入っていた。ラベルには「鉄道敷設用地から回収」とある。ポッツが鉄道関係者だったため、私はその紙に注目した。同じ袋のなかには、らせん綴じノートから破かれた三枚の罫紙も入っていた。証拠記録によるとこれらの紙は、一九七九年にＥＡＲがダンヴィルで三二歳の女性を襲撃した現場において、郡の科学捜査官だったジョン・パティーが回収したものだという。パティーに出会ったときの私はまだ二〇代前半で、研究所で働きはじめたばかりだった。彼はベテランの科学捜査官で、挨拶がてら自己紹介してくれたのを覚えている。パティーに会ったのは、それが最後になった。癌との闘病の末、彼は数カ月後に亡くなった。皮肉にも、のちに私が受け継ぐことになった犯罪現場用ジャンプスーツは、パティーが着用していたものだった。**このつながりのどこかにメッセージが隠れているのだろうか？**　彼は一匹狼として有名だった。つまり、私たちは同じ種類の人間だった。パティーがこの事件を担当していたと知ったとき、良き仲間を見つけたような感覚になった。警察犬がＥＡＲのにおいを嗅ぎ分け、ダンヴィルの女性の家から裏庭を抜け、そのさきの鉄道線路まで追跡したとき、パティーはその場にいた。そして、線路脇でこの紙を回収した。おそらく私と同じように彼は、逃走中のＥＡＲがそれを落とした可能性がおおいにあると考えたにちがいない。目出し帽や武器をリュックサックに詰め込んでいるあいだに落としたのではないか？

私は紙を取り出して広げてみた。一枚目は、カスター将軍に関する高校の歴史の課題のようだった。スペルや文法の誤りが多い点をのぞけば、特筆すべきところは何もないように思われた。二枚目の紙はより興味深いものだった。それは、小学生のときの出来事についての恨みを綴った文章のようだった。「**怒りの一言に尽きる**」と文章は始まる。「六年生のときを思い出す言葉。あの年が大嫌いだった」。書き手はつづけて、授業中におしゃべりした罰として何度も同じ文章を書かせた教師についてかまびすしく批判した。「教師が書かせた、あのひどい文章の数々。何時間も何時間も、昼も夜もぼくは坐って五〇、一〇〇、一五〇単語のあの文章を書いた……そんな自分を恥じたが、同時に心の奥底でこう気づかされた……ぼくをそんなふうに苦しめるのはフェアじゃない」

三枚目の紙に鉛筆で書かれた図は、地図のように見えた。少なくともいちど見ただけでは、判読不能だった。私はその紙を脇に置き、あとで調べることにした。

その二〇一一年四月一一日、私はＤＮＡ鑑定のために目出し帽を研究所に提出したが、結果が出るまでに時間がかかることはわかっていた。なんと皮肉なことだろう。私は研究所の責任者だった。にもかかわらず、上層部による未解決事件の捜査の一時停止命令にくわえ、私が未解決事件ばかりを追っているという評判がさらなる重石となり、その鑑定の要請は優先リストのいちばん下まで追いやられてしまった。現在進行中の捜査ですでに研究所が手一杯の状況のなかで、上司を無視してまで自分の要請をリストの上に押し上げるわけにはいかなかった。自分の順番を待たなければいけないという事実を、ただ受け容れるしかなかった。くわえて私には、ほかにも追跡すべきことが山ほどあった。

まず、六年生時代の出来事についての愚痴から調べてみることにした。ポッツはウエスト・ピッツバーグ（現ベイ・ポイント）の小学校に通っていた。学校に掛け合ったところ、運のいいことに彼の通学時の記録を見せてもらえることになった。ポッツの六年生の成績表には、教師の名前が書かれていた。その男性教師は何年もまえに退職していたが、いまもオリンダで暮らしていることがわかった。メモ書きについて何か知っているかもしれないという薄い望みにかけて、私は彼に電話で連絡してみた。

元教師は不愛想な老人だった。電話をかけた理由を説明すると、彼は「自分の生徒のひとりが連続殺人犯になったのが、わたしのせいだってわけですか？」と問うた。教師はポッツのことを覚えてはいなかったが、六年生の生徒たちに罰として同じ文章を繰り返し書かせる課題を与えたことを覚えていた。

そうだ、そういえば二〇〇一年に奇妙な電話がかかってきたことがある、と彼は教えてくれた。電話の相手は、教師がむかし六年生の生徒に罰として歌わせていた歌を口ずさんだという。教師は電話越しにその歌を歌ってくれた。「**自由は手に入れるために。自由は無料**《ただ》**じゃない。自由は無料じゃない。代償を払わねばならぬ。犠牲を払わねばならぬ。**これを覚えているか？」と相手は言い、電話を切ったという。動揺した教師は電話番号を変え、電話帳にも載せないよう手配した。二〇〇一年のちょうど同じころ、二四年前にEARに襲われたサクラメント在住の女性の家にも「いっしょに遊んだことを覚えているか？」という電話がかかってきたことがあった。

一点追加。ポッツの確認リストにまたひとつチェックマークが増えた。

私は本格的な捜査を続けた。最新の前科記録を調べると、容疑者リストから外されたあと数年にわたってポッツが、法に触れるような行為を繰り返していたことがわかった。彼には暴力癖があった。サンノゼで交通違反を犯して身体検査を受けたときには、ダクトテープで作った鞘に入った二本のステーキナイフがウエストバンドから見つかった。EARは、襲撃のときにステーキナイフを使うことがあった。当のポッツは、迷惑行為を繰り返す隣人に対する護身用にナイフを携帯していたと主張した。しかし彼の家の隣に住んでいたのは障害者の女性で、脅威を与えるような人物ではなかった。

二〇〇二年にポッツは、内縁の妻に暴力を振るって「体を切り刻んでやる」と脅した容疑で逮捕された。EARの事件ファイルには、同じような脅迫の言葉が横溢していた。「切り刻んでやる」「静かにしろ、さもないと体を切り刻むぞ」「おまえの赤ん坊の耳を斬り落として、プレゼントしてやるよ」「これが動く音が聞こえたら、女の咽喉を切り裂く。それから耳を斬り落として、ここに持ってきてやる」

偶然の一致だろうか? そうは思えなかった。

ポッツが真犯人にまちがいない、そう私は考えた。

ひとつの部屋に集まるべきタイミング

その時点で充分な自信を抱いた私は、ポッツが犯人だという確信をサクラメント郡地方検事補アン・マリー・シューベルトに打ち明けた。その二年前にシューベルトは、みずから未解決事件起訴班を起ち上げていた。一〇年前、DNA鑑定によってイースト・エリア強姦魔とオリジナル・ナイト・ストーカーが同一人物だと発覚したとき、私はシューベルトと電話で話したことがあった。その会話のなかで彼女は、未解決事件の解決に興味があり、EAR事件にはとくに強い関心があると語った。その会話EARによる襲撃事件が頻発するあいだにサクラメントで子ども時代を過ごした彼女は、地元の街を麻痺させた恐怖について鮮明に記憶していた。この最初の会話のあとにシューベルトは、関係機関の垣根を越えて情報を共有するための会議を開くことを提案した。ところが省庁間の争いが壁となり、その会議が実現することはなかった。

数年後、サンタバーバラで開かれた会議の席で私たちは偶然再会した。以来、退勤後にいっしょに出かける親しい仲となり、仕事上の友情も深まっていった。最近になって私がEARについて行なった再捜査について、彼女が興味を示すことはわかっていた。

五月、私はシューベルトに電話をかけた。互いの近況について何分か世間話をしたあと、さっそく本題を切り出した。

「こういう男について調べてるんだ」と私は言い、ポッツについて概要を説明した。

彼女の反応にびっくり仰天した。サクラメント郡保安官事務所のケン・クラーク刑事も、この事件について興味深い手がかりをつかんでいるというのだ。さらに彼は、その情報をサンタバーバラと共有したという。二〇〇一年にラリー・プールと私がサンタバーバラの三件の殺人事件をオレンジ郡の事件とEAR事件に結びつけようとしたとき、私たちはサンタバーバラ郡保安官事務所に門前払いされた経験があった。**なんだって? 北カリフォルニアの警察のほかの人物が、同じ事件の捜査をしてるって?** この怪物を見つけようと活動するのは、自分だけだと長いあいだ考えていた。が、実際にはほかの人々も彼を探していたということだ。各郡は事件解決に向けてそれぞれ努力を続けていたものの、ほかの郡の動きについては誰も何も知らなかった。そのときアン・マリー・シューベルトに電話をしていなければ、私もほかの郡の捜査について知ることはなかったかもしれない。そして彼らもまた、コントラコスタ郡での私の捜査について知ることはなかっただろう。

幸いにも、イースト・エリア強姦魔を捜し出そうとするシューベルトの熱意は一〇年前と変わっていなかった。「そろそろ、みんながひとつの部屋に集まるべきタイミングね」とシューベルトは言い、今回こそは実現してみせると意気込んだ。

ついに仲間ができることが愉しみでたまらなかった。

新しいイースト・エリア強姦魔特別捜査班の最初の会合は、二〇一一年六月に開かれることになった。出席するためには、上司をうまく言いくるめる必要があった。そこで私はこう説明した。長いあいだこの事件に注目してきた私は、関係者に知らせるべき価値ある情報を持っている。サクラメント郡地方検事から直々に、コントラコスタ郡で起きたEAR事件についてプレゼンするよう依頼を受けた。事件を追うほかのすべての郡が代表者を派遣するため、われわれも参加する必要がある――。

ポッツを有力な容疑者として報告すべく、私は捜査の原点に立ち返った。昼も夜も週末も、私は警察の報告書や旧特別捜査本部の議事録を丹念に調べ、みずから作成したスプレッドシートや地理的分析データを精査した。さらにポッツの過去の住所に車を走らせ、家々のドアをノックした。彼が最後に住んでいたとされる家を監視し、きょうだいの家にも張り込んだ。

六月一四日、私たちはサンタバーバラの警察訓練施設の会議室に集まった。四つの郡の代表者が参加した。長方形のテーブルに就いた参加者たちは、まず自己紹介し合った。イースト・エリア強姦魔事件とオリジナル・ナイト・ストーカー殺人事件の捜査官たちが一堂に会したのはそれが最初の機会であり、互いに顔を合わせるのもはじめてだった。会議が始まると、サクラメント郡保安官事務所のケン・クラーク刑事が最初に管轄内の事件について概要を説明した。ヴェンチュラ郡のグレッグ・ヘイズ捜査官の横には、老齢の父親ラスがいた。その父親は、一九八〇年にライマンとシャーリーン・スミス夫妻が撲殺された陰惨な事件の捜査を担当した人物だった。ラリー・プールも参加し、オレンジ郡の事件の概要を説明した。聞けば、私がEARの事件ファイルを受け渡した直後、彼は殺人課からほかの部署に異動になったのだという。サンタバーバラ郡保安官事務所のギャリー・キッツマンとジェフ・クラパキス刑事が会議の進行役を務めた。驚いたことに、ふたりはいまだ自分の管轄内で起きたふたつの案件――一九七九年のロバート・オファーマン医師と恋人のデブラ・マニング医師の殺害、一九八一年のグレッグ・サンチェスとシェリー・ドミンゴ殺害――がこの連続強姦・殺人事件に関連しているのか懐疑的だった。彼らはいまでも、これらの事件が地元の麻薬カルテルと関係しているという説が有力だとみなしていた。

私はコントラコスタ郡の事件について説明し、EARの正体に関する自説を披露した。「ロバート・ルイス・ポッツという男がいます」と私は言い、これまでに見つかった二者の類似点を列挙した。「証拠として保存されていた目出し帽から彼のDNAを採取しようと研究所で試みているところです」と私は続けた。

話しているあいだ、何人かが物知り顔を浮かべるのが眼に入ってきた。特別捜査班のほぼ全員が、ある時点で事件を解決できたと考えたことがあった。しかし、あの忌々しいDNA鑑定にすべてを覆されてきたのだ。

二日間の会議の初日の夜、私たちはみんなで飲みに出かけた。バーカウンターでケン・クラークとラリー・プールのあいだに坐った私は、自分のキャリア初期の笑い話をふと思い出した。サンファン・カピストラノで法執行機関の講習を受けていたときのこと、一日の終わりに参加者数人でバーに行った。隣には、オークランド警察の殺人課の刑事が坐った。私が最初にフルーツ系カクテルか何かを注文すると、彼は軽蔑をあらわに「ありえない、ノー」と言った。「そんなんじゃ酔っぱらえないじゃないか」と続け、彼はケテル・ワン・ウォッカの濃い目のマティーニを私のために頼んだ。二口飲んだだけで、舌がしびれた。酒が弱い男だと思われたのを恥ずかしく感じた私は、法執行機関の職員といるときはかならず男らしい飲み物を注文するよう心に留めた。

会議のあとにサンタバーバラのバーに行ったその日、「ご注文は?」とバーテンダーが訊いてきた。

「バーボンをお願いするよ」と私は言った。

その晩、私たちはこの事件における失敗談について語り合った。長期間にわたって容疑者を追ったにもかかわらず、不発に終わったというエピソードは枚挙にいとまがなかった。明らかにどの捜査機関も、いまだこの事件に取り組んでいるか、あるいは新たに取り組もうとしていた。そして私は、北カリフォルニアの事件——つまり私の管轄の事件——が、EARを特定するために必要な証拠を与えてくれると信じていた。

特別捜査班の最初の会議に参加するまで私はポッツが犯人だと信じ切っていたが、ほかの出席者の推理や失敗談について聞いているうちに疑念が浮かびはじめた。ケン・クラークとラリー・プールは経験豊かな捜査官であり、私は彼らの知識やノウハウに一目置いていた。会議のあと、それまでの自分の捜査に対する自信が少し揺らいだ。コナティーとジャコメッリといっしょに捜査したときと同じだ、と私はふと思い出した。彼らの意見を聞くと、私はいつも自分の結論を見直さざるをえなくなった。

六時間のドライブ、それは思考をめぐらすには充分に長い時間だった。国道一〇一号線を北へとひとり車を走らせながら私は、ポッツがイースト・エリア強姦魔であるという結論に至るまでのあらゆる詳細について考えてみた。ちょうどシリコン・ヴァレーを通過したとき、やはり正しい男にたどり着いたはずだとふたたび確信した。「だとすれば、さらに捜査を進めてその男を見つけ、DNA鑑定によって彼が犯人だと証明しなければいけない」

コントラコスタ郡研究所の検査結果を何カ月も待っていたにもかかわらず、提出した日から優先リストの順位がまったく上がっていないことを知り、私は苛立ちを覚えた。八月になると、もはやあきれ返っていた。それ以上待つことはできず、私ははるか南のオレンジ郡に電話をかけ、研究所の所長に鑑定してほしいと頼んでみた。送ってください、と彼女は言った。オレンジ郡の研究所ももちろん大忙しだったが、できるかぎり早く対応してくれるという。すぐに目出し帽を送ると、私はふだんの捜査に戻り、一五七ページにわたってぎっしりとポッツについて綴った資料を日々更新した。それから八カ月のあいだ毎日、新たな情報がつけ加えられた。すべての電話、すべてのメール、すべての個人的な接触と車での移動の情報がその資料に含まれていた。そして、すべてがあの日出し帽の鑑定結果にかかっていた。

二〇一二年四月、オレンジ郡の研究所から電話がかかってきた。「目出し帽からは何も採取できませんでした」と分析官は言った。

胃がむかむかした。やるべきことはひとつしか残されていなかった。

ポッツ本人を見つけなければ――。

見つかったポッツの兄

特定の容疑者についての情報が関係機関にいっせいに伝えられる捜索指令《BOLO》が出された。これによって、ポッツ本人や関係者と思われる人物がいた場合、近隣地域の各機関の警察官は彼らを制止して職務質問することになる。

八月、サクラメント郡保安官事務所のケン・クラークの同僚であるペイジ・ニーランド刑事が、新しい情報を電話で伝えてくれた。「ポッツの兄を見つけました」と彼女は言った。その人物はホームレスで、アンテロープのガソリンスタンド〈ユニオン76〉の裏に停めた車のなかで生活しているという。それは、ポッツの兄に関して私がつかんでいた情報とは異なるものだった。兄はアンテロープの両親の家を相続し、住宅ローンの支払いもすでに済んでいるというのが私が知る情報だった。さらに、つい最近も私はその家のまえを車で通り、外に兄の車が停まっているのを確認した。「ほんとうに兄ですかね？」と私は疑問を呈した。携帯型指紋識別装置を持ったパトロール隊がガソリンスタンドに派遣された。指紋採取を始めようとすると、ホームレスの男はほんとうのことを白状した。なんと、彼こそがロバート・ルイス・ポッツだった。ポッツは、家庭内暴力容疑で出されていた令状にもとづいて逮捕された。

複雑な捜査はジェットコースターのように目まぐるしく変化し、さらにスピードを上げていった。ケン・クラークが、サクラメント郡保安官事務所本部でポッツの事情聴取をした。彼はポッツの顔写真を私に送ってくれた。いかにも荒くれ者という見かけで、肩まで伸びた茶色い髪はぼさぼさで、汚らしい白髪の顎ひげをたっぷりと生やしていた。しかし、それはあの男の眼だった。突き刺すような、狂った眼だ。クラークは、イースト・エリア強姦魔の容疑者として名前が挙がっていることをポッツ本人に告げた。初期の捜査で繰り返し尋問を受けた彼は、もう容疑はすっかり晴れたものだと考えていた。

「DNAサンプルを採取させてもらう」とクラークは言った。

「冗談も休み休み言ってくれ」とポッツは応えた。

唾液を拭った試料が私たちの研究所に届くと、信頼を置くDNA分析官のひとりであるヨハナ・エストラーダを担当者に指名し、EARのDNAと比較してもらった。彼女は丸一日かけて多段階のプロセスを進めていった。まず綿棒のような器具からDNAを抽出し、細胞残屑《ざんせつ》から分離し、試験管のなかでさまざまな化学成分と混ぜ、ＤＮＡタイピングを行なった。それをもとに彼女は、電気泳動図――カラフルな線と急な山形が連なるグラフ――を作成し、ＥＡＲのものと比較した。

その日の夕方に確認しにいくと、エストラーダのパソコンの画面上にデータが映し出されていた。グラフをまじまじと見ながら、「結果が出ました」と彼女は言った。うしろに立っていた私は、パソコンのほうに近づいた。「ＥＡＲのＤＮＡにはこの位置にこれらのマーカーが見られますが、ポッツのほうにはありません」とエストラーダは言い、画面を指差した。「こっちのほうも同じです。一致は見られない。同一人物ではありません」

咽喉が苦しくなり、私は向きなおって自分のオフィスに戻った。椅子に坐り込んだ私には、もはや動く気力さえなかった。数分にわたって壁を見つめたあと、建物を出て車で家に戻った。マリーナ・ヴィスタに車を走らせ、シェル製油所を通り抜けると、みぞおちがむかむかするあの感覚に襲われた。ひどく混乱し、ポッツにたどり着くまでのあらゆる出来事が頭のなかをぐるぐるまわっていた。**ポッツじゃないなんてことがありえるか？　送られてきたのは正しい試料だったのか？　そこを疑っても仕方がない……**

二年近くものあいだ私は、誤った人物を追っていたことになる。ほかのなによりも事件のことを優先しつづけた二年だった。私の執念は、生活のすべての側面に影響を与えた。自分が正しい方向に進んでいると信じ、本来の仕事をそっちのけで手がかりを追った。自宅に戻っても、心も頭も上の空だった。シェリーが何か言いかけているにもかかわらず、会話の途中でその場を離れ、自室に行ってコンピューターと向き合った。そんな場面が幾度となくあったことを私は思い出した。

子どもが寝静まったあと、シェリーとソファーで過ごしたあの親密な時間もなくなった。彼女の裁縫の趣味を私が応援したのは、一晩じゅうパソコンに向かう自由を得ることができたからだった。以前のシェリーは私の仕事におおいに興味を示し、最高の相談役になってくれた。しかし最近の彼女は、捜査にまつわる話を聞くことに興味を示さなくなった。かつて夕食の席で事件について語り合っていたときに見せていた彼女の興奮のまなざしは、あきれ顔に取って代わっていた。この二年間は私の家族にダメージを与えた。それは私にもダメージを与えた。苛立ちを宥めるために、酒の量が以前よりも多くなった。事件の捜査に取り組む時間を少しでも増やそうと、体のトレーニングもやめてしまった。数々の手がかりを追うために、家族と過ごすべき貴重な週末の時間も犠牲にした。それで、何を追っていたって？　誤った手がかりだ。

その夜、意気消沈した私はソファーに倒れ込み、グラスにバーボンを注いだ。はじめてマティーニを飲んだときのように、感覚を麻痺させたかった。

二度と「イースト・エリア強姦魔」という言葉は聞きたくなかった。

23 ミシェル・マクナマラ

女性ジャーナリストからの電話

ミシェル・マクナマラの思い出が薄れはじめていることに気づくと、私の心は沈む。四年近くにわたって彼女は私の友人であり、仕事上の相談相手であり、捜査の相棒だった。当時の私の心にはとてつもなく深い穴があり、このまま空虚感に呑み込まれてしまうのではないかと不安にさいなまれていた。その穴を埋めてくれたのがマクナマラだった。ポッツ犯人説が否定されてから二カ月後の二〇一二年末のある日、私が研究所を出ようとしていたときに彼女から電話がかかってきた。

電話番号に見覚えがなかったので、応答せずに留守番電話につながるようにした。骨の折れる一日だった。仕事中に居眠りばかりする指紋分析官に、解雇を通知しなければいけなかったのだ。彼女には七人の子どもがおり、本心ではクビになどしたくなかった。この種の仕事が私は大嫌いだった。強い不安に襲われ、まえの晩は寝られなかった。翌朝に部下に何か忠告しなければいけないときは、いつもそうだった。こんな業務をするためにこの仕事に就いたわけではなかった。

そんなことを考えながら私は車を道路脇に停め、留守番電話のメッセージを聞いた。「はじめまして。ミシェル・マクナマラと申します。わたしから連絡があるとラリー・プールから聞いているとは思いますが……」。いかにも仕事ができそうで、感じのいい声だった。私は電話がかかってくるのを知っていた。特別捜査班の会議のあいだにプールは、この事件についての記事を雑誌『ロサンゼルス』に寄稿する女性ジャーナリストと連絡を取り合っていると報告した。捜査班のほかのメンバーに自分の名前を伝えてほしい、と彼女に頼まれたという。優秀なジャーナリストのようだが、取材を受けるべきだろうか、とプールは言った。この事件への世間の関心が新たに少しばかり高まったとしても、害はないはずだ。私たちはそう判断した。

ポッツの一件での失敗のあと、私は深刻な気持ちの落ち込みを経験していた。イースト・エリア強姦魔を含めたほぼすべてのことに対する熱意が薄れ、底知れぬ深い穴からなんとか這い出そうとしていた。くわえて特別捜査班への参加は、つねに上司との摩擦の原因になっていた。上司は、私の参加に賛同していないことをあからさまに強調した。ある日の会話の終わりに私は「ところで、こんどまた会議があるんです。出張許可願いを出しておきます」と言った。べつの会話の最後にこの件を無理やり押し込んだのは、少しでもインパクトを和らげるためだった。上司は唇をすぼめ、髪を掻き上げた。「いまとなっては、あまり良い考えとは思えないな」と彼は言った。なんの意味がある？　たとえ事件を解決できたとしても、この管内での襲撃はすべて性的暴行であり、すでに時効を過ぎていると上司は主張した。「もうプレゼンをすべて用意してあるんですよ」と私は嘘をついた。「ぼくが今回の進行役なんです」。仕方ない、今回だけだぞ、と上司は言った。

何に対しても喜びを見いだせない暗黒の時期だった。職場では無視され、家では孤独を感じていた。話を聞いてくれる人は誰もいなかった。シェリーは私の話を聞くのをやめた。ポッツの一件が失敗に終わったあと、彼女はＥＡＲ関連の話を聞こうとしなくなり、私から距離を置いた。隙間風が吹きはじめたことは気になったが、私は何も言わなかった。何か困ったことがあると、私にはだんまりを決め込む傾向があった。その点ではシェリーも似ており、お互いが対立を避け、個人的な感情を吐露しないようにした。彼女の頭のなかがどうなっているかなど、誰にもわかるはずがなかった。私の頭のなかで起きていることなど、彼女にわかるはずがなかった。

私がシェリーに裁縫の趣味を追求するよう勧めたのは、それが彼女の望みだからだと自分に言い聞かせた。しかしシェリーが趣味に没頭するようになったのは、私がふたりで時間を過ごすことをやめたからかもしれない。ソファーに坐っていっしょに『ザ・ソプラノズ』を見るよりも、事件について調べる時間ができたし、夜にパソコン作業に勤しむ言いわけにもなった。だから、私のほうが安堵していたのかもしれない。けれどそのころの私は、シェリーが縫い物をするあいだバーボンを飲みながら、ただテレビ画面を見つめていた。番組の内容はいっさい頭には入ってこなかった。自分のキャリア、能力、結婚、そして人生すべてに疑問を抱いていた。マクナマラがはじめて電話を寄こしたのは、ポール・ホールズがそのような状況に陥っていたときだった。

留守番電話を聞いた私は、シルバーのフォード・トーラスをマーティネズのダウンタウンの駐車場に停め、マクナマラに折り返し電話をかけた。それまでの私と記者とのつき合いは、往々にして一方通行だった。**私のために何ができる？　私のためにこんどは何ができる？　最近、私のために何をしてくれた？**　いまの自分にそのような心理戦に参加する気力が残っているか、自信がなかった。「折り返してくれてありがとうございます」とマクナマラは言い、この事件の取材をするようになった経緯について簡単に説明した。彼女は二〇一〇年にイースト・エリア強姦魔のことをはじめて知り、元捜査員のラリー・クロンプトンが自費出版した本を読みはじめたという。興味を引かれたマクナマラは、この事件に取り憑かれた素人探偵が集まるネット掲示板にたどり着いた。すぐに彼女も夢中になった。やがてマクナマラは、イースト・エリア強姦魔について調べたことを「トゥルー・クライム・

ダイアリー」と題した自身のブログに掲載するようになった。つづけてロサンゼルス誌で記事を発表しはじめた彼女は、主要な関係者から話を聞こうと動き出していた。マクナマラは、事件について私とさらなる議論をすることを望んだ。

私はいつもの「マスコミ対応」モードに入った――伝えるのは基本的な事実だけで、余計なことは何も話してはいけない。マクナマラは、私が彼女の活動に加わることを心から願っているようだった。私は人を見抜くのが得意だった。電話の相手は誠実そうだったが、くわしい人物像はまだわからなかった。警戒した私は、自分が行なっている捜査についての概要を伝えた。私がマスコミの取材についていつも心配していたのは、捜査に支障をきたすような不用意な発言をしてしまうのではないかという点だった。さらに、上司との関係がすでに不安定になっている現状のなか、自分から率先してマスコミに近づいて悪目立ちしたくはなかった。会話は数分つづき、礼儀正しく終わった。マクナマラはまた連絡すると約束し、私は興味を持ってくれたことに感謝した。

致命的な過ちを犯していた

マクナマラとの電話に後押しされたせいか、あるいはポッツの件での失敗から充分な時間がたったせいなのか、それまで何週間も事件の捜査から遠ざかっていた私は、どこで道をまちがえたのか振り返ってみることにした。数日にわたって、自分が下した決断について熟考した。そこで私が注目したのが、法執行機関向け学術誌にキム・ロスモ博士が発表した論文だった。ロスモ博士は、この業界で高く評価される研究者だった。私も地理的プロファイリングに関する彼の著書を読んだことがあり、仕事でも参考にしていた。そのとき私が見つけた論文は、犯罪捜査の失敗に関するものだった。読み進めてみると、ポッツを追っているときの自分自身を見ているかのような錯覚に陥った。そして、捜査のなかで致命的な過ちを犯していたことに気がついた。どんなに優秀な捜査官でも、演繹的推論ではなく帰納的推論を使う罠にハマってしまうことがある、とロスモは論じた。つまり、特定の容疑者に狙いを定め、捜査によって真実を突き止めようとするのではなく、物事を都合よくはめ込もうとすることがあるのだ。それは素人探偵がよくすることだった。彼らはひとつの仮説を立て、その結論を支えるもの——多くの場合、どこまでも凡庸で無意味な詳細——だけに眼を向けるようになる。私も同じ罠に引っかかっていた。

ポッツ犯人説に傾倒するあまり、自分がまちがった道筋をたどっているという警告サインに気づくことができなかったのだ。代わりに私は、事件ファイルに散らばる情報のなかから都合よくハマるピースだけを選び、ハマらないピースは無視した。そして、点と点を無理やり結びつけたのだ。ある週末、義理の両親の家の裏庭にいた私は、鉄道会社に勤めていたという隣人に話を聞いて捜査のヒントを見つけようとした。一九七〇年代の不況のあいだ、鉄道労働者たちは仕事の多い南カリフォルニアに流れ込んでいったと彼は教えてくれた。それ以前の時期に、ポッツが南部に行った形跡はなかった。「これだ！」と私は言った。証拠など何もないにもかかわらず、隣人から聞いた鉄道史の中途半端な情報をもとに、南部での襲撃とポッツを結びつけた。それ以外にも、言いわけに使った情報の断片がいろいろあった。実際に強く関連する証拠に比べると、それらの情報はじつに薄っぺらなものに思えた。にもかかわらず、私は自分をこう説得しようとした。**誰かが日付を書きまちがえたのかもしれない、目撃者の勘ちがいかもしれない**。

ＥＡＲ事件の捜査をまた始めるとすれば、たしかな根拠もなく情報を勝手に関連づけないよう注意する必要があった。情報を恣意的に選別して望む方向に導くのではなく、実際の証拠にふたたび焦点を合わせ、捜査が進むべき方向に自然と向かうようにしなくてはいけない。振り返ってみれば、私はなんと迂闊だったのだろう。慎重に進めるべきだとわかってはいたものの、視野狭窄《トンネル・ビジョン》の罠のせいで捜査の基本を見失っていた。素人のような過ちを犯したと認めるのはつらかったが、それを糧にしてもっと優秀な捜査官になろうと私は決意した。

彼女が名づけた「黄金州の殺人鬼」

それから数カ月、ミシェル・マクナマラとは散発的なメールや電話で連絡を取り合うようになった。その多くは、彼女が自身の雑誌記事のために私に質問や事実確認をするというものだった。会話の中身はほぼ事件関連のみで、世間話や個人的な話をすることはめったになかった。とはいえ、彼女には役者でコメディアンの夫がいて、幼い娘を育てているということくらいは聞いていた。夫の名前はパットン・オズワルトだと彼女は言った。私の沈黙がすべてを物語っていた——名前を知らなかった。「『レミーのおいしいレストラン』っていう映画のレミーの声を担当した役者」とマクナマラは言った。シェフになることを目指すネズミについてのアニメーション映画だった。ああ、と私は言った。聞き覚えがある気がする。

やがて、「殺人者の足跡をたどる」(*In the Footsteps of a Killer*)と題されたマクナマラの記事が二〇一三年三月号のロサンゼルス誌に掲載された。じつのところ私はひどく不安で、発売後もなかなか読む気になれなかった。マクナマラが私の信頼を裏切ってオフレコ情報を使っていたら、職を失うおそれもあるし、特別捜査班のほかの面々との関係も危うくなってしまうかもしれない。それだけではなかった。私は人を見る目があると自負していたが、もし彼女が誠実な人物ではないとわかったら、自分の判断力に疑問を投げかけざるをえなくなる。そのときの私は、捜査官としての自信をやっと取り戻しはじめたばかりの段階にいた。しかし好奇心のほうが勝り、なんとか勇気を振り絞って記事を読みはじめた。

「彼を見つけたかもしれない」とわたしは言った。寝不足のせいで少し声が嗄れていた。プロのコメディアンである夫は、「彼」が誰を指すのか訊く必要はなかった……昼間のわたしは四二歳の専業主婦。いたってふつうの髪型で、ハンドバッグにはいつもゴールドフィッシュ・クラッカーがたくさん入っている。しかし夜になるとDIY探偵に変身し、未解決事件を徹底追及する。当局が見落としているかもしれないデジタル情報の欠片をインターネット上で探し、わたしのブログを定期的に訪れる八〇〇〇人のミステリー・マニアに自分の推理を披露する。家族が寝静まるとわたしはクリックを始め、デジタル化された電話帳、卒業アルバム、犯罪現場のグーグルアース画像をくまなく調べる。仮想世界に生きるノートパソコン捜査官にとって、そこは潜在的な手がかりに満ちた底なし沼だ。

七五〇〇ワードに及ぶ記事を読んだあと、マクナマラの動機や事件解決への本気度について私が抱いていた疑いは雲散霧消した。彼女は綿密な調査を行ない、説得力のある文章とともにそれを示し、私の信頼を裏切ることなどなかった。マクナマラはさらに、EARONSよりもキャッチーな新しい名前をこの怪物に与えた。その日を境に、イースト・エリア強姦魔とオリジナル・ナイト・ストーカーは「黄金州の殺人鬼《ゴールデン・ステイト・キラー》」（Golden State Killer、GSK）として知られるようになった。

雑誌に記事が掲載されたあと、マクナマラはしばらく活動を休止した。ある日のこと、彼女としてはめずらしく、なんの前触れもなく電話をしてきた。「ポール、訊きたいことがあるの。あなたの考えをどうしても知りたくて」と彼女は言った。聞くと、黄金州の殺人鬼について本を執筆する気はないか出版社から打診があったという。「問題ない？」と彼女は尋ねた。「特別捜査班は大丈夫かな？」。この事件についてはこれまで二冊の本が出版されたが、プロ作家が書いたものではなく、どちらもひどく読みづらかった。マクナマラの構想は、犯罪の詳細、根気強い捜査官たちの物語にくわえ、この連続殺人犯に対する彼女の個人的な調査についても描くというものだった。私がそれまで見てきた仕事ぶりを考えると、マクナマラの本は既刊書とは異なるものになる予感がした。「すばらしいことじゃないか」と私は言った。「この事件では、その種の情報拡散が役立つかもしれない」

数週間後、マクナマラがまた電話を寄こし、事件現場を見てみたいと言った。自分が執筆しようとしていることが実際に起きた場所を見ずに、ロサンゼルスの安全地帯から本を書くのはいやだという。コントラコスタ郡で起きた襲撃現場をいっしょに巡るのはどうかと私が提案すると、彼女は「イエス！」と即答した。

七月の暖かな朝、コンコードのホテルにマクナマラを迎えにいった。その時点ですでに一年近く連絡を取り合っていたが、顔を合わせるのははじめてだった。その日一日、私たちは犯罪現場を訪ねてまわった。どちらも世間話にはあまり興味がなかった。事件について話し合うべきことが山ほどあった。なぜEARはサクラメントからイースト・ベイに移動したと思うか、マクナマラは意見を求めてきた。彼の人生で何か変化があった、というのが私の直感だった。「犯人はまだサクラメントに住んでいて、こっちで新しい仕事を見つけたのかもしれない。あの男は、南北に走る州間高速六八〇号線を上へ下へと移動して、いつもイースト・ベイの出口で降りていた。うちの管内で起きた襲撃のほとんどは高速の近くだ。行ってみればわかるよ」。ダンヴィルの事件が完璧な例だった。「行ってみる？」と訊くと、「もちろん」と彼女は答えた。

マクナマラが持っているもの、私が持っていたもの

私は事前に、一九七九年のダンヴィルでの最初の襲撃後にジョン・パティーが線路脇で見つけた〝宿題〟の証拠についてマクナマラに説明していた。この件について記事内で取り上げたことのある彼女は、実際に紙が落ちていた現場を見たがった。そこでアイアン・ホース・リージョナル・トレイルの近くまで行き、私は車を停めた。かつてサザン・パシフィック鉄道の線路があった場所で、いまは舗装されて遊歩道として使われている。「宿題の証拠が見つかったのはあっちだ」と私は言い、遊歩道のさきを指差した。「行ってみる？」と私が訊くと、「イエス！」とマクナマラはまた答えた。彼女の熱意には伝染力があった。何度も来た場所をふたたび訪れ、新鮮かつ熱心な視点から見直すことができるのは、私にとってても刺激的な経験だった。「その靴で大丈夫？」と私は彼女の厚底サンダルを見ながら訊いた。「これがどうしたっていうの？」と言ってマクナマラは肩をすくめた。私たちは四〇〇メートルほど歩き、三四年前に宿題の証拠が落ちていた目立たない場所まで行った。

八時間もいっしょに車のなかにいると、友情が生まれることもあれば、損なわれることもあるはずだ。その一日は私たちの友情を深めてくれた。ダンヴィルからコンコード、サンラモン、ウォルナット・クリーク、デイヴィスへと郡内の襲撃場所を巡り、二〇〇キロあまりを移動した。マクナマラとの会話はとても楽で、沈黙さえ心地よかった。人の性格を見抜くことが得意だという自負がある私は、彼女が誠実であり、純粋な善意をもってこの事件に取り組んでいる人物だと考えた。それまで出会った多くのジャーナリストとは異なり、彼女と話していても日和見主義者を相手にしているという感覚

がなかった。マクナマラはたしかにハリウッド俳優と結婚していたが、目立ちたがり屋などではなかった。セレブのような生活は性《しょう》に合わないのだと彼女は吐露した。夫とその成功を誇りに思ってはいるものの、彼のビジネスの世界に足を踏み入れたくはないという。アメリカ中西部の庶民的な街で生まれ育ったマクナマラにとって、着飾って映画のプレミア上映会に参加するのは、自身が理想とする愉しい時間ではなかった。犯罪の解決を望む人々と空間を共有することによって、地に足をつけた生活を続けられるのだと彼女は言った。

多くの点において、マクナマラと私は似た者同士だった。被害者に共感しようとする彼女の姿勢がとりわけ好きだった。家に忍び込んできた覆面の悪魔によって平穏な日常を奪われるその日まで、彼らはみなふつうの生活を送っていたふつうの人々だった。襲撃によって、誰ひとり以前と同じように暮らすことはできなくなった。犯人に襲われたあと、自分の家に戻ることができなくなった若い女性。事件のトラウマによって関係が破綻した夫婦。四〇年以上前、隣の部屋で妻がレイプされて恐怖におびえているあいだ、手足を縛られ何もできなかったことを悔やみ、いまだに自身の男らしさを取り戻そうともがく夫。たまに夜中に酔っぱらって私に電話を寄こし、四〇年たってもまだ犯人に見られていると恐れる女性被害者。そして、想像を絶する陰惨な状況のなかで、常軌を逸した犯人の気まぐれのみによって、愛する人々の命を奪われた者たちがいた。

犯行現場を巡ったその一日は、マーティネズの研究所で終わった。マクナマラは私の職場を見学することを望んだ。デスクを挟んで向かいに坐った彼女が、したたかな交渉人に変わっていくのがわかった。熱意や眼の輝きだけでは、百戦錬磨の殺人事件捜査官たちと互角に渡り合うことなどできるはずがない。「訊いておかなきゃいけないことがある」と彼女は切り出した。「わたしのもうひとつの一面、つまりジャーナリストとしてね。わたしは内部情報が必要で、あなたはそれを持ってる。わたしのほうは、あなたが知らない情報を持ってる」

はたして、大切な情報を交換してもいいのだろうか？　マクナマラはほかの管轄の検視報告書や犯罪現場の写真を持っており、私はそれを持っていなかった。その資料が私の捜査に役立つことはまちがいなかった。私は深く坐りなおし、彼女のほうを見た。マクナマラはこちらをしかと見つめ返した。

「わかった」と私は言った。

「戦略的な賭けをしてみたい」

その後マクナマラとは定期的に話をするようになり、私はまた生き返ったような気分になった。私たちは情報や考えを共有した。いまだ警戒していたものの、私も少しずつ心を開いていった。夜が苦手だ、と私は彼女に打ち明けた。頭のなかにあるデータバンクが、やり残した仕事を吐き出しつづけるのを止めることができないのだ、と。なんとか眠ることができたとしても、しばしば生々しい悪夢に眼を覚ました。

マクナマラは、夫と娘が眠ったあと、毎晩のように徹夜でパソコンに向き合っているのだと教えてくれた。彼女のメールはきまって、国じゅうの人々が寝ている時間帯に送られてきた。午前三時一九分に送信されたある夜のメールには、私が注目していた容疑者の高校時代の写真が添付されていた。ネット上で見つけたというその写真の男は、イースト・エリア強姦魔のモンタージュ写真の一枚にそっくりだった。「この段階まで来ると、誰でもモンタージュ写真のどれかには似てるように見えるってことは理解してる」とメールの文面に書かれていた。「それでも、これほど似ているのは驚きかなと思って。これが、眠れないときにわたしがやってること。確証バイアスに浸って、ひとり悦に入ってるの……」

マクナマラと親しくなるにつれて驚いたのは、情報を消化する能力の高さだった。彼女は法執行機関で働いたことも、捜査官になる訓練を受けたこともなく、正式な仕事として事件の捜査に取り組んだこともなかった。にもかかわらず、ベテラン捜査官のようにてきぱきと仕事をこなした。優れた洞察力を持ち、大量の情報を頭のなかに取り込んで処理できる知性を兼ね備えていた。先入観は持たず、新しい情報が入ってきたときにもすぐに再検討して方向転換することができた。その豊かな知識と事件への献身をとおして、彼女は私だけでなく、特別捜査班のほかのメンバーや捜査官たちの多くから信頼を勝ち取った。それ自体が、彼女の捜査能力の高さを示す証左だった。警察関係者は往々にしてジャーナリストに心を開こうとしないものだが、マクナマラが集めた情報の幅の広さを見れば、彼女が組織の奥深くまで入り込んでいるのは明らかだった。ときに、捜査官よりも彼女のほうが事件についてくわしいことさえあった。事実だけを明らかにしても、マクナマラが簡単にあきらめることはないと私はわかっていた。ある日、しつこい質問を私がのらりくらりとかわしていると、彼女は言った。

「ごまかそうとしたって、もっと知ってるってわかってるからね」

とりわけ機密性の高い情報だけは秘密にしておこうという私の決意は、二〇一四年の晩夏のある夜に消え失せてしまった。マクナマラとの協力関係が始まってから一年がたち、その時点までにお互いを尊重した良い関係がすでに構築されていた。私たちは相手の意見に耳を傾け、見解の相違を認め合えるようになっていた。会話するとワクワクし、どちらも利他的に行動した。そこにいるのは、ただ正しいことをするために協力するふたりの人間だった。EARの捜査において私は新しい道を歩みはじめていたが、まだそのことを誰にも打ち明けていなかった。八月のその暑い夜、私は中庭を歩きまわりながらマクナマラに話すべきか頭のなかで葛藤していた。**言うべきだろうか？……ダメだ……で**

も、ミシェルを信頼している……優秀なジャーナリストだ……誰かと情報を共有しなくては……どうして彼女なんだ？……彼女ならきちんと理解してくれる。そうだ、伝えよう。眠りにつく直前、私はノートパソコンを開き、慎重に言葉を選びながらメールを打ちはじめた。

「えっと、ちょっと戦略的な賭けをしてみたい」と私は書いた。「仲間の捜査官よりもさきにジャーナリストに捜査情報を共有したことが明らかになれば、私の仕事上の立場は危ういものになるかもしれない。でも、まちがいなくきみは飛び抜けて聡明で信頼できる人物だ。もったいぶってると思われたくないし、私がどんな捜査をしているのか推測させてきみの時間を無駄にしたくない。添付したのは、いま取り組んでいることを大雑把にまとめた資料だ。これは絵コンテのようなもので、口頭での説明やプレゼンなら入っているはずの詳細の多くはまだ含まれていない。スライドの順番はめちゃくちゃで、未完成のものも多い。でも、全体像はわかってもらえると思う。この件はどうか口外しないでほしい……この容疑者についての情報をなぜ慎重に扱うべきか、きみなら理解してもらえると思う。彼はよく海外にも行くから、必要とあらば、すぐに家を出て〝夜の闇へと消える〟ことができる」

私はファイルを添付し、送信ボタンを押した。

午前一時二七分にマクナマラから返信が来た。「信じられない。とっても興味深い。共有してくれたことに感謝する。口外しないことを誓います」

地図とペニス

ポッツの一件で落胆したあとに私は、ＥＡＲの捜査をそれまでとは異なる方向に進めることにした。そこで注目したのは、線路脇でジョン・パティーが見つけた宿題の証拠に描かれた地図だった。ある

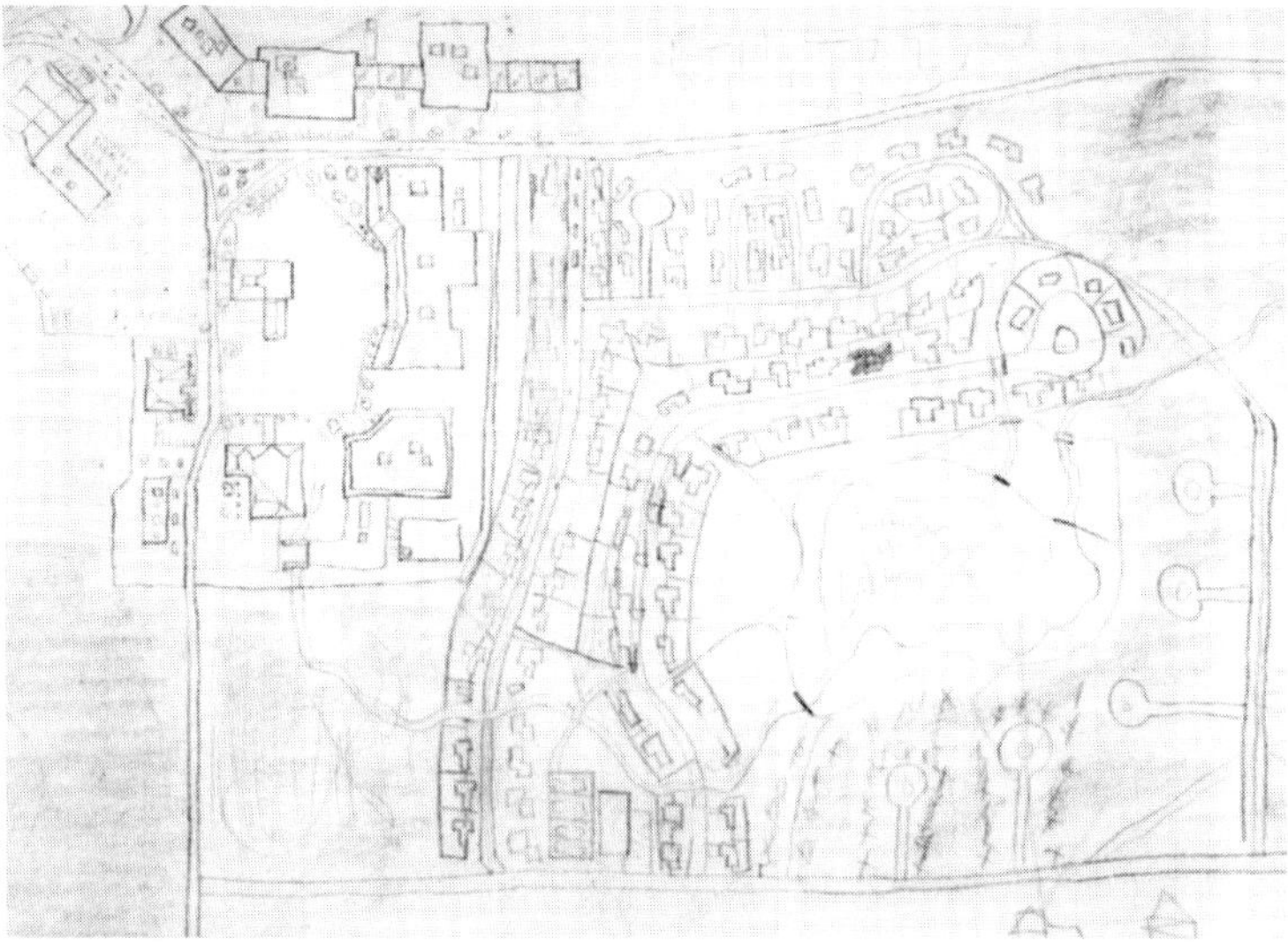

「宿題」の証拠の表面

日オフィスでその地図をずっと眺めていたものの、さっぱり理解できなかった。最初は、ＥＡＲの標的を描いた計画図ではないかと考えた。が、すぐにその案を却下した。「どうして彼は商業ビルの屋根に空調設備を描いたのか？」と私は自問した。「なぜ木と茂みがあるんだろう？」。その紙の裏の真んなかには、大きく目立つ文字のいたずら書きがあった。私は研究所の事務員ローリーに声をかけた。舌鋒鋭く、それ以上に鋭い機知に富む女性である彼女は腰に両手を当てて戸口に現われた。私はいたずら書きを指差し、「これ、なんて書いてあると思う？」と訊いてみた。

　彼女は顔を近づけて紙を見やり、「Punishment（罰）でしょうね」とそっけなく言った。「ｉ」が抜けていたが、彼女の解釈は明らかに正しかった。「Punishment か。きみの言うとおりだ」と私は言った。ローリーがにやにや笑いながら出ていくあいだ、私は自分の頬が紅潮していくのを感じた。その単語をよく見てみると、つぎの文字に移るたびに鉛筆の筆圧が強くなっているのがわかった。

書き手はどんどん怒りを募らせているようだ。それは、ＥＡＲの心理と完全に一致するものだった。

その地図は私の捜査の〝核〟になった。地図には際立った特異性があるため、黄金州の殺人鬼の職業を特定するために使えるかもしれないと考えたのだ。そこで、さまざまな専門家に相談してみた。カリフォルニア大学デイヴィス校の景観設計学の名誉教授、コサム・リバー大学の建築学の教授、建設・開発現場で実際に働く土木技師、測量士、重機オペレーター……。彼らの意見が一致したのは、この大まかなスケッチは、ひとつの街の全体計画を策定する過程で開発者によって描かれたものであるという点だった。誰がスケッチを描いたにせよ、それは高い技術を持つ賢い人物だった。この瞬間から私は、「橋の下で生活するホームレス」を捜すのをやめた。

私は不動産開発業者のリストをまとめ、ざっくりとした調査によって多くの候補者を外した。関係なさそうな人物をすべて除外すると、有力な容疑者がひとり残った。私がマクナマラと共有したのは、その名前だった。

ロジャー・マレー（仮名）は、開発業で大きな成功を収めた人物だった。調べてみると、一九七八年三月一八日にストックトンで起きたＥＡＲ襲撃事件の被害者夫婦の妻がその業界で働いており、マレーと頻繁に接触していたことがわかった。彼には前科こそなかったものの、犯罪ぎりぎりの暴力沙汰をいくつか起こしていた。マレーの地理的プロファイルは、ＥＡＲによる北カリフォルニアでの襲撃事件の範囲内に収まっていた。しかし、彼が私の容疑者リストのトップへと躍り出たいちばんの要因は、ペニスだった。マレーの元妻は、離婚協議のために雇った私立探偵に対し、夫のペニスが非常に小さく、当初は「先天性の異常」だと思ったほどだと語った。ＥＡＲ事件の多くの被害者も犯人のペニスが小さかったと証言したことを考慮すると、マレーに関するこの情報は注目に値するものだった。

私は、私立探偵から聞いた話の要約をマクナマラに送った。「ペニスのサイズについて誰かに話したら殺すとマレーに脅されていた、と元妻は私立探偵に打ち明けた。マレーはこの件に関してとても敏感だった。私立探偵はマレーについて、頭に銃を突きつけられても瞬きひとつしないような男だと語った。彼は社会規範にはしたがわず、自分の望むとおりに行動する。一九八〇年代はじめに離婚協議を進めていた私立探偵は、マレーの部屋のゴミ箱のなかからボンデージ系のアダルトビデオを見つけた。マレーは〝SMやボンデージをともなうセックス〟を複数のガールフレンドと愉しんでいたらしい」

私はマレーについて捜査を続け、何かわかるたびに最新情報をマクナマラに送った。彼女も独自の調査を進め、関連する不動産記録、フェイスブック上の情報、アーカイブされた古い新聞記事を提供してくれた。

一〇月一四日のメールに彼女はこう綴った。「すごい……この容疑者、ますます怪しくなってくる……とても気になる……逆に、容疑者として疑問が残る点、犯人像と合致しないと思う点はある？」

私は返信で疑問リストを送った。マレーは仕事で成功した金持ちであり、それは典型的なEAR像とはちがった。彼はEARの推定年齢よりも年上だった。さらに、事件が起きたいくつかの場所にマレーが行った形跡がなかった。

「なるほどね」と彼女の返信には書かれていた。「でも、この事件に潜むあらゆる矛盾に完璧に一致する人なんていない」

「まさに、そのとおりだ」と私は書いた。

調べを進めると、離婚後にマレーが年下の美しい女性と交際を始め、のちに別れていたことがわかった。私はその女性を探し出し、地元のレストランで会う約束を取りつけた。すぐに打ち解け合って会話をしばらくつづけたあと、マレーのペニスの話題をおずおずと切り出した。

「えっと……イースト・エリア強姦魔は性器がかなり小さかったとされている。あなたの元カレはどうでした?」と私は訊いた。

彼女はまっすぐまえを見やり、何かを心に思い浮かべるように額にしわを寄せた。

しばらくして女性は口を開いた。「いいえ、ふつうでしたよ」

マクナマラが会話の内容をすぐに知りたいと言っていたので、女性と別れたあとにテキストメッセージを送った。「妻は小さいと言い、ガールフレンドはふつうだと言う。不可解だ。もしかしたら、元妻は復讐のためにこの情報をあえて流したのかもしれない」

意見の食いちがいを解消するために、私はEARの性器の大きさについて調査を始めた。事件ファイルを調べ、被害者がそれを表現するために使った言葉を抽出していった。そして各証言をカットアンドペーストし、マクナマラにメールで送った。最小で「勃起時に八センチ弱で細い」から最大で「一三センチほどで平均的な太さ」まで、長さと太さについてさまざまな証言があった。さらに面倒なことに、EARが完全に勃起していなかったと示すために「小さい」という形容詞を使う被害者もいれば、勃起時に「小さい」という単語を使う被害者もいた。「証言の内容を確認したら、教えてほしい。どれくらいの大きさだと思う?」と私はマクナマラに尋ねた。

彼女からこんな返信が来た。「証言を確認しました。わたしの意見は、まちがいなく平均以下というもの。八~一〇センチで、太さは二・五センチくらい。性的な攻撃を受けているとすれば、女性たちは暴力に怯えている状況にいるわけで、どちらかといえば実際よりも大きいと表現しがちになるはず。これほど多くの被害者があえて性器を小さいと表現するというのは、注目すべき重要な点だと思う」

たしかに重要な点だった。しかし私としては、ポッツのときのような過ちを繰り返さないためにも、ペニスの大きさだけで容疑者を特定するわけにはいかなかった。「偶然のはずがないと直感的に思ったことが、実際にはただの偶然だったと学んだ個人的経験が何度もある」と私は書いた。

「だとしても、やっぱり小さいと思う」とマクナマラは主張した。

そのころまでに私は、マクナマラのことを非公式の捜査パートナーだと考えるようになっていた。いっしょに車に乗って行動するわけではなかったものの、私たちはつねに連絡を取り合っていた。彼女は私に情報を要求したが、同時に驚くほど良質な情報を与えてくれた。互いの推理や勘に耳を傾け、相手が雲をつかむような話を追っているると思ったときには懸念をしっかり伝えた。「あの男のことはもうチェックしたよ。ダメだ」と私指摘した。「それを追って何か意味があるのか、よくわからない」と彼女は忠告した。どちらかが真犯人を見つけたと思ったときには高揚感を共有し、その人物が容疑者リストから外れたときには虚脱感を共有した。私たちは互いを支え合った。その意味では、マクナマラは私の人生においてシェリーの代わりとなる存在だった。

マレーに迫る秘密工作

あるとき、私はマクナマラに機密情報を伝えた——DNA鑑定のためにマレーが出すゴミを回収する秘密工作が行なわれている。

二〇一四年九月三〇日、私は彼女にメールを送った。「明日、マレーのゴミが回収される予定」

「結果は一日か二日でわかるの?」と彼女は尋ねた。

「ゴミの中身次第だ」と私は説明した。「DNAを簡単に採取できるものがあれば、二日以内に結果は判明する。ゴミには当たり外れがある。複数の人のDNAが含まれていることもあれば、まったく出てこないこともある」

私が眼をつけたマレーとGSKのあいだには充分な類似点が残っており、彼を候補から外すためには本人のDNAが必要だった。極秘裏にDNA試料を入手する許可が下りると、潜入捜査班がマレーの自宅近くに派遣された。しかし豪邸が建ち並ぶ地区では、ぽんこつ車に乗った潜入捜査官は人目を引きやすいのが常で、今回も同じ展開になった。隣人の女性がBMWから飛び出してきて、スモークが貼られた車の窓のなかを覗き込んだ。車内の刑事は警察バッジを見せ、彼女を追い払わなくてはいけなかった。作戦は中断された。

すぐにプランBに移った。マレーが住む街の警察署長は偶然にも、私と同じ時期に警察学校に通った人物だった。私は彼女に電話し、マレーがイースト・エリア強姦魔かもしれないという疑いについて説明した。秘密作戦が失敗したことを察した彼女は、できるかぎり手伝うと申し出てくれた。数日後、彼女からテキストメッセージが送られてきた――「ポール、いま容疑者と出くわした」。私はすぐに返事を送った――「どういう意味だい？」。しかし連絡はなく、私はデスクの座席で身をよじりながら待った。三〇分が過ぎ、電話が鳴った。「会ったのはまったくの偶然だったの」と友人の警察署長は言った。いつもと同じ用事のために私服姿で都市計画課に行ったとき、カウンターに立つマレーに気づいたという。彼のまえには設計図が広げられていた。友人はしばらく室内にとどまり、彼が来た理由を探ろうとした。そのとき、マレーのほうが彼女の存在に気がついた。「警察署長さんじゃないですか」と彼は言った。友人はうなずき、「どこかでお会いしましたっけ？」と尋ねた。マレーは自己紹介をした。それから少しだけ世間話をし、友人は車に戻って私にテキストメッセージを送った。入力している最中、車の窓を叩く音が聞こえた。マレーは口が達者で魅力的な男だった。「こんどランチでもしませんか？　あなたの部署を手助けする方法についてぜひお話ししたい」と彼は言った。友人の警察署長は頭の切れる人物であり、彼女はその絶好の機会を逃さなかった。

ふたりは日時を決め、サンフランシスコの街並みを見渡せる海岸沿いのレストランで会うことにする。友人の警察署長が早めに到着し、計画どおりレストラン正面の歩道側のテーブルを確保する。かくして、覆面捜査が始まる。店内には、接客係のふりをする捜査官がひとり。歩道には、カメラを持った観光客を装った私服姿の刑事たち。一台の覆面パトカーが通りの向かいに停められ、その数メートル離れた車のなかに私はいる。開発業者の男がやってくるのが見える。彼はテーブルの警察署長に挨拶し、ふたりは椅子に坐る。直後、べつの男がこちらに近づいてくる。スパイ映画の登場人物のような恰好をした男だ。サングラス、野球帽、Tシャツの上にボタンダウンのシャツ。見つかるわけにはいかないので、私は車の窓を閉める。車内はうだるように暑く、くわえて私はスーツを着ている。車のなかに誰かいると気取られたくなかったため、エンジンをかけてエアコンを作動させることはできない。助手席に坐る私から三メートルほどの距離まで男は歩いて近づいてくる。暑さで死んでしまいそうだ。私はジャケットを脱ぎ、Tシャツ一枚になる。ズボンが汗でじっとりと濡れていく。このまま死んでしまうかもしれないと思った刹那、男は道を渡ってレストランのほうに歩きはじめる。ただの客だ。これまでの不安はすべて無用のものだった。

一時間がたち、警察署長が椅子から立ち上がるのが見える。ランチは終わった。容疑者は彼女と握手し、レストランを出ていく。接客係役の捜査官が、マレーが使ったスプーン、グラス、ストローを回収する。私はそれを受け取り、警察署長に感謝し、車を走らせる。ラジオをかけ、私は上機嫌になる。**やっと捕まえた**。

二日後、レストランの食器のDNA鑑定の結果が出た。EARのDNAとは「不一致」と書かれていた。

　結果をマクナマラにメールで知らせた。

「最悪」というのが彼女の返信だった。

　二〇一六年三月はじめ、マクナマラと私はラスベガスで再会した。法執行機関関連の展示会が開かれており、マクナマラの計らいによって夫のパットンが余興を担当することになっていた。私は彼女に会うためだけにラスベガスに行った。到着すると、マクナマラ夫妻が泊まるホテルのスイートルームに行き、最新の情報と推理を共有した。マクナマラは、有力だと思われる容疑者について調べているところだと教えてくれた。ストックトンにあるパシフィック大学の元フットボール選手で、かつて容疑者リストに挙がっていた男だった。しかしＥＡＲによる襲撃事件のあとに家を訪れた警察は、彼が脚を負傷しているのを知った。ＥＡＲはフェンスを飛び越えて逃げることが多かったため、この元フットボール選手は容疑者リストから外された。脚をケガしているのにフェンスを飛び越えられるはずがない、と警察は考えたのだ。

「容疑者リストから外したのは妥当だと思う？」とマクナマラは疑問を呈した。「この男がほんとうに襲撃できないかどうかなんてわからないじゃない」。じつに的を射た指摘だった。「きみの言うとおりだ。外すべきじゃない」と私は言った。私個人としてはあまりいい線とは思えなかったものの、彼に接触してＤＮＡを入手するようＦＢＩに要請すると約束した。

　マクナマラはその時点までに、ＧＳＫによる南カリフォルニアの殺人事件の捜査ファイルをひそかに入手していた。ラスベガスにも犯罪現場の写真を何枚か持ってきており、彼女はそれをテーブルの上に並べた。私は何年もまえからそれらの写真を手に入れようと奔走してきたが、いつも警察同士のライバル心という壁にぶつかってしまった。家に帰ったらファイルを送る、とマクナマラは約束した。

彼女に会ったのは、それが最後になった。

*

翌月の二〇一六年四月二一日、ミシェル・マクナマラは自宅で寝ているあいだに死んだ。発表された死因は、アデロール、ザナックス、フェンタニルを致死量まで偶発的に過剰摂取したというものだった。誰ひとり、彼女が大量の薬を飲んでいることを知らなかった。執筆活動に集中するために、睡眠薬などの薬を飲んでいたという噂は聞いたことがあった。マクナマラが疲れ果て、締切を守れるかいつも心配していたのは私も知っていた。しかし、彼女が死に至ったプロセスは、はるかに複雑なものだと私はいまでも信じている。

殺人という非情な世界の重圧を知る人は少ない。そこは阿鼻叫喚の地獄であり、軽々しく立ち入るべき場所ではない。鍛錬を積んだ専門家を含め、誰も無傷のままそこから逃れることなどできない。マクナマラは日中は妻や母親として暮らし、夜の闇のなかでサイコパスやその被害者たちと向き合った。連続殺人犯を捕まえるという使命を負った作家として活動する——。それは冒険小説のように美しいものに聞こえるが、実際のところは、妄執という地雷原へと続く道だった。犯罪心理に対する彼女の鋭い洞察力、連続殺人犯の正体を暴くという任務への献身は感嘆すべきものだった。が、その世界に生きた四年という歳月は、多大な犠牲をともなうものでもあった。そのあいだずっとトラウマが蓄積されていった。彼女は自身が耐えがたい苦痛を感じていることに気づき、症状を和らげるために薬物に頼ったのかもしれない。私はその感覚を知っている。マクナマラの薬物カクテルは、私のバーボンだった。ただ、薬物のほうが致命的だった。

本の執筆に乗り出さなければよかったのに、と私はふと思うことがある。自身の苦悩を共有してくれたらよかったのに、と。おそらく私なら、誰よりもその苦しみを理解できたはずだ。苦しんでいることを知っていたら、事件に取り憑かれるという陥穽についても助言できていたはずだ。そこにある皮肉を私はしっかりと認識していた。私がそもそもマクナマラに惹かれたのは、彼女がこの事件に取り憑かれていたからだった。それは、私自身が取り憑かれているという事実を正当化してくれるものだった。

マクナマラからの最後のメールは、二〇一六年四月二〇日の水曜日の亡くなる数時間前に送られてきた。彼女が死んだという知らせを受けた直後、私はそのメールを開いた。最後に「じゃあ、また近いうちに連絡するね。ミシェル」と書かれ、ラスベガスで送ると約束したファイルが添付されていた。彼女はまだ私を助けてくれていた。

二〇一三年、ロサンゼルス誌の記事にマクナマラはこう綴った。「過去に、犯人がまだ近くにいるかもしれないのに不安ではないのかと訊かれたことがある。わたしは大きく手を振って否定し、犯人はもう高齢だと指摘した——推測するとすれば六二歳。『そんな男がわたしを傷つけることなどできない』とわたしは主張するが、あることに気づいていなかった。徹夜して調査を進め、犯人を追い、娘を抱き締めてあげる時間がないときもあった。その一時間、その一分のあいだに、犯人はすでにわたしを傷つけていたのだ、と」

ある意味、彼女は黄金州の殺人鬼の最後の被害者だった。

そして私は、いままで以上に強く決意したのだった。犯人を見つけなければいけない、と。

24　レイプ魔から殺人者への変身

南カリフォルニアにあった「パズルのピース」

三度目の殺人の試み、それがGSKの最高傑作《マグヌム・オプス》だった。このとき犯人は、すべてを望むとおりに完璧に進めることができた。一九七九年一〇月ゴリータでのいちど目の試みでは、犯人はみずからを奮い立たせて歩きまわりながら「やつらを殺す」と何度も唱えたが、カップルが逃げ出したため失敗に終わった。犯人はここで教訓を学び、つぎの試みに向けて犯行の方法を改善した。そして二カ月後、典型的なイースト・エリア強姦魔の襲撃が始まった。同年の一二月三〇日に犯人は、整形外科医ロバート・オファーマンと交際相手の精神分析医デブラ・マニングが眠る高級コンドミニアムに侵入した。ふたりはベッドに縛りつけられたが、オファーマンは体をよじって拘束を解き、反撃した。連続殺人鬼へと変身しようとしていた犯人は今回はしっかりと準備を整え、銃を携帯していた。オファーマンは胸に銃弾を受けた。マニングのほうは、うつ伏せの姿勢で縛られた状態のまま後頭部を一発撃たれていた。しかし、犯人にとってこの襲撃は満足のいくものではなかった。あまりにシンプル過ぎた。三回目の襲撃はこれとは異なるものになる、こんどこそ失敗はしない、と彼は誓ったにちがいない。犯人の憤怒は解放の瞬間を待っていた。

私がこれらの殺人事件について自分なりに分析できるようになったのは、マクナマラと彼女から渡された事件ファイルのおかげだった。南カリフォルニアからの派遣団は、特別捜査班が結成されたあとも重要な情報を隠し、積極的に共有しようとしなかった。私としては、彼らを非難するつもりはなかった。誰もが、自分こそが黄金州の殺人鬼事件を解決する主人公になることを望んでいた。しかし、情報を伏せることによって、犯人を捕まえるチャンスそのものが消えてしまうのではないかと不安視する者もいた。そしてオレンジ郡のある情報提供者が、ついにマクナマラの「持ちつ持たれつ」交渉に応じたのだった。

私にとって、CSIの報告書、病理医の診断書、犯罪現場や解剖の写真を手にできたのは、失われたパズルのピースを見つけたのと等しいことだった。それらの事件ファイルをとおして私は、黄金州の殺人鬼についてさらに具体的に知ることができた。何千ページにも及ぶ文書を読みながら、犯人が変貌を遂げていく過程——私が熟知するレイプ魔から、中毒者がヘロインを求めるのと同じ強い殺人衝動を持つ冷血な殺人鬼へと変わっていく姿——を追った。

南カリフォルニアでの二度目の犯行のあいだ、犯人は泣いていたという報告があった。南へと移動するまえ、イースト・エリア強姦魔も性的暴行のあとに泣いていた。彼が涙を流したのはおそらく、自分が必要とするものをもう得られないことに気づいたからだと私は考えた。想像するに、性行為そのもの、女性の眼に宿る恐怖、やめてくれという哀願に犯人は満たされなくなったにちがいない。もはや、それだけでは充分ではなかった。南に移動してミッション内容を変更するまえから、犯人は殺人衝動と闘っていたのだろう。ゴリータで最初に襲われたカップルは、犯人が自制心を失っていなければ殺されていたはずだ。私が理解しはじめていたのは、この男がきわめて知的能力の高い人物であるということだった。EARは、われわれの管轄である北カリフォルニアでの経験から多くを学んだ。

彼は自身の戦略を磨き上げ、新しい技を身につけていった。南カリフォルニアに移ったEARは、プランAが頓挫したときにプランBに切り替える能力をいかんなく発揮した。事件について調べるうちに、犯人が自身の襲撃について想像以上に緻密な計画を立てていることが明らかになった。彼はプランを立て、偵察し、それぞれの攻撃に合わせて戦術を築き上げていった。計画どおりに進まない事態になるたび、戦術を見直した。そして二度目の襲撃から三カ月が経過した。この三度目の試みでようやく彼は、欲求に対する圧力から解放されたのだった。少なくとも、しばらくのあいだは。

運び込まれた丸太

ライマンとシャーリーン・スミス夫妻には、逃げるチャンスなど訪れなかった。

一九八〇年三月の深夜に黄金州の殺人鬼は、ヴェンチュラの高級住宅街ハイ・ポイントにあるスミス夫妻の自宅に忍び込み、眠っているふたりを脅かして起こしたと考えられる。スミス夫妻は、いわゆるふつうの夫婦ではなかった。エリート層や著名な民主党関係者たちと交流のあるセレブだった。四三歳の夫ライマンは弁護士で、ジェリー・ブラウン知事によってヴェンチュラ郡の地方検事補に任命されたこともあった。妻シャーリーンは夫よりも一〇歳年下だった。

ライマンの二番目の妻になるまえ、シャーリーンは彼の法律事務所で秘書として働いていた。彼女は見目麗しい美人だった。シャーリーンの名前が出てくると、誰もが最初に彼女の美しさに言及した。殺人鬼が家に来たのもそのせいだと噂する者もいた。犯人は浜辺や町なかで彼女に眼をつけ、家まで尾行したのだろうか？　あるいは、ライマンとどこかで会ったことがあるのだろうか？　ライマンは、仕事では非常に攻撃的になることがあった。そしてEARは、執念深い性格の持ち主として知られていた。**おれが何者なのか教えてやる**。

その夜、犯人がどのようにして家に入り込んだのかは誰にもわからない。侵入された形跡はなく、網戸も破れていなければ、ドアの鍵もこじ開けられていなかった。言うまでもなく、夫婦が犯人を家に招き入れたとは考えにくい。最初の襲撃でしくじってから犯人は無力感を強め、力と支配の感覚を取り戻すために今回こそは絶対に成功させると意気込んでいたにちがいない。それまでの犯行と同じように、ライマンとシャーリーンは手首と足首を縛られていた。しかし今回の襲撃に向けて犯人は万全の策を講じ、確実に成功を手にするために手口を修正していた。彼はライマンの胸、腕、背中を毛布できつく巻いた。即席の拘束衣だった。オファーマン医師が反撃してきた前回のような大失態はもう許されなかった。犯人は学んでいた。

殺人鬼は計画どおりに犯行を進めた。ライマンとシャーリーンはベッドにうつ伏せになるよう命じられた。ライマンは裸で、シャーリーンはTシャツ一枚しか身につけていなかった。犯人は、家の外の薪の山から丸太を一本運び込んでいた。それが危険な凶器だった。シャーリーンに性的暴行を加えたあと、ある時点で彼は丸太でふたりを殴打した。犯行現場の写真を見ると、ベッド脇の床に置かれたズボンの上に樹皮の断片が散乱しているのがわかる。丸太に樹皮がついた状態で犯人がふたりを殴打したとすれば、樹皮はベッドの上に落ちたはずだ。しかし代わりに、ベッド脇のズボンの上に落ちていた。それは、なす術もなく恐れて横たわっている夫婦の上にまたがった犯人が、殴打するまえに凶器から樹皮を剝がした証拠だった。

私は犯人の頭のなかに入り込んでいった。生活のなかの何かが彼を狂気へと導いていた。職を失ったのだろうか？　離婚しようとしているのだろうか？　妻と喧嘩したのか？　母親への憎しみを吐き出しているのか？　彼の被害者たちは代理人だった。連続殺人犯ロジャー・キビーには、口うるさい妻がいた。妻に叱られるたび彼は黙り込み、それから家を出ると、夜の街を徘徊して獲物を探した。GSKの怒りの原因がなんであれ、それは増大していた。ただ銃で撃つだけではもう満足できなかった。彼を満足させるのは、丸太で殴ったときのスミス夫妻の頭蓋骨が砕けていく感覚だった。そのとき、怒りは鎮まった。

一週間に四、五回襲撃することもあったイースト・エリア強姦魔に比べ、オリジナル・ナイト・ストーカーの犯行間の不応期はより長かった。スミス夫妻襲撃で完璧なオーガズムを体験したあと、ONSはつぎの犯行まで五、六カ月の間《ま》を置くようになった。一九八〇年八月一九日、彼はデイナ・ポイントでパトリス・ハリントンをレイプし、彼女と夫を殺害した。一九八一年二月五日には、夫が入院中のためひとりでアーヴァインの自宅にいたマニュエラ・ウィットヒューンを強姦して殺した。一九八一年七月二七日には、シェリー・ドミンゴが留守番をするゴリータの家で、ドミンゴと友人のグレッグ・サンチェスを殺した。すべてが撲殺だった。

私が行なった犯罪現場の再現では、サンチェスが激しく抵抗したと考えられた。彼は顔面を撃たれたあとに反撃した。室内に残った血痕は、激しく長い闘いを物語っていた。サンチェスは必死の抵抗を見せたものの、後頭部を二四回殴打された末に絶命した。大量の血が流れ出したため、犯人はクローゼットを漁って洗濯済みの家主のズボンを奪い、それを穿いて逃げた。私が思うに、サンチェスは犯人をひどく怯えさせ、その後に殺される可能性のあった何人かの命を救ったにちがいない。

犯人はそれから五年にわたって沈黙を守った。しかし、一九八六年五月四日の夜から五日早朝にかけて彼はアーヴァインに戻り、一八歳のジャネル・クルーズをレイプして殺害した。

そして、黄金州の殺人鬼は姿を消した。

25 ジョセフ・ジェイムズ・ディアンジェロ

民間の家系図作成サイト

二〇一七年はじめまでに、黄金州の殺人鬼に関して私がつかんでいた手がかりはすべて尽きてしまった。特別捜査班の動きも鈍くなり、有力な容疑者はすべてリストから外れた。マクナマラが亡くなってから一〇カ月のあいだに私は、さらにふたりの容疑者について捜査を進めた。ホームランを狙ってスイングしつづけたが、すべて空振りに終わった。翌年の春に私は法執行機関を退職し、これまでとはちがう人生を送ることになる。キャリアの終わりが近づくにつれ、ＧＳＫを追った私の二三年もまた、この事件にかかわったすべての先輩捜査官たちと同じ場所にたどり着くのではないかと思いはじめた――行き止まりだ。その結末を変えるために私に残された期間はあと一年となったが、これといった有力な手がかりはなかった。

二月、長年にわたって密接に協力してきた同じ保安官事務所のベテラン捜査官で友人のロクサン・グルエンハイドから電話がかかってきた。「ちょっと、こっちに来てほしいんだけど」と彼女は言った。私は車に乗り、街の反対側にあるグルエンハイドのオフィスに向かった。着くと、彼女はサンバーナーディーノ郡保安官事務所のピーター・ヘッドリー刑事とスピーカーフォンで話しているところだった。ヘッドリーは息を切らしながら「リサ・ジェンセンの身元が判明しました」と言った。**なんだって？** ヘッドリーが突き止めたのは、父親を名乗る滞在客によって一九九六年夏にオートキャンプ場に置き去りにされた、五歳の子どもの正体だった。この少女がほんとうは何者なのかという謎は、長年にわたって多くの捜査官を悩ましつづけてきた。子どもの父親だと主張する男ラリー・ヴァナーはのちに逮捕され、二年近く服役した。リサは養子に出されたが、その生い立ちを明らかにするヒントは彼女のおぼろげな記憶だけだった。出所後に姿を消したヴァナーは、二〇〇二年にコントラコスタ郡にふたたび姿を現わした。自宅の床下スペースに積まれた猫砂のなかから同棲相手の遺体が発見され、ヴァナーは殺人容疑で起訴された。DNA鑑定の結果、彼がリサ・ジェンセンの実父ではないことが証明された。ヴァナーは二〇一〇年に獄中死し、リサの正体の秘密を墓場まで持っていった。そして二〇一七年のいま、ヘッドリー刑事がリサ・ジェンセンのほんとうの名前を突き止めたというのだ。その名はドーン・ボーダン。

「どんな方法を使ったんですか？」と私は彼に尋ねた。

養子が実の親を探すための民間の家系図作成サイトを利用した、とヘッドリーは言った。さらに、養子のルーツ探しにおいて経験豊富な系譜学者バーバラ・レイ・ヴェンターの助けを借りた、と彼は言葉を継いだ。このプロセスがどう機能しているのかをヘッドリーが科学的に説明することはできなかったものの、「センチモルガン」という専門用語を口にした。センチモルガンとは遺伝子座間を測定するために使われる単位で、その言葉を聞いたのは久しぶりのことだった。GSKの系譜を調べるために私が使っていたものとは、まったく異なる構成要素だった。ドーン・ボーダンの身元を最終的に突き止めるために、センチモルガンがどのように役立ったというのだろう？

オフィスに戻る車内で私は興奮し、期待で全身がうずいた。系譜学者のヴェンターに電話をかけ、早くこう訊いてみたかった。ドーン・ボーダンのために使った技術が、未知の犯罪者を特定するために役立つ可能性はありますか？

　デスクの椅子に坐るなり電話をかけ、ヴェンターにこう伝えた。私は大きな事件の捜査に取り組んでおり、ドーン・ボーダン特定のために使われた技術についてぜひくわしく話を聞きたい。「ＤＮＡサンプルしかなくても、殺人犯を特定できますか？」と私が訊くと、「できない理由はありません。現時点で手元にあるものを送ってください」と彼女は答えた。そこで私は、ある犯罪者のＤＮＡの〝スナップショット〟を送ると伝えた。それは、黄金州の殺人鬼の最後の襲撃とされている事件――一九八六年にアーヴァインで起きた一八歳のジャネル・クルーズ殺害事件――の精液の証拠から作成されたものだった。そのスナップショットは、連続殺人犯の新しいモンタージュ写真を作るために、オレンジ郡の依頼を受けたＤＮＡ技術会社〈パラボン〉が作成したものだった。「ＳＮＰ《スニップ》プロファイルがないのは残念ですね」とヴェンターは言った。ＳＮＰ（一塩基多型）が、疾患を引き起こす遺伝子を特定するために使われていることは私も知っていた。さらに、科学捜査関連の会議でも長年にわたり、ＳＮＰを人物同定のために使う方法を模索する研究者のプレゼンを見てきた。しかし二〇一七年のその時点では、科学捜査の世界での標準はＳＴＲ法だった。先祖を追跡する方法として系譜学者がＳＮＰ解析を使っていることなど、私はまったく知らなかった。聞くことすべてが新鮮だった。

パラボン社

　私はパラボン社のプロファイルを送り、協力してくれるかどうかヴェンターからの知らせを待った。数週間がたち、確認のメールを送った。が、返事はなかった。今回は協力しないほうが賢明だと考え直したにちがいない。往々にして系譜学者は、プライバシーの観点から法執行機関と手を組むことをためらうものだ。そのあいだに私は標準的なY染色体STR法を使い、コントラコスタ郡で保管されていた古いレイプキットからY染色体プロファイルを作成した。それを無料の家系図作成サイト〈ワイサーチ・ドットオーグ〉にアップロードしてみると、ある人物と部分的に一致するとの結果が出た。その後、連邦大陪審の令状を得てFBIの協力を仰ぎ、対象の人物――オレゴン州の老人ホームで暮らす七四歳の男性――のDNA試料を手に入れた。しかし残念なことに、その男性と黄金州の殺人鬼は過去九〇〇年にわたって親戚を共有していないという結果にたどり着いた。そのときに私は、もはやY染色体STR法でこの事件を解決することはできないと気がついた。こうして、また振り出しに戻ることになった。

ヴェンターから連絡がないまま袋小路に迷い込んだ私は、SNPと系譜学研究の関係について学びはじめ、全体の仕組みを理解しようとした。あらゆる資料を読み漁り、そのプロセスに関連するユーチューブの動画を延々と見つづけた。ヒトゲノムは二三対の染色体から成り立っており、そのうち二二対は常染色体と呼ばれる。最後の一対は、男性と女性を区別するDNAを含むXとY染色体だ。Y染色体は父親から息子へと家族の父系で遺伝し、世代を経ても比較的変化は少ない。何年ものあいだ私は、Y染色体STR法を使って作成した黄金州の殺人鬼のDNAプロファイルを使っていた。しかしこのデータを利用しても、民間の家系図作成サイトでは限定的な結果しか得られない。

一方のSNPプロファイルは常染色体から作成されるため、男性の連鎖を使った従来の調査の壁を越え、はるかに多くの人口層を網羅することができる。家系図作成会社は、顧客が提出したDNA試料からSNPプロファイルを作成し、ヒトゲノム全体に分布する何十万ものSNPを活用していた。それらのウェブサイトは圧倒的な潜在力を秘めており、私にとってはすべてが目新しいものだった。

法執行機関はそれまで、系譜学というプールの端の浅いところで遊んでいたにすぎなかった。そのときの私は、もっと深くへと飛び込む覚悟だった。

二〇一七年のその春、FBIロサンゼルス支局長のスティーヴ・クレイマーから電話がかかってきた。彼に実際に会ったことはなかったものの、局内に共通の知り合いがいたので名前は知っていた。私が黄金州の殺人鬼の捜査を続けているという話を聞いた、とクレイマーは言った。「ポール、わたしはDNAを信頼しているし、DNAがこの事件を解決してくれると信じてる。手伝えることはないかな？」と彼は言った。FBIの権力という後ろ盾ができたのは喜ばしい展開だった。

それから私たちは毎日のように電話で話をした。クレイマーは飲み込みが早く、どこまでも知的だった。この事件の捜査に取り組むにあたって彼には、一九九〇年代なかばにウッディー・クラークのもとでインターンをしたという強みがあった。クラークは、O・J・シンプソン事件の裁判で検察側のDNA関連の証拠の準備を担当した弁護士だった。クレイマーは外向的かつエネルギッシュで、競争を好むタイプだった。いったん何かをつかんだら、けっして離さなかった。彼こそ手を組むべき人間だと私は感じた。

捜査をまえに進めるプロセスの一環として私は、バーバラ・ヴェンターに送ったパラボン社の報告書を手に取り、DNAスナップショットの作成過程を説明した箇所を読んでみた。ときに私は運命を信じることがあるが、それがこの瞬間だった。難解な技術用語《テクノバブル》のなかに、こんな注記が埋まっていたのだ――「ジャネル・クルーズ殺害事件に関連してオレンジ郡から提出されたDNA試料をもとに、医療用DNAチップを使って数十万のSNPを調べた」。SNPプロファイルがないと私が言ったとき、ヴェンターはがっかりした様子だった。しかし報告書には、スナップショットを作り出すためにパラボン社は、オレンジ郡の精液の証拠から包括的なSNPプロファイルを作成する必要があったと書かれていた。「なんで見落としていたんだ！」と私は叫んだ。

法執行機関と民間研究所

法執行機関は事件解決のために系譜学を長年にわたって活用してきたものの、家系図作成サイトの検索に使われている類《たぐい》のDNA情報を引き出すことはできなかった。一方で、〈アンセストリー・ドットコム〉や〈23アンドミー〉といったウェブサイトが運営する研究所は、劣化した精液の証拠を取り扱う方法を知らなかった。彼らが使うのは、試験管のなかの唾液だった。両者のあいだにはつねに、「どうすれば互換性のあるプロファイルを作成できるのか？」という大きなハードルがあった。しかし私には、パラボン社がすでにその問題を解決しているように思えた。

私はこの情報をクレイマーに電話で伝えた。「アンセストリー・ドットコムや23アンドミーは、SNPプロファイルを使って顧客の親戚を探してる」と私は言った。「そしてパラボン社は、こちらが必要とする八五万ものSNPをすでに持っていて、保管しているんだよ」。その分析結果をすべて入手し、民間の家系図作成サイトでも機能する新しい黄金州の殺人鬼のDNAプロファイルに変換する必要があった。

それから数週にわたって私たちは、従来の法執行機関の手法よりもSNP解析のほうが優れている点について子細に調べ上げた。SNP解析はこれまで犯罪捜査では使われたことがなく、さまざまな障壁にぶつかることが予想された。だとしても私とクレイマーは、SNPこそが最強の武器になると結論づけた。

出発したとたんに最初の障壁が待っていた。パラボン社はそれが「私有《プロプライエタリ》」報告書であり、公表できないと主張した。「くだらない」と私は言った。オレンジ郡がＤＮＡ試料を提供し、報告書の作成を依頼したとすれば、ＤＮＡプロファイルの所有権はオレンジ郡にあるはずだった。パラボン社を経営する夫婦との話し合いの末、彼らが協力関係を結んでいたオレンジ郡の地方検事局から口頭で許可を得た場合にかぎり、私にＤＮＡプロファイルが引き渡されることになった。「問題ありません」と私は応じた。

私はつぎにエリカ・ハッチクラフトに電話をかけた。特別捜査班にいっしょに参加したオレンジ郡地方検事局の刑事だ。ハッチクラフトは、黄金州の殺人鬼の新しいモンタージュ写真を作るためにパラボン社にスナップショット作成を依頼した張本人だった。「あなたの許可が必要なんです」と私は言った。彼女がその要請を巡査部長に伝えると、部長本人が私に電話をかけてきた。「上司に相談させてください」と彼は言った。そのあいだにクレイマーは、犯罪捜査において法執行機関が民間の家系図作成サイトを利用することが合法かどうか入念に検証を進めた。私としては、黄金州の殺人鬼のために作成されたＳＮＰプロファイルを手に入れることはできると確信していた。しかし問題は、これらの民間企業のデータベースを合法的に検索できるかどうかだった。

一連の捜査プロセスが合法だとクレイマーが判断すると、私たちはつぎに、協力してくれる家系図作成サイトを探しはじめた。まず、最大手のアンセストリー・ドットコムに打診してみた。「そちらのサンプルと弊社の技術には互換性がありません」と個人情報保護責任者は言った。これまで数多くの無知な捜査官たちが同じ答えを聞き、それを鵜呑みにしてきたにちがいない。私はこの事態を事前に想定していた。「われわれは、御社のプロプライエタリＳＮＰプロファイル全体で検索が可能な互換性のあるプロファイルを作り上げることができます」と私は言った。「また電話します」と個人情報保護責任者は言った。数週間がたった。アンセストリー社は、個人情報保護責任者とのフォローアップ電話会議に弁護士を同席させた。弁護士であるクレイマーとアンセストリー側の弁護士が、この計画の合法性について議論した。連邦大陪審の令状はプライバシーの問題より優先されるべきだ、とクレイマーは主張した。それだけでは充分とは言えず、裁判所の判断を仰いだほうがいいかもしれないとアンセストリーの弁護士は反論した。「ぜひ、そうしましょう」とクレイマーは応えた。

しかし、裁判所に可否を問う必要はなかった。調査を進めるなかで〈ジェドマッチ〉というべつのウェブサイトが見つかった。誰でも自由にDNAプロファイルをアップロードして検索できる、オープンソース型のサイトだった。ジェドマッチの優れているところは、ほかの民間家系図作成サイトのユーザーの多くが自身のプロファイルをここにアップロードしているという点だった。よって、各社のプロプライエタリ・データベースが組み合わさったより大きな集団を検索することができるのだ。ジェドマッチは、系譜学DNA調査にとってまさにバベルの塔だった。

七月三一日に私はクレイマーにメールを送った。「ダミーのGメール・アカウントを作って、ジェドマッチに登録してみた。公開型DNAマッチング・サイトだ。添付したスクリーンショットを見れば、全体像を理解してもらえると思う。ジェドマッチでは、さまざまな家系図作成会社から生のDNAデータファイルをユーザー自身がアップロードするので、その膨大なデータをもとに検索することができる」

オレンジ郡地方検事局

ついに、物事が望む方向に進みはじめた。しかし、いまだオレンジ郡地方検事局から返事がなかった。そこでクレイマーはオレンジ郡アーヴァイン警察署との電話会議を手配し、私たちの計画について説明して協力を求めた。話を聞いた署長と担当刑事は大きな関心を示し、捜査に協力すると約束してくれた。

犯罪捜査ではつぎの段階に進むまでにひどく時間がかかることも多く、今回も例外ではなかった。一〇月になってようやくオレンジ郡地方検事局からメールで連絡があった。送り主は退職した元地方検事補で、黄金州の殺人鬼事件の捜査のために最近になってふたたび駆り出された人物だった。

オレンジ郡地方検事局は、そもそもこの試合への参加を決めるのも遅かった。前年の二〇一六年秋に行なわれた会議のあとにサクラメント郡地方検事アン・マリー・シューベルトが働きかけると、トニー・ラカウカス地方検事はやっとのことで重い腰を上げ、事件解決に向けた共同作業に協力することに同意した。こうしてオレンジ郡から派遣されてきたのが、エリカ・ハッチクラフト刑事だった。

オレンジ郡地方検事局から連絡を受けた私は、二〇一七年一一月一日にラカウカス検事と会う約束を取りつけ、車で八時間かけてサンタアナに向かった。プレゼンはしっかりと準備してあり、ついに私たちの計画を披露するときが来たと興奮していた。ラカウカスが私と同じエレベーターに乗り込んできたので、形式的な挨拶を交わした。しかし、彼のうしろを歩いて会議室に向かうと、廊下で待機していたふたりの地方検事補に制止された。検事補たちがラカウカスと非公開の会議をするあいだ、私はハッチクラフト刑事と部屋の外で待った。四〇分が過ぎ、ようやくラカウカスと部下がいる室内に招かれた。私は、会議用テーブルを挟んでラカウカス地方検事の真向かいの席に坐った。テーブルの中央には電話が置かれており、ふたりの専門家が電話で会議に参加するという。**べつにいいけど、さきに知らせておいてくれよ。**プレゼンの冒頭でパラボン社について言及したところで、専門家のひとりの声がスピーカー越しに室内に響き渡り、私の話は途中で遮られた。パラボン社は非倫理的だ、と彼は不満をぶちまけた。

「よろしいでしょうか」と私は電話の向こうの専門家に向かって言った。「最後まで聞いてください。パラボン社を巻き込んで何かしたいと言っているわけではありません。パラボン社は私が必要なものをすでに持っており、それが欲しいとお願いしているだけなんです」。説明を続けようとすると、専門家が「いや、気乗りしないね」と言った。彼は最近のフランスの事例を引き合いに出し、STR路線がいまだ有効だと主張した。黄金州の殺人鬼はめずらしい型のSTRマーカーの持ち主だった、と専門家は続けた。カリフォルニア州のデータベース上のすべての人物のリストとそのマーカーを照合することこそが、容疑者の候補を絞り込む最善の方法だ、と。「それは興味深いアイデアですね」と私は応じた。「ただし、カリフォルニア州のDNAデータベースの規模をもとに計算したところ、二万四〇〇〇人がGSKと同じマーカーを有していると推定されました」。その算定を踏まえたうえで私は、系譜学路線が最適だとさらに確信するようになったのだった。

会議の終わり方はそれほど攻撃的なものではなかった。ラカウカス検事が慌てて部屋を出ていったあと、検事補のひとりが私に室内にとどまるよううながした。てっきり追加で質問があるのかと思って待っていると、彼女の真面目くさった態度がすぐに激怒に変わった。「こっちを裏切ったわね」と彼女はいきり立った。その手は怒りに震えていた。「あなたたちはアーヴァイン署に協力を求めた」。

なんだって？　こちらが裏切った？　検事補が指摘していたのは、クレイマーの手配によって私が参加した電話会議のことだった。「待ってください」と私は反論した。「私は誰のことも裏切ったりなんかしていません」。オレンジ郡はこちらの問い合わせに応じようとしなかった。だからクレイマーと私は、捜査を進めるために捜査官がするべき当然のことをした。情報を持つアーヴァイン署に協力を求めた、ただそれだけですよ」。この仕事を何十年も続けてきたが、地方検事局が捜査に干渉してくるのははじめてのことだった。こちらの仕事のやり方に口を出す気か？　あまりに不合理だった。地方検事局が捜査に影響を与えることはできないし、そんなのは捜査の邪魔になるだけだ。彼女は私の言い分を聞こうとせず、さらに敵対的な態度をあらわにした。老人ホームの男性のＤＮＡを採取するためにオレゴン州まで出向いたのは完全なる時間と金の無駄だった、と彼女は体を震わせながら言った。

「率直に言って、そういう捜査はもっとするべきです」と私は言い切った。

　その場から立ち去りながら、政治的な火災旋風におびき寄せられ、待ち伏せ攻撃を食らったような感覚に襲われた。クレイマーがアーヴァイン署との会議を手配したことにひどく激高したラカウカスは、私と直接会って自身の権限を誇示しようとしたのだ。彼としては、コントラコスタ郡の一科学捜査官と横柄なＦＢＩ男のコンビに自分の事件を解決させるわけにはいかなかった。

　地方検事局での大失敗のあと、私はホテルのバーに行った。翌朝は予定どおり、ＦＢＩ、アーヴァイン警察署、オレンジ郡保安官事務所に対して昨日と同じプレゼンを行なった。昼食のとき、私はアーヴァイン署のジョン・サンダース刑事の隣に坐った。彼は、ラカウカス地方検事のチームの振る舞いを快く思っていなかった。アーヴァイン署にはこの捜査に必要なものを引き渡す権限がある、とサンダースは言った。「そして、実際にそれをきみに渡すつもりだ」

　数日後、クレイマーが車のなかから電話をかけてきた。彼はかんかんに怒っていた。「信じられない話だよ」と彼は言った。「ラカウカスがアーヴァイン警察の署長に、サンプルをおれたちに渡さないよう要請したらしい」

　私は間《ま》を置き、クレイマーの言葉を咀嚼しようとした。

「地方検事に、警察の捜査を妨害する権限なんてない」と私は言った。

「アーヴァイン署に選択肢なんてあるか？　どの事件を捜査するかは、すべて地方検事局がコントロールしてる」

「特別捜査班の協力精神も、もはやここまでってことか」と私は愚痴った。

ラカウカスからの妨害に、私の心は打ちのめされた。ジャネル・クルーズの衣服からは大量のDNAが採取されており、それは事件解決につながるもっとも有力な証拠だった。しかしいま、真実と正義の代表であるべき男がわれわれを締め出そうとしていた。ラカウカスとしては、この証拠が私たちに残された唯一の選択肢だと考えているにちがいない。私自身も、選択肢はもうこれしか残されていないと恐れていた。

新しいDNAを探せ

クレイマーと私は、新しいDNAの供給源を見つけようと奔走した。ほかに要件を満たしたものなどあるだろうか？　GSKのすべての殺人事件を検討した結果、利用可能なプロファイルに変換するために充分なDNA試料を得るためには、ヴェンチュラで起きたライマンとシャーリーン・スミス夫妻殺害事件に注目するのが最善策だと判断した。そこで私たちは、ヴェンチュラ郡地方検事局のスティーヴ・ローズ捜査官と科学捜査研究所の責任者シャニン・バリオスと会う約束を取りつけた。これまでに得た情報を要約して伝えると、眼のまえに坐るふたりが疑うような顔つきを浮かべた。「こちらが協力しないという理由が見当たらない」とローズは自問するように言った。私は「問題は、充分な量の純度の高いDNAが残っているかという点です」と伝えた。「何が残っているか調べてみます」とバリオスは約束した。

時間が肝心だった。ラカウカスがこのことを知ったら、また阻止しようとしてくるかもしれない。ヴェンチュラ郡科捜研からDNA抽出物が送られてくるのをいまかいまかと待つあいだ、一分一秒がひどく長く感じられた。クレイマーは、証拠がいったんFBIの手に渡ればラカウカスにできることはもう何もないと請け合った。「FBIが持つ権限に感謝しはじめてるよ」と私は言った。

クレイマーはFBIヴェンチュラ支部の知り合いに連絡を取り、研究所の準備ができ次第すぐにDNA抽出物を受け取る準備を進めておくよう伝えた。私はこんな光景を想像した。電話がかかってくると、FBI捜査官がヘリコプターから懸垂下降し、DNAが入った試験管を受け取り、ふたたびロープで上へと引き戻され、それからヘリコプターが飛び立つ。実際はそれほど劇的なものではなかった。一一月中旬になってヴェンチュラ科捜研から、スミス夫妻殺害事件の証拠から大量のDNAを抽出することができたという連絡があった。一九八〇年の事件以来、冷凍庫にそのまま保管されていた試料から抽出したものだという。当時のヴェンチュラ研究所のクラウス・スペス検視官は、同じレイプキットをふたつ作成するというめずらしい方法を採用していた。ひとつは捜査用で、もうひとつは万が一のときの予備だった。

FBI捜査官がヴェンチュラの研究所から試料を受け取って数日のうちに、私たちは遺伝子検査会社〈ファミリーツリーDNA〉と協力し、性的暴行を受けた際のシャーリーン・スミスのDNA試料をもとに新しいSNPプロファイルを作成した。この協力関係は、クレイマーがファミリーツリーDNAの創業者ベネット・グリーンスパンにみずから交渉して実現したものだった。グリーンスパンはあえて危ない橋を渡ることを決め、事件の新しいプロファイルと彼の会社の二〇〇万人の顧客の情報をコンピューターで比較することを許可してくれた。クレイマーが偽の個人情報を使って作ったファミリーツリーDNAのアカウントでサイトにログインすると、同社のデータベース内で誰がどの程度の割合で犯人とDNAを共有しているか上位からランキングされたリストを閲覧することができた。さらに、FBIから提供されたログイン認証情報を使ってジェドマッチの秘密捜査用アカウントにもログインし、同じプロファイルをアップロードした。これによって検索範囲は二五〇万人分にまで広がった。
私はサクラメント郡地方検事局のオフィスでアン・マリー・シューベルトとその部下に会い、クレイマーと立てた計画について説明した。彼女は家系図作りの作業を支援することを許可し、カーク・キャンベル警部補とモニカ・チャイコフスキー捜査助手を担当に割り当てた。さらにクレイマーは、自身の職場からメリッサ・パリソット分析官をチームに引き入れた。

「まだわたしの助けが必要ですか？」

同じ二〇一七年一一月、系譜学者のバーバラ・レイ・ヴェンターからメールが届いた。最後に電話で話してから九カ月がたっていた。健康上の問題を抱えてしばらく連絡できなかった、とヴェンターは謝った。「この件でまだわたしの助けが必要ですか？」と彼女は尋ねた。「もちろんです！」と私は返信した。
ヴェンターの手引きによって私たちは、系譜学にもとづいて黄金州の殺人鬼を捜すという大仕事に取りかかった。私の退職はわずか四カ月後に迫っていた。シェリーと私は、人生の新たなスタートを切る計画を立てていた。ヴァカヴィルの自宅はすでに売りに出し、一二歳と一〇歳の子どもたちとともにコロラドに移住することになっていた。**事件解決まであと一歩というところまで来たのに、私は捜査から離れなければいけないのだろうか？** 抑えがたい切迫感が私をさらに強く駆り立てた。昼間はオフィスで、夜は家族が寝静まった自宅で私は捜査に取り組んだ。古い習慣はなかなか直らないものだ。

シャーリーン・スミスの性的暴行キットから作成したSNPプロファイルを受け取ると、六人からなる私たちのチームは何百時間もかけ、犯人と関係する人物を含む家系図を一つひとつ築き上げていった。ヴェンターは、養子に出された子どもが実の親を探すために系譜学者たちが長年使ってきた「三角測量技術」を伝授してくれた。殺人事件の捜査では使われたことのないこの技術は、遠い親戚を利用し、共通する祖先まで三角測量でさかのぼるというものだった。できあがった家系図をそれぞれ分析していけば、焦点をさらに絞ることができた。

まず、家系調査に用いられる伝統的なツールを使い、家系図の枝を埋めていった。出生記録や新聞の切り抜きのみならず、フェイスブックなどのソーシャル・メディアも徹底的に調べた。こうして家系図は巨大な木々へと成長していった。ある時点で私たちは、六〇人の遠い親戚候補について調べ、彼らの家系図を一七〇〇年代までさかのぼっていた。犯人にいちばん近づいたのは三従兄弟姉妹《みいとこ》までで、一〇人以上が見つかったものの、綿密な調査をするには関係性が薄すぎた。チームの全員が苛立っていた。二〇一八年二月、ヴェンターがクレイマーと私にメールを送ってきた——「幸運がめぐってきたかもしれません」。彼女は〈マイヘリテージ・ドットコム〉の個人アカウントを使い、黄金州の殺人鬼の再従兄弟姉妹《はとこ》を見つけたという。つまり一世代さらに近づいたことになり、この調査にとっては大きな一歩だった。

そのはとこの名前を使い、私たちは家系図の枝をさらに埋めていった。つぎに消去法によって候補者リストをそぎ落とし、犯行時に犯人と近い年齢でカリフォルニア在住だった男性の少人数のグループへと絞り込んでいった。そこから、被害者が証言した犯人の身体的特徴と照らし合わせて捜索範囲の幅をさらに狭めた。この事件の容疑者は、現在六〇歳から七五歳になっていると考えられた。白人男性、中肉中背、淡青色の瞳、靴のサイズは二七センチ(いくつかの犯行現場に残されていた靴跡による）。いちばん有力な候補はコロラド州の男だった。われわれの要請に応え、男の妹がＤＮＡ試料を提出してくれた。彼女は黄金州の殺人鬼の妹ではないことがわかり、この容疑者はリストから除外された。

つぎに特徴がもっとも一致したのは、ジョセフ・ジェイムズ・ディアンジェロという名の男だった。これまでの長年の捜査のなかでも、その名前が出てきたことはいちどもなかった。三月一五日、私は彼の調査を始めた。ディアンジェロには法執行機関で働いた経歴があった。二〇代から三〇代にかけて彼は、エクセター、ローズヴィル、オーバーンの警察署に勤務していた。**犯人が警察官なんてことがありえるだろうか？** 彼は想定される年齢に該当し、サクラメント郡のシトラス・ハイツに住んでいた。ディアンジェロには離婚専門弁護士の妻がいたが、ここ一〇年ほどは別居していた。三人の娘がいた。捜査チームのモニカ・チャイコフスキーが、ディアンジェロがボニーという名の女性と婚約したことを伝える一九七〇年代の新聞の切り抜きを見つけたが、正式な結婚記録は見つからなかった。ＥＡＲはある性的暴行事件のあとに泣き崩れ、「大嫌いだ、ボニー。大嫌いだ、ボニー」とつぶやいたことがあった。

調べれば調べるほど、ディアンジェロはどんどん怪しくなってきた。その住所の履歴は、一九七〇年代のイースト・エリア強姦魔の動きと一致していた。シトラス・ハイツに家を購入するまえ、彼はランチョ・コルドヴァに住んでいた。一九七〇年代はじめに「ヴァイセイリアの荒らし屋」（Visalia Ransacker）がサンホアキン・ヴァレーの家々に忍び込んで強盗を働いていたころ、ディアンジェロも同じ街に住んでいた。イースト・エリア強姦魔は、悪名高きヴァイセイリアの荒らし屋として犯罪に手を染めはじめたというのが定説だった。

退職まで残り二週間

正式な退職日である三月二八日まで残り二週間を切っていた。もっと多くの人から話を聞かなくては、と私は焦った。まずオーバーン警察署に連絡を取り、人事記録を調べてもらった。そこからたどり着いたのが、一九七八年にディアンジェロを解雇した元警察署長のニック・ウィリックだった。その年の七月、ディアンジェロはサクラメントのドラッグストアで犬の忌避剤と金槌を万引きした罪で逮捕された。

彼が警察を解雇された二カ月後、黄金州の殺人鬼はカリフォルニア南部のゴリータに移動し、一連の犯罪を殺人の段階へと進めた。私はウィリックに連絡し、彼の部署にいた元警官がかかわった可能性のある事件を捜査していることを伝えた。男の名はジョセフ・ディアンジェロ。「クソみたいな警察官でしたね」とウィリックは言った。当時の風貌について尋ねると、「身長は一八〇センチ弱、髪はブロンド、筋肉質な体型」という答えが返ってきた。EARと同じだ。

「おもしろいことを覚えてる」とウィリックは続けた。「あの男の家に行ったことがあるんだが、暮らし方がなんとも奇妙でね。彼には彼の部屋があって、奥さんには奥さんの部屋があった。いっしょに寝るときのために、さらに専用の寝室が用意されていた」。私は解雇の流れについて尋ねた。「万引きで逮捕されたんですよ」とウィリックは説明した。「それで、彼の家を捜索した。家じゅう、信じがたいほど大量の盗品で溢れていました」。解雇されたディアンジェロが上司のウィリックを殺すと脅迫している、という噂話もあったという。それは、GSKと同じ執念深い性格に感じられた。

その後、ひどく奇妙なことが起きたと元警察署長のウィリックは言った。「ある夜、娘がわたしのところに飛んできて、こう言ったんです。『パパ、あたしの部屋の窓の外に、懐中電灯を持った男の人がいる』とね」。ウィリックが大急ぎで外に出ると、家の外周全体に新しい靴跡が残っているのを見つけた。「あれがディアンジェロだったことはわかっています」と彼は言った。私は両腕に鳥肌が立つのを感じた。**まさに、EARのやり方だ。**

つぎにクレイマーに電話をして状況を説明した。ディアンジェロのDNAを手に入れるべきだ、と私たちは合意した。

退職は翌日に迫っていた。

私はマーティネズを離れ、シトラス・ハイツに向かった。シェリーとともにコロラドに引っ越して家を買うまえに、少なくとも彼が住んでいる場所を見ておきたかった。

1974年前後、エクセター警察署に勤務していたジョセフ・ディアンジェロ。撮影当時、「ヴァイセイリアの荒らし屋」として強盗を繰り返していた。翌年、強盗に入った家に住む幼い娘を誘拐しようとしたディアンジェロは、抵抗する父親を殺害。この直後に巡査部長に昇進し、地域の「強盗対策本部」責任者に任命された

26 「黄金州の殺人鬼」を捕まえろ

犯人だ

ジョセフ・ディアンジェロの監視は、二〇一八年四月中旬に始まった。FBIとサクラメント郡保安官事務所の特別覆面捜査チームが、キャニオン・オーク・ドライブの自宅を二四時間態勢で見張った。目立たないように中古車を運転する捜査官たちが、シトラス・ハイツ周辺の要所要所にひっそりと待機していた。FBIの偵察機が定期的に上空を通過した。ディアンジェロは、長女と一〇代の孫娘と三人で暮らしていた。日課である庭仕事や愛車のボルボの整備をするあいだ、すべての捜査官たちの視線が彼に注がれた。サクラメント郡保安官事務所のケン・クラークがこの監視活動を指揮した。私は三月末に正式に退職し、コロラドとカリフォルニアを行き来する日々を送っていた。ちょうどコロラドでの家探し中にクラークから電話で連絡があり、ディアンジェロのDNA採取のための秘密作戦が始まったことを知った。四月一八日の水曜日、捜査チームは容疑者を追って街なかの〈ホビー・ロビー〉に行き、彼が店舗内で買い物をしているあいだに車のハンドルを綿棒で擦《こす》った。

それから研究所の結果が出るまでの二日間、クラーク、クレイマー、サクラメント郡地方検事局のカーク・キャンベル主任捜査官が何度も電話を寄こし、進捗状況を知らせてくれた。四月二〇日の金曜日、シェリーと私は家の購入を申し込んだ。本格的な裁縫室のある家だった。中華料理チェーン〈P・F・チャングス〉での夕食中、携帯電話にカーク・キャンベルの名前が浮かび上がった。私はいったんレストランの外に出て電話に応えた。挨拶はなく、息を切らした彼の声が聞こえるだけだった。「ここだけの話だぞ！　これがどういう意味なのかおれはよくわからないけど、研究所はかなり盛り上がってる」とキャンベルは言い、DNA報告書を読み上げた。犯人だ、と私は言った。

信じられない、犯人だ。

私たちのチームは、七二歳の元警察官に直接つながる遺伝子の地図を手に入れた。悪魔にはついに名前がついた。その凶悪な連続強姦魔／殺人鬼は、ドライブウェイに釣り用ボートを置き、車庫にボルボを駐める父親であり祖父だった。模型飛行機作りが趣味の〝ふつうの男〟だった。芝生を短く刈り揃えるのが好きな誇り高き家主だった。芝刈りが終わると彼は四つん這いになり、ランダムに配置された装飾用の石のまわりの草をハサミで手入れした。この事件の捜査に取り組んだ二四年のあいだに私は、彼が住む地域を何度となく車で通過したことがあった。私が犯人を捜していたあいだずっと、彼はありふれた風景のなかに隠れていた。

夕暮れのコロラドでは、雪がぱらぱらと降りはじめた。私は星を見上げ、夜気を吸い込んだ。二四年間の旅が終わろうとしていた。最高の瞬間と絶望的な瞬間に満ちた二四年。最初の結婚のあいだはイースト・エリア強姦魔を追い、再婚後は黄金州の殺人鬼を捜し、この事件の捜査をなによりも優先してきた。そして退職してわずか数週間たったころ、それがもたらした大きな犠牲に気づきはじめていた。シェリーと私は数カ月前から夫婦関係カウンセリングに通っていたが、最近になってシェリーは続けるのを拒み、私がまず自分の問題のために助けを求めるべきだと主張した。私はずっと以前からバーボンに頼るようになり、ときに飲み過ぎることもあった。退職してコロラドに移住することによって、幾何かの心の平穏がもたらされるのを期待していた。この瞬間がこれほど感動的なものだとは想像だにしていなかった。星空の下に突っ立って山並みを眺めながら、「黄金州の殺人鬼」が報いを受けるときが来たことを知り、彼に人生をぶち壊された人々がいくらかの安らぎをついに得るかもしれないと知った瞬間のこの感情は、言葉では言い表わせないものだった。

レストランの室内に戻ると、シェリーがフォーチュン・クッキーのメッセージを興奮気味に読み上げた——**夢のマイホームが見つかるでしょう**。「あなたのやつも開けてみて！」と彼女は言った。私は黙ってシェリーを見つめた。数秒経過。「カーク、なんの用だったの？　……DNA鑑定の結果はもう出たの？」と彼女は尋ねた。私はシェリーを見つめつづけた。「まさか！」と彼女は言った。私はいちどうなずいた。「犯人だったの？」と彼女は訊いた。私はふたたびうなずいた。ひとことでも話しはじめたら、ふたりとも冷静ではいられなくなるとわかっていた。会計を済ませると、シェリーはレストランの外へと私の背中を押し、「教えて、早く教えて！」と乞うた。ホテルに戻る車内で彼女は、捜査が終わったことへの大きな安堵を吐露した。シェリーはいつも、犯人がいつか私——いつまでも執拗に自分を追ってくる人物——を捜しにくるのではないかと心配していた。その晩はどちらもよく眠れなかった。家の購入交渉がまとまり、すべての書類に署名したあと、私たちは土曜日に飛行機でカリフォルニアに戻った。すると、月曜日にサクラメント郡保安官事務所に来るよう連絡を受けた。

念には念を入れて確認するために、サクラメント郡地方検事のアン・マリー・シューベルトは、ふたつ目のDNA検体を採取するよう命じた。監視チームは見張りを続け、命令を実行する機会をうかがった。月曜日の夜、ディアンジェロは翌日の回収のためにゴミを出した。夜のあいだに捜査官たちは容器からゴミ袋を取り出し、容疑者のDNAを検出できそうなものをすべて引っぱり出した——ドクターペッパーの缶、飲料水のボトル、食べ物の容器……。一一点のゴミが回収され、最後の最後にもう一点が追加された。ティッシュの切れ端だった。それらの品々は大急ぎで研究所の鑑定にまわされた。結果を待つあいだにケン・クラークと私は、判事の署名をもらうための四四ページに及ぶ逮捕状を書いた。一方の覆面捜査チームのほうは、犯人の身柄確保の計画を立てた。それは超極秘作戦だった。知らされたのは、ディアンジェロへとつながる証拠を提供したヴェンチュラ郡だけだった。

秘密作戦

四月二四日の火曜日、補助的なDNA鑑定の結果が判明した――ティッシュから採取されたDNAが完全一致。かくして、秘密作戦が実行に移された。計画は、ディアンジェロが家を離れるのを待って尾行するというものだった。公共の場所まで来たところで捜査官たちが彼を取り囲み、覆面の輸送車に押し込む手筈だった。夕方に家を整理整頓するのがディアンジェロの習慣で、それまで水曜日に出かけたことはなかった。二日後の木曜日まで待つのは危険すぎる、というのがチームの総意だった。ちょうど太陽が傾きはじめたころ、ついにディアンジェロが家の脇の中庭に姿を現わした。門も、塀も、室内に逃げるための扉もない場所だった。サクラメント郡保安官事務所の殺人課の室内にいた私たちは、保護された警察無線をとおして新しい計画について知った。「実行許可」と作戦指揮官は言った。

「突入!」。秘密作戦チームは彼に向かって走っていった。私たちは手に汗を握りながら様子を見守った。ディアンジェロは危険な連続殺人犯だった。長年のあいだに何挺もの銃を集めていることもわかっており、警察官に向かって発砲してもおかしくはなかった。家族を人質に取る可能性もあったし、自殺するかもしれない。あたりは沈黙に包まれ、いっときが過ぎた。私の背中に一滴の汗が流れ落ちていった。

作戦指揮官がついに口を開いた。「容疑者確保」

サクラメントの殺人課の室内が歓喜に沸いた。誰もが歓声を上げ、ハイタッチが飛び交った。

黒いハーフパンツと白いTシャツ姿のディアンジェロは後ろ手に手錠をかけられ、家から警察車両へと連れられていった。「オーブンで焼いている最中なんだ」と彼は甲高いかすれ声で言った。「料理をしているんだ」


その日の夜、事件に関連するすべての機関に犯人の身柄確保の情報が通知された。ディアンジェロは、サクラメント郡保安官事務所の殺人課に連行された。三人の武装警官に引き連れられて取調室へと向かう男の姿を大勢の職員が見守っていた。なかには、写真を撮る職員もいた。多くの人々に獰猛に襲いかかった怪物は、太りすぎた老人になっていた。邪悪なしかめ面をのぞけば、ごく一般的な市民に見えた。そのような男にちがいないと私はいつも思っていた。灰色の壁とマジックミラーで囲まれた取調室に入った犯人は、テーブルに手錠で繋がれた。私は眼を離すことができなかった。それから一時間、彼は動かなかった。ぴくりともしなかった。「これこそ、襲撃のときにあの男がしていたことだ」と私はその様子を見ながらクレイマーに言った。イースト・エリア強姦魔の被害者たちはみな、犯人がベッド脇に黙って突っ立っていたと回想した。あまりに静かだったので、そこにいることさえ気づかなかった、と。

つぎの数時間、取調官が交代しながらディアンジェロに話しかけた。が、相手は一言も話さず、ただ壁を見つめつづけた。彼が唯一首を動かしたのは、女性刑事が室内に入ってきたときだけだった。

2018年4月24日、逮捕された直後のジョセフ・ディアンジェロ。
1時間にわたって取調室の椅子にこの姿勢で坐ったまま、動かなかった

何か飲み物でも要りますか？　水か、あるいはドクターペッパーとか？　ガラス越しに犯人の反応を見ていると、背筋に寒気が走った。彼は女性のほうに向きなおり、邪悪なしかめ面を浮かべ、女性の頭から足先までじろじろと見やると、また壁に視線を移した。

話をさせようとする努力が数時間にわたって続けられたものの、徹底して黙秘することが明らかになると、ディアンジェロは部屋にひとり残された。私はヘッドホンをつけたまま、独り言をつぶやき出した彼を見守った。何を言っているのかほとんどわからなかったものの、一部だけはっきりと聞き取ることができた。「もっと強くあるべきだった」とディアンジェロは言った。しゃがれた低い声のそのささやきは、多くの被害者たちが証言したものと同じだった。「あいつに、やらされたんだ」

27　襲撃を追体験する

〈２０１８年４月26日〉

テレビ画面や照明器具にタオル

家に帰って三時間だけ睡眠を取ってから私は、アン・マリー・シューベルトが開く記者会見に出席するためにサクラメントに戻った。そのまえに、特別捜査班の数人とともにディアンジェロの自宅内部の様子を見にいくことができた。いたって平凡そのものだった。三つの寝室、テレビが置かれた居間、台所、ジャンクフードが山積みになったキッチン・カウンター。チョコレートの空き箱、クラッカー、ポテトチップス、ジュースの缶……。犯行現場から持ち帰ってきた品々をどこに隠したのだろう？　七〇年代の夜中、妻や娘たちを家に残し、獲物を探しにいく彼の姿を想像してみた。

家族はいったい何を思っていたのか？　どう説明されていたのだろう？　最後にディアンジェロの寝室にたどり着いた。室内に入るなり、パソコンのモニターに眼が釘づけになった。寝室のドアのすぐ内側の机の上にモニターがあり、その横に空いたままのピーナッツ・バターの瓶とスプーンが置いてあった。私はさらに近づいてみた。薄型モニターにはタオルがかけられていた。**信じられない。これはあの男がＥＡＲとしてやっていたことだ。**女性をレイプする直前、ＥＡＲはテレビ画面や照明器具にタオルをかぶせて明かりを柔らかく抑えた。被害者たちの声が蘇ってきた。**犯人はわたしに目隠しをして、照明にタオルをかけてからレイプしたんです……あの男はわたしのブラウスを引きちぎってランプにかぶせた。それから、その晩は旦那とヤッたのかと訊いてきました……あいつに腹ばいにされて、手と足を縛られた。そのあと犯人はバスルームにタオルを取りにいって、それをライトにかけたんです**。うしろに立っていたクレイマーのほうに向きなおって私は言った。「こうやって自分の襲撃を追体験しているんだ」

サクラメント郡地方検事局には、全米はもとより世界じゅうの報道陣が押し寄せていた。私がちょうど車を停めたころ、各管轄の代表団も到着しはじめた。オレンジ郡の一団には、トニー・ラカウカス地方検事にくわえ、会議のあとに私への不満を爆発させたあの女性の検事補も含まれていた。ラカウカスはひとことの挨拶もなく、私のまえを素通りした。私が検事補のほうに近づいて挨拶しようとすると、彼女は体をこわばらせた。誰が最初に発言するか牽制し合っているのを見るかぎり、四十年余の悲劇の痛ましい結末が、政治的な駆け引きに満ちたものになるのは明らかだった。

例のごとくラカウカスは、その場にいるのが当然と言わんばかりの態度で演壇に立った。これもあれもオレンジ郡の手柄だと自慢する彼を見ながら私は、その糊のきいた白いワイシャツのボタンが膨らんだ胸の上で弾け飛ぶところを想像した。「長い年月を経てようやく、これらの恐ろしい罪を誰が犯したのかという難解な問題に終止符が打たれました」と彼が言うと、カシャカシャとカメラのフラッシュ音が鳴り響いた。**あんたのおかげではないけどな**、と私は心のなかで言った。

クレイマーのほうに向きなおると、呆れるような表情を見せた。政治の世界の傲慢さにはもううんざりだった。「行くよ、被害者の人たちに電話をしないと」と私が言うと、クレイマーはうなずいた。

「メアリーかい?」

まるで合図があったかのように、私の携帯電話が鳴った。画面に表示された名前は、何年も眼にしていなかったものだった。この事件のすべての被害者にそうしているように、彼女にも電話番号を教えていた。私は車のうしろに移動し、電話に応えた。

「メアリーかい?」

メアリーはディアンジェロの最後のレイプ被害者のひとりで、最年少の犠牲者のひとりでもあった。中学二年生になろうとしていた一九七九年夏、午前四時にメアリーの家に忍び込んだ闖入者は、ユニコーンの絵のポスターが貼られた可愛らしいピンク壁の寝室で彼女を凌辱した。事件から三年後に父親が死んだのは、娘を助けることができなかったと思い悩みつづけたせいだったとメアリーは信じていた。

彼女が電話をかけてきたのは、テレビ画面に映る出来事が真実なのかをどうしても知りたかったからだった。

「メアリー、きみなのか?」と私は問いかけた。

彼女は震える声で話した。

「ほんとうに犯人なの?」

「メアリー、一〇〇パーセントの自信を持って犯人だと断言する」と私は言った。「あの男が刑務所の外に出てくることはもうない」

四〇年近く続いてきた彼女の苦悩と恐怖がいっときに溢れ出し、すべての記憶が蘇ってきた。メアリーはむせび泣き、「ごめんなさい」となんとか言葉を絞り出した。

「ごめんなさい！　ごめんなさい！　ごめんなさい！　気が動転しているわけじゃないの。ただ、嬉しいの」

28　ライフワーク

一日一〇〇本以上の電話

ディアンジェロ逮捕から一カ月たった五月末になってやっと、私は黄金州の殺人鬼事件についてひとり振り返ることができた。記者会見のあとの数週は、マスコミからの取材依頼にくわえ、事件について話してほしいというエージェントやテレビ・プロデューサーからの電話が殺到した。世界じゅうのジャーナリストから、一日に一〇〇本以上の電話がかかってきた。その春の日の午後、私は二週間ぶりにコロラドの新居に帰ってきた。シェリーと子どもたちは出かけ、家のなかは静かだった。バーボンをグラスに注ぎ、逮捕当日に撮ったディアンジェロの写真を眺めた。取調室でひとり身をかがめて坐る彼は、落胆しているように見えた。「捕まえた」と私は声に出して言った。

事件解決の報道によって私は有名人のような扱いを受けた。逮捕から二年間、数日をのぞいて私は、未解決事件の捜査をする全国の機関を支援しつづけた。そのあいだシェリーはひとり家に取り残され、自身と子どもたちを新しい生活に順応させなければいけなかった。テレビの犯罪番組にも出演するようになった私はやがて、テキサス州フォートワースのカーラ・ウォーカー殺人事件に出会うことになる。二〇一九年一二月にはじめてカーラの弟ジムに会ったとき、自分でも驚くほど大きく心を揺さぶられた。少年時代、カーラの遺体が見つかった人里離れた暗渠をたびたび訪れたという彼の話を聞き、私のなかで何かが壊れた。

姉のカーラが殺されたとき、ジムは中学一年生だった。顔にはまだそばかすが残り、髪は赤みがかったブロンドの少年だった。カーラが姿を消してから三日後、保安官たちがウォーカー家の玄関にやってきて遺体発見の知らせを両親に伝えたとき、ジムもその場にいた。彼は両親とともに病院の安置所に行き、カーラの遺体を確認した。悲しみのあまり泣き崩れる父と母の横で、ジムは茫然と立ち尽くした。四〇年以上たったいまも、母親の悲鳴が耳のなかでこだましていた。

「死体をまえにしたときの……あの悲痛な叫び声が」とジムは涙をこらえながら私に言った。

私は歯を食いしばり、平静を保とうとした。「そういうふうに愛する家族の死を確認しなければいけないのは……とてもつらいことですね」と私は慎重に言葉を選んで答えたが、その場にふさわしい言葉などあるのだろうかと自問した。

「一二歳の子どもにとっては、それが苦しかった。家族や地域が破壊されていくのを目の当たりにしました」とジムは言った。「恐怖はどんどん増していきました。住民のなかに殺人鬼が隠れているのではないか、とね」

「お姉さんが見つかった場所は見ましたか?」と私は尋ねた。

車を運転できる年齢になるとジムは、カーラの体が遺棄されていた暗渠を車で訪れるようになったという。「見たかったんです」と彼はためらいがちに言った。「知りたかった……その場所に来たとき、姉はまだ生きていたのか……姉が何を見て、どんなにおいを嗅ぎ、何を感じていたのか。ある晩は六時間もそこにいたこともありました。寒かった。ただ、同じことを経験してみたかった」。その後、彼は何度もその場所に戻って同じように過ごした。殺人犯がときどきそうするように、カーラを殺した犯人が犯罪現場に戻ってくるのではないかと考え、ジムはそこで待っていたのだ。

言葉が咽喉につかえて出てこなかった。眼のまえにいたのは、私の末息子と同じ年齢のときに、その牧場の暗渠と結びついた人生を生きることを宣告された苦悩する男性だった。そんなことが許されるだろうか？　悩めるその心を鎮め、正義のみによって訪れる平穏を彼にもたらすために、できるかぎりの手助けがしたかった。彼の苦しみを少しでも和らげられる可能性があるとすれば、人生のほかのなによりもカーラ事件の捜査を優先させたかった。そうしない理由などあるだろうか？

未解決事件を再捜査するとき、まずは被害者に近い関係者から調べることになる。つまり、親戚や友人たちに会いにいくということだ。事件から何十年も経過している場合、当然ながら関係者のなかには亡くなった人も多く、カーラの両親も他界していた。しかし弟ジムと姉シンディーにくわえ、カーラの交際相手だったロドニーもまだ生きていた。カーラの誘拐現場にいっしょにいたロドニーは、四五年たったいまも疑いの眼を向けられながら生活していた。事件当時、彼は警察にこう証言した。卒業プロムのあと、彼とカーラが地元のボウリング場に車を停めると、銃を持った男が助手席のドアを開けた。犯人は銃床でロドニーの頭を殴り、カーラを車から引きずり出した。彼の耳に最後に届いたのは、「パパを呼びにいって！」というカーラの言葉だった。意識が戻ったとき、カーラの姿は消えていた。

フォートワース滞在中、まだ市内で暮らしているロドニーを訪ねてみた。離婚経験のある六〇代前半の男性だった。長年の恋人とのつらい別れを乗り越えようとしている最中で、心の奥底に悲しみが潜んでいるのが感じられた。それをのぞけば、ロドニーはそれほど悪くない人生を生きてきたようだった。退職前はサラリーマンとして立派な会社に勤め、容姿端麗でいかにも健康そうだった。聞けば、いまも腕立て伏せを一日一〇〇回して体を鍛えているのだという。ロドニーはとても感じのいい男性だった。私はとつぜん彼の眼のまえに現われ、人生で最悪の夜についてほじくり返し、鋭い質問をぶつけた。にもかかわらず、ロドニーはそれを寛大に受け容れてくれた。眼に涙が溜まっていくのを見やり、一九七四年のあの記憶が彼にとっていまだ鮮明なものであることがすぐにわかった。

「カーラは連れ去られた」とロドニーは言った。すると、愛想のいい笑みが突如として歪んだ。彼は唇を噛んで遠くを見つめ、自分を落ち着かせようとした。「彼女の身に起きたことについては、わたしにも責任があった」とロドニーは言った。その言葉は深い懺悔に満ち満ちていた。なんとか冷静さを保とうとする彼の姿を見ながら、私は思った。**カーラ殺害と彼が無関係だとすれば、ずっと疑惑の眼を向けられながら生きなければいけないというのは、なんと不当なことだろう**。カーラを失ったこと、その失い方に対して残ったままの悲しみと罪悪感が、何十年にもわたって彼の人生の多くの瞬間の色を奪ってきたにちがいない。

事件があった夜の出来事についての彼の説明は真実だと私は信じ、「あなたは被害者だ」と言った。「わたしたちはみんな被害者だ」と彼は言いながら遠くのほうを見やり、いまだ冷静さを保とうとしていた。「あまりに多くの被害者がいる」

ひどく心が痛む旅だった。カーラ殺害の巻き添え被害は、大規模で容赦のないものだった。彼女の両親、きょうだい、交際相手はもちろんのこと、フォートワースの地域社会全体でたくさんの人々が苦しんでいた。大勢がその悲しい過去に囚われていたにもかかわらず、多くのものを奪った当の本人はただ立ち去ってしまった。

真夜中のパニック発作

フォートワースを離れるとき、感情の波が押し寄せてきた。少女の悲劇的な死に対する哀しみ。最期の瞬間に彼女が体験した恐怖。この事件を解決し、遺族を救うという決意。車のハンドルを握りながら私は号泣した。事件が起きたあと、私はきまって感情を心の奥にしまい込むことができた。しかし、しまい込むことができなかったとき、それは真夜中のパニック発作という形で現われた。前回の発作はとくに深刻で、寝室の床に倒れ込んでしまうほどだった。そしていま、また感情が溢れ出してきた。私は両手に顔を埋め、涙がこのまま止まらなくなるのではないかと不安になった。怯え、混乱していた。

ハリウッド大通りのジャンボズ・クラウン・ルームであの泥酔を経験したのは、フォートワースを離れ、テレビ番組の撮影のためにカリフォルニアに戻ったときだった。そのあと私はコロラドの自宅に帰り、シェリーと子どもたちと休暇を過ごした。夜になってシェリーが裁縫室にこもると、私は引きつづきカーラ・ウォーカー殺人事件の調査に取り組んだ。この事件についてのテレビ番組の撮影が続くあいだも、同時進行で科学捜査が行われていた。

フォートワースの捜査官たちとの話し合いのなかで私は、カーラの衣服を鑑定のために研究所に送るべきだと提案した。担当のDNA分析官は良い知らせを伝えてくれた。カーラのブラジャーの紐に精液が付着しているのを見つけたというのだ。DNAを採取するには最適な試料であり、家系図と照らし合わせれば一致する人物がすぐに見つかると誰もが喜んだ。しかし直後に待っていたのは、あまりに悲しい出来事だった。系譜学研究所から通り一遍のメールが送られてきた――試料をすべて使い果たしたうえ、なんの結果も得られなかった。

誰もが打ちひしがれ、また振り出しに戻ることになった。フォートワースのDNA分析官はふたつ目のDNA試料を見つけたが、量はひとつ目の数分の一程度しかなく、かつ劣化しており、ほとんど期待できない代物だった。

そこで二〇二〇年五月に私は、友人のデイヴィッド・ミッテルマンに相談してみた。最先端の科学捜査用DNA塩基配列決定《シークエンシング》研究所を備えたテクノロジー企業〈オスラム〉を二〇一八年に設立した人物だった。最初に依頼した研究所で起きたことを説明すると、「使う技術をまちがってる」と彼は言った。「うちの研究所で使っているのはゲノム・シークエンシング法というものだ」。そこで私は訊いてみた。私たちが持つ純度の低い試料を、オスラムのプロプライエタリ家系図データベースで検索できるように変換することは可能か？「どうしてもやってみたいんだ」と私が言うと、「やってみよう」とミッテルマンも同意した。小さな希望は出てきたものの、それは、これまで何度となく通ってきた道だった。私にできるのは、フォートワースの捜査官たちがつぎのステップに向けてオスラム社と協力を進めるのを見守ることだけだった。

PTSDの専門療法士

カリフォルニアでの仕事から戻った直後のある夜、シェリーと私はふたりでキッチンにいた。すると彼女はシンクのまえで振り返り、眼に涙を浮かべてこちらを見た。「お願いだからカウンセリングを受けて」と彼女は言った。その夜、シェリーが私についてこう考えていることを知った——彼女と子どもたちなど必要なく、事件の捜査をしているだけで充分に幸せに暮らせる人間。彼女としては黄金州の殺人鬼事件で終わりが訪れると考えていたが、いまや私はテキサスの事件の解決に取り憑かれていた。話すのも考えるのも、この事件のことばかりだった。

「わたしたちのことを大切に思ってる?」と彼女は問いかけた。シェリーや子どもたちとふたたび心を通わせたいという気持ちをしっかりと伝えるべきだったが、どうしても言葉が見つからなかった。私は結婚生活がこのまま続くことを望んでいた。シェリーを愛し、子どもたちを愛していた。「きみがどうしてそう考えるのかは理解できる」と私は泣きながら言った。「でも、自分がどう感じているのかもわかる。もっと良い人間になれるよう努力するよ」

シェリーが心的外傷後ストレス障害(PTSD)治療専門の療法士を見つけると、私は予約を入れた。面会の日、自分のキャリアについて簡単に話し、担当した事件の一部について説明した。「そのようなことに直面するたび、人は出血をともなう傷を負います」と療法士の女性は言った。「それはけっして治癒しない切り傷です。あなたはそれに向き合おうとしたことがなく、だからいま血を流しているのです」。担当した事件の精神的トラウマは、何年ものあいだに何層にも積み重なってきた。それに対する私の解決法は、頭のなかの箱に感情を閉じ込めるというものだった。いまや箱は満杯になり、悲しみが漏れ出していた。バーボンが絆創膏だった。その悲しみに対処しなければ、やがて絆創膏も貼りつかなくなる。

療法士のクリニックを出るとき、私は自分の気持ちに向き合うことを決意していた。もっと良い夫と父親になる努力をしよう。しかしシェリーにとっても、ほかの誰かにとっても充分に良い夫と父親になれるかどうかは確信が持てなかった。私は、多くの人が求めるような愛情を他者に与えることができなかった。それは、自分ひとりで人生のかじ取りをしなくてはいけないという意味なのだろうか? 感じるべき感情をすべて感じ、さらにそれを痛切に感じてみたものの、それでも充分でないとすれば意味などあるだろうか？　いっさいの疑いもなく私にわかるのは、ほかの人では解決できないような事件を自分なら解決できるということであり、被害者への献身の気持ちに嘘偽りはなかった。

　私の仕事は、ただやるべきことなどではなかった。それは私の使命であり、存在理由そのものだった。事件とかかわることによって、私は自身の目的意識を見いだすことができた。他者を助けるとき、私は自分の価値を感じる。ジム・ウォーカーのような人はこの世にごまんといる。悲嘆のプロセスを終えて前進するために必要な答えを見つけることができず、人生が宙ぶらりんになってしまった善良な人々だ。私には、彼ら被害者がその答えを見つける手助けをしたいという強い意志があった。それで充分だろうか？　私にはわからない。

「何が起きているか伝えたい」

　二〇二〇年夏、カーラ・ウォーカー事件の遺伝子系図を作成するプロセスが始まった。二番目の試料はしっかりとその役目を果たし、充分に利用可能なプロファイルができあがった。少人数のチームがジェドマッチなどのプロプライエタリ・ウェブサイトを使って作業を進めたが、捜査側からの情報漏洩を避けるために進捗報告は機密扱いにされた。

　八月、黄金州の殺人鬼に終身刑が言い渡されたのと同じ週、ウォーカー事件の捜査官のひとりであるジェフ・ベネットから電話がかかってきた。

「ポール」と彼は言った。「何が起きているか伝えたいんだけど、どうしても教えることができないんだ」。その必要はなかった。電話をかけてきた理由を聞けばそれは明らかだった。ベネットが私に求めたのは、専門家としての意見だった――極秘裏にＤＮＡ試料を入手するという捜査は、はたして合法なのか？　要は、私たちがディアンジェロの車やゴミに対して行なったことを再現しても問題はないのかという質問だ。つまりそれは、ＤＮＡ鑑定にもとづいて作成した家系図をとおして容疑者を絞り込むことができたという意味だ。

二〇二〇年九月二二日の朝五時五四分、携帯電話にテキストメッセージが送られてきた。「おはよう、ポール。テキサス州フォートワースのジム・ウォーカーです。時間があるときでいいので、電話をくれますか？　友人であるきみに、すごいニュースを知らせたくてね。ポール、神のご加護がありますように。すぐに話ができるのを愉しみにしています！」。カーラ・ウォーカー事件の捜査にかかわるようになってから九カ月がたっていた。そしていま、四五年前に起きたこの未解決事件が解決した。

カーラ・ウォーカーを殺したのは、グレン・マッカリーという名の現在七七歳の男だった。逮捕されたときも彼はフォートワースに住んでいた。捜査チームは遠い親戚を見つけ、公文書を使って家系図を復元し、それから検索を絞り込んで有力な手がかりへとたどり着いた。マッカリーは事件当時にも容疑者のひとりとして浮上していたものの、確たる証拠が出てこなかった。のちに始まった裁判で彼はすぐに誘拐、強姦、殺人の罪を認め、最終的に終身刑が言い渡された。

メッセージを受け取るなり、私はジム・ウォーカーに電話をかけた。

ジムは敬虔なキリスト教徒だ。「ポール、神のご加護がありますように。きみが参加してくれなければ、この事件が解決することはなかった。心から感謝するよ」

ジム・ウォーカーは、四五年間わからなかった答えをやっと手にすることができた。それでカーラが戻ってくるわけではないにしろ、弟であるジムに何かが終わったという感覚を与えてくれるだろう。

一二歳のときに姉を亡くしたジムは、死体が遺棄されていた暗渠に何時間も坐りつづけ、その感覚を探し求めてきたのだ。私としては、善良な男性がいくらかの心の安らぎを得る手助けをし、あらゆる手を尽くして犯人を特定するというカーラへの約束を守ることもできた。

電話を切った私は自宅のオフィスの椅子に背中を預け、これからどのように過ごすべきかに思いを馳せた。全国の家族や法執行機関からは数多くの支援の要請があり、まだすべてに返答できていない状況だった。しかし家庭の問題が解決したわけではなく、私は人生を愉しみ、家族のためにより多くの時間を割こうと心に決めていた。

子どもたちが一〇代になるとシェリーは仕事を再開することを決め、地元の警察の科学捜査研究所で血清検査官としてパートタイムで働くようになった。私たちの関係はそもそも、科学と殺人事件に対する共通の関心から始まったものだった。そしていまやシェリーは職場から帰ってくると、担当の事件について話をするようになった。出会ったころと同じように、私たちは仕事にまつわる長い会話によってふたたび心を通わせはじめていた。彼女の事件と私の事件、両方について話し合った。以前の私たちは、そのような長い会話をとおして苦しい時期を乗り越えてきた。しかしシェリーが指摘したように、仕事よりも日々の生活を大切にすべきであり、私は家族や家庭生活にさらに眼を向ける必要があった。努力する、と私は約束した。これからはもっとギターを練習し、ＤＩＹを学び、息子といっしょにマウンテンバイクに乗って出かけるつもりだ。家にいるときは、ただ〝その場にいる〟ことに専念しよう。もしかしたら、シェリーと子どもたちが大好きなボードゲームにも日常的に参加できるようになるかもしれない。

ジム・ウォーカーとの会話についてシェリーに伝えにいこうと立ち上がったとき、机の横の棚にある黒いバインダーが眼に留まった。郡の保安官事務所に勤めているあいだはオフィスの見えるところにずっと置き、退職した際に持ってきたファイルだった。コゼット・エリソンが殺された未解決事件についての資料だ。はにかんだ笑みを浮かべる一五歳のこの少女は、一九七〇年三月三日、モラガの学校から帰宅中に誘拐されて殺された。ひどく損傷した彼女の遺体は、一〇カ月後に数キロ離れた小川で見つかった。コゼットを凌辱して命を奪った怪物は、いまもまだどこかにいる。頼りになる手がかりは、帽子をかぶって穏やかに微笑む犯人の似顔絵だけだった。この事件は私の心をつかんで離さなかった。

私はバインダーを引っぱり出し、それを開いた。

謝辞

まず誰よりもさきに妻シェリーに感謝したい。私がそばにいるべきなのに、いなかった多くの時間に耐えてくれてありがとう。人が何かに取り憑かれるときまってそうなるように、科学捜査官という仕事は私を消耗させ、ときに家族にまでその被害が及んだ。四人の子どもたちは私の人生に計り知れない喜びをもたらしてくれる。しかし物理的および感情的な距離によって、私を〝パパ〟として受け容れるのがかならずしも簡単ではなかったことは認識している。

無償の愛を捧げてくれる両親にありがとうと言いたい。友人であるジョン・コナティーの仕事ぶりは当然ながら賞賛に値するものだが、それ以上に彼との深い友情に私は助けられてきた。仕事面ではたくさんの人たちが私のキャリアを支えてくれた。なかでも、イースト・エリア強姦魔特別捜査班のメンバーに謝意を表したい。アン・マリー・シューベルト――友情、洞察、揺るぎない支援をいつもありがとう。ケン・クラークとラリー・プール――バディーであるふたりとの議論はいつも愉しく、捜査に対する彼らの大きな貢献に敬意を示したい。カーク・キャンベル、モニカ・チャイコフスキー、メリッサ・パリソット――三人が細部への注意を怠らず、系譜学を用いた捜査手法が正しいと信じ抜いてくれたおかげで、私たちは成功へとたどり着いた。そして、友人のスティーヴ・クレイマーとの連携がなければ、私はこの本を執筆していなかっただろうし、ジョセフ・ディアンジェロが逮捕されることもなかったにちがいない。さらに、バーバラ・レイ・ヴェンターはチーム内で核となる役割を果たしてくれた。彼女がもたらした系譜学の専門知識と指導によって、ディアンジェロが黄金州の殺人鬼であることが判明した。

ミシェル・マクナマラと過ごした時間は短かったけれど、私に大きなインスピレーションを与えてくれた。もっと彼女といっしょにいたかった。

ロビン・ギャビー・フィッシャー、執筆パートナーとしてのこの関係をぜひこれからも続けよう。私の考えを雄弁な文章へと変換するきみの能力は唯一無二のものだ。

〈ユナイテッド・タレント・エイジェンシー〉の担当エージェントであるメレディス・ミラー、私の執筆活動に対する支援と献身に感謝している。ふさわしい出版社を見つけてくれてありがとう。〈セラドン・ブックス〉のライアン・ドハーティーとセシリー・ヴァン・ブーレン゠フリードマンは積極的にプロジェクトを推し進め、私の物語をつぎのレベルへと導いてくれた。この計画を信じ、最高の成果へとつながるよう努力してくれてありがとう。

最後に、大きな苦しみを抱える多くの被害者のみなさん。問題解決に向けて私が少しでも役に立てたとすれば、それほど嬉しいことはありません。

解説

デーブ・スペクター

本書『異常殺人――科学捜査官が追い詰めたシリアルキラーたち』は、アメリカで有名な元科学捜査官、ポール・ホールズ氏による捜査録です。

この本の第一の面白さは、科学捜査のリアルさを伝えているところです。〝未解決事件もの〟は本書の舞台であるアメリカでもとても人気があって、テレビドラマでは「コールドケース　迷宮事件簿」、「ＣＳＩ：科学捜査班」が大ヒットを記録しました。その理由のひとつは、ほかで見られないリアルなシーンが多いことでした。例えば死体には必ず虫が湧く、とかね。ちなみに両シリーズの製作総指揮は、ジェリー・ブラッカイマーです。

事件現場というのは不気味で生々しく、具合が悪くなるようなものです。テレビではきれいに演出されてしまいがちな臭いや感触まで、ホールズ氏は明かしています。

また警察の仕事は、そう劇的ではないことも明かされます。はっきり言って地味で、とんでもなく長い道のりです。テレビドラマだとたった一話で解決してしまいますし、ＮＥＴＦＬＩＸのシリーズでは十話、二十話と長くなることがありますが、現実とはまるで比較になりません。

二〇一八年に犯人を逮捕、ホールズ氏が名前を知られることになった「黄金州の殺人鬼」は、最初の犯行から逮捕まで約四十年掛かったのです。犯人はカリフォルニア州各地で少なくとも十数人を殺害、五十人以上を強姦、強盗を繰り返し、人々を震え上がらせていた連続強姦殺人鬼でした。そしてホールズ氏がそのほかに直面することになるさまざまな凶悪犯罪も、思うほど簡単には犯人逮捕に至りません。

一方で、「黄金州の殺人鬼」ジョセフ・ディアンジェロは、違いました。警察官として働いていたときに得た知識を悪用しながら、犯罪者として恐ろしく〝進化〟していきます。

ディアンジェロが好んだ警察の業務用の懐中電灯は、武器にもなります。めまいがするくらい強烈な光で顔を照らされると数十秒間、目が見えなくなりますし、柄は長くて乾電池が入っているため重く、振り下ろせば凶器としての威力は相当なものです。最初は強盗、次に強姦、そして殺人。しかも州内で移動を続けながら犯行を重ねていきました。

押し入った家のカップルを縛りあげ、男の背中に皿を置いて「動いたら殺す」と言いながら、その目の前で女性を強姦する。そして犯行のたびにDNAが現場に残るのに、長い間、その身元が特定されることはなかったのです。

ホールズ氏が科学捜査の仕事を始めた一九九〇年代には、DNAデータベースなんて便利なものはまだありませんでした。残されたDNAから犯人を特定する捜査法は、徐々に普及してきたことがこの本を読むとよくわかります。またかつては大変な量のサンプルが必要だったところ、握ったコップに残った汗や、車のハンドルなどから採れる微々たるものでも照合が可能になりました。

ですが「黄金州の殺人鬼」事件では、このDNA鑑定という方法が使えなかった。事件がさまざまな場所で起きたため、管轄する警察がサンプルを渡さないなど、色々な難しさがあったのですが、一番の問題は犯人のDNAがデータベースに登録されていなかったことでした。

そもそも、ディアンジェロが犯行を重ねた一九七〇年代と八〇年代は、捜査に使えるものが違いました。街には監視カメラがそれほどありませんでした。いまは特にイギリスと中国が最も多いことが知られていますが、日本でも設置数が増えていますね。監視カメラが少ない住宅街でも、防犯カメラがあり、行き来する車のドライブレコーダーに映っていることもあります。現在はそれらを駆使して犯罪発生時からさかのぼり、犯人らしき人物が浮上したら、どこの駅でおりたとか、どこを歩いてきたとか、追跡できる。ナンバープレートを読み取れるカメラなんて、当時は想像すらされてなかったでしょう。

当時のカリフォルニアでは、人々の防犯意識も違いました。現在は、強盗対策でレジに銃を置いているコンビニもありますが、当時はそうではない。もちろん各家庭でもそうでした。「黄金州の殺人鬼」をはじめ犯罪者たちにとっては天国のようだった。

被害者のほかに、誰も犯行を繰り返す犯人を見ておらず、彼自身も警察に遭遇するようなミスをおかさない。心理学を捜査に応用するプロファイリングの手法も役立ちませんでした。だからこそ警察は行き詰まってしまいました。

ディアンジェロには、妻も子どももいました。二重生活をして自分の異常性を隠していたのです。では、家族は気づいていたのでしょうか。夜中に外出していたことは知っていたでしょう。でも、まさか身近な人が犯人であるはずがない、というバイアスが働くものです。強い父親で収入もあり、それで家が成り立っている場合にはあえて問題にしないかもしれません。

今だったら、おかしいと思ったらすぐ調べますよね。まずはPCやスマートフォンで何を見ているかをチェックしてみる。また連続殺人犯の多くは写真を撮るものです、あとで見返すために。今だったらスマホで撮るでしょう。パスワードが分かれば、その中身をそのまま見ることができる。またドライブレコーダーやSNSにも情報が残っているはずです。

ただし、当時は状況がまるで違いました。二〇一七年に捜査が完全に行き詰まり、「犯人はもう死んだのではないか」という声もあるなかで、ホールズ氏が捜査に使ってみることにしたのが「家系図作成サイト」でした。

これはものすごい、画期的なアイディアでした。ネット社会になったからこそ可能になった技術で、捜査線上に浮かばなかった真犯人に辿り着くことになったのです。

もしかすると、この「家系図作成サイト」というのが日本のみなさんからするとピンと来ないかもしれません。解説していきましょう。

なぜ「家系図作成サイト」だったのか

二十年ほど前からアメリカで流行っている「家系図作成サイト」は、民間のウェブサービスです。有名なものが〈アンセストリー・ドットコム〉〈23アンドミー〉〈ジェドマッチ〉などで、本書にも登場しています。

検査方法は、唾液を試験管に採って送るだけです。費用は会社によって違いますが、二百ドル程度です。

なぜアメリカ人が自分の遺伝子情報を使ってルーツを調べたいかというと、養子が多い社会だからです。日本人からすると考えられないくらい、ほかの家庭に預けられて育った人が多い。

さまざまな背景があり、韓国などアジアの国で生まれ、アメリカの養父母に育てられた人もいます。

何不自由なく成長して、育ての親には感謝をしていても、本人としては自分のルーツが気になりますよね。本当の両親はどんな人だったのか。また何となく見当はつきますが、民族的なルーツも知りたい。さらに、遺伝的な病気を持っていないか確かめるという目的もありました。

そして「家系図作成サイト」を利用する養子たちの一番の狙いは、自分にきょうだいがいないかどうかを知ることでした。記憶もないほど小さい頃に養子に出された場合、本当はきょうだいがいることがあります。むしろ子どもが二人、三人と増えるうちに育てきれなくなって養子に、というのが自然だったでしょう。

まだ見ぬきょうだいがいるのなら、ぜひとも会いたい。生まれて初めてきょうだいに「再会」し、抱きしめ合う感動のドラマがニュースにもなっていました。じつのところ、生みの親に対しては「自分を捨てた……」と複雑な感情があるものです。実際に、実の親と再会して感激する場合もあれば、会って後悔するケースもあります。ですが、同じ立場のきょうだいは別格の存在です。ですからサイトに登録して自分の遺伝子情報をアップロードし、いつか見つけてもらえるのを待っているのです。

もちろん、知らない方がよかったということもあるでしょう。ですが調べてみたいという人は大勢いること、そして知り合いや親戚から「よかったよ」と聞くと、「じゃあ私も」となる人が多いのは現在でも変わりません。

「黄金州の殺人鬼」事件では、「家系図作成サイト」のひとつで犯人の親戚を見つけ出したことが契機になりました。当時から、捜査に協力するサイトと協力しないサイトがあり、もちろんプライバシーについての議論も巻き起こりました。ただ、この事件は「家系図作成サイト」が長年にわたる未解決事件に役立てられた初めてのケースでした。

なぜそれができたのか。それは通常の捜査がそれだけ行き詰まっていたことの裏返しでしょう。

ホールズ氏の使命感

そんななかで、ホールズ氏はめげずに真犯人を追い続けていました。本書にもあるように、彼の管轄であるカリフォルニア州北部のコントラコスタ郡でも毎日犯罪が起きます。「黄金州の殺人鬼」を含めた未解決事件に手をつけていたことは、彼の秘密でした。上司に黙って、さらに休日や夜中の時間を使いながら密かに行っていたことなのです。

なぜそんなことをしていたのかというと、彼が被害者をよく見ようとする捜査官だったからです。事件の写真も見ますし、被害者家族を訪ねていって元気な時の被害者を知ろうとする。だからこそ彼自身、残酷な事件の衝撃をそのまま受けてしまうのですが、「犯人を許さない」「自分が探し出す」という使命感で動いていきます。

一度目の結婚生活まで犠牲にしても捜査を続けたのは、「犯人を知りたい」という欲望と、次には人々をこんな目に遭わせたくないという気持ち、そして性格的にミステリーを解くということに取り憑かれていたからだろうと思います。

アメリカの治安は悪化しています。日本で警察官が殉職するのはレアケースですが、海外では珍しくない。給料も安い。やってられないから、どんどん辞めます。そんな環境でのやりがいとは、自分なりにツールを組み合わせて、誰も解けなかったパズルを解明することだったでしょう。

そこでホールズ氏は、一生に一度ともいえるような、おぞましく凶悪な未解決事件に出会うことになりました。ある意味では、恵まれている。これほどの使命感で、定年のぎりぎりまで粘った。ストーリーだけで言えば、話ができすぎですよ。とにかく日本にはなかなかいない、執念の捜査官だと思います。

日本とアメリカでは、重大な犯罪に対する感覚がちょっと違うなと感じます。日本では被害者のプライバシーを守らなければという考えから、一般の人々が捜査からシャットアウトされているのに対し、アメリカでは事件とは、もっと身近でビビッドに感じるものです。情報提供を広く募りますし、捜査官が囲み取材に応じますし、政治家も出張ってくる。解決に協力したい、関わりたいという一般の人が多いのです。

この本に登場するジャーナリスト、ミシェル・マクナマラには驚きました。ホールズ氏さえ手に入らない捜査資料を、彼女が持っていたことが判明します。日本でも凶悪犯罪はときに起きますが、こんな驚きの捜査は成り立ちませんし、その過程を捜査官自らここまで記録した本が出ることはないでしょうね。

だからといって、この逮捕でホールズ氏は満足していないと思います。むしろ悔しがっていることでしょう。もっと前に「家系図作成サイト」の技術があったなら。もっと自由に「家系図作成サイト」を捜査に使えたなら。もっと多くの残酷な事件を防げたのにと考えていると思います。

アメリカではいま二〇〇〇人もの連続殺人者がいると言われており、事件もしょっちゅう起きています。被害者の多くは足がつきづらい人、売春婦や家出少女など、捜索願すら出ていない人です。そういう人から狙われます。ベネズエラからニューヨークに難民が押し寄せていますが、彼らは仮に殺されても身元が分かりません。DV被害、薬物中毒により家族と縁が切れてしまっている人も危ないですね。彼らは身分証明書も処分してしまっている。国が広くて、被害者になりかねない人々が大勢いる。今後も未解決事件は増えていくでしょうね。

本書はアメリカならではの恐ろしさと人間の力とを、まざまざと感じられる一冊です。

〈写真提供〉

29頁　シェリー・ホールズ
61、239、333頁　著者
327頁　エクセター警察署

カバー写真　Getty Images
カバー・表紙地図　Paul Holes

本書のご感想を、ぜひお寄せください。

ポール・ホールズ　Paul Holes

カリフォルニア州コントラコスタ郡保安官事務所と地方検事局に27年間勤務。科学捜査と事件現場捜査の両方の経験を持ち、キャリアを通じて未解決事件と連続凶悪事件を専門とする。地方検事局在職中に、FBIとサクラメント郡地方検事局とタッグを組んで革新的な捜査技術を応用、アメリカ史上最大の被害を出した連続強姦殺人犯「黄金州の殺人鬼」の正体を突き止めた。

ロビン・ギャビー・フィッシャー　Robin Gaby Fisher

訳／濱野大道　はまの・ひろみち

翻訳家。ロンドン大学・東洋アフリカ学院(SOAS)卒業、同大学院修了。訳書にレビツキー&ジブラット『民主主義の死に方』、ケイン『ＡＩ監獄ウイグル』(共に新潮社)、ロイド・パリー『黒い迷宮』『津波の霊たち』(早川書房)、グラッドウェル『トーキング・トゥ・ストレンジャーズ』(光文社)などがある。

異常殺人《いじょうさつじん》　科学捜査官《かがくそうさかん》が追《お》い詰《つ》めたシリアルキラーたち

発　行　2024年1月15日

著　者　ポール・ホールズ
　　　　ロビン・ギャビー・フィッシャー
訳　者　濱野大道《はまのひろみち》

発行者　佐藤隆信
発行所　株式会社新潮社
　　　　〒162-8711　東京都新宿区矢来町71
　　　　電話　編集部　03-3266-5611
　　　　　　　読者係　03-3266-5111
　　　　https://www.shinchosha.co.jp

装　幀　新潮社装幀室
組　版　新潮社デジタル編集支援室
印刷所　大日本印刷株式会社
製本所　株式会社大進堂

地図制作　クラップス

ISBN978-4-10-507391-6 C0095

リベラリズムへの不満

フランシス・フクヤマ
会田弘継 訳

民主主義を守る「大きな傘」が、左右両派からの激しい攻撃で深刻な脅威にさらされている。『歴史の終わり』の著者がリベラリズムの真の価値と再生への道を説く。

死刑のある国で生きる

宮下洋一

世界中が死刑廃止へと向かうなか、日米が死刑を続ける理由とは何か。そして死刑を廃止した欧州で何が起きているのか。死刑囚や遺族への取材から死刑の意味を問う。

言語はこうして生まれる

「即興する脳」とジェスチャーゲーム

モーテン・H・クリスチャンセン
ニック・チェイター
塩原通緒 訳

言葉は、今ここで発明されている。相手に何かを伝えるために即興で生みだされた言葉が、やがて言語体系になる。神経科学などの知見が導く、まったく新しい言語論。

世界最強の研究大学
ジョンズ・ホプキンス

黒瀬悦成

コロナ禍を予言、ウイルスの配列解析に成功、フェイク情報と戦う――感染症から人類を守る「頭脳」にして「心臓部」。その内幕を初めて明かすパワーレポート。

母親になって後悔してる

オルナ・ドーナト
鹿田昌美 訳

子どもを愛している。それでも母でない人生を想う――。社会に背負わされる重荷に苦しむ23人の女性の切実な思いが、世界中で共感を集めた注目の書。

それでも母親になるべきですか

ペギー・オドネル・ヘフィントン
鹿田昌美 訳

産んでよかった。産まなくてよかった。社会が突き付ける選択の裏にある語られざる思い。女性の選択がいかに変化してきたかを描き、現代の常識から解き放つ一冊。

没イチ
パートナーを亡くしてからの生き方
小谷みどり
妻を、夫を亡くしたあなたへ、一人になっても人生は続いていくから――。自身も没イチの著者が語る、「悲しみは癒えずとも亡き人の分も人生を楽しむ」ススメとは？

北朝鮮 核の資金源
「国連捜査」秘録
古川勝久
厳しい国際包囲網の中で、なぜ北は核とミサイルを開発できるのか。国連制裁の最前線で捜査にあたった男が、世界中に張り巡らされた非合法ネットワークを炙り出す。

ボコ・ハラム
イスラーム国を超えた「史上最悪」のテロ組織
白戸圭一
女子生徒200人以上を拉致し、1年で6644人の民間人を殺害。子供には自爆テロを強要――。世界を震撼させる彼らは一体何者か。謎多き組織の実態に迫る。

STARTUP《スタートアップ》
アイデアから利益を生みだす組織マネジメント
ダイアナ・キャンダー
牧野洋訳
コロンビア大学、コーネル大学、UCLAなど全米70校で続々採用！ ストーリーを読み進めるだけで起業の失敗と成功を経験できる「スタートアップの教科書」。

世界のすごいお葬式
ケイトリン・ドーティ
池田真紀子訳
簡単安上がり、みんな同じの葬送のファスト化。でも世界には、本気で死を悼む優しい弔いの形がたくさんあるのだ――葬儀会社を営む著者が伝える、新しい「死に方」！

ウナギが故郷に帰るとき
パトリック・スヴェンソン
大沢章子訳
ウナギはどこから来てどこへ行くのか。今も謎に包まれたウナギの一生は、我々に「生きることの意味」を問いかける。34カ国で翻訳の世界的ベストセラー。